张 胜 友 影 像 作 品 文 存 （卷二）

世纪风

SHI JI FENG

张胜友 ◎ 著

社会科学文献出版社
SOCIAL SCIENCES ACADEMIC PRESS (CHINA)

总　序

沉睡的民族已醒来

张胜友

　　从兴盛到衰败，再到复兴与崛起，雄辩地证明了中华民族蕴含着一种巨大的内生力量——这就是中华民族的同心力与生命力，其内核基因则是：兴国之魂，强国之魄。

　　中华文明海纳百川、求同存异，不仅乐于与其他文明和谐相处，而且善于借鉴其他文明的积极成分，并在与其他文明的交流中，既增强对他者的理解，又提升对自身的认同。

一

　　20世纪中叶，英国近代生物化学家和科学技术史专家李约瑟曾发出一个诘问："尽管中国古代对人类科技发展做出了很多重要贡献，但为什么科学和工业革命没有在近代中国发生？"并进一步提出："为什么公元16世纪之前，在将人类的自然知识应用于实用目的方面，中国较之西方更为有效，之后中国科技却停滞不前？"

这两个话题独具慧眼，在中国虽算不上家喻户晓，但至少在科学界尽人皆知。李约瑟认为，中国对世界文明的贡献，远超其他所有国家，但是，所得到的承认远远不够。正是李约瑟那部倾注了他毕生心血、号称"东方文明通史"的旷世巨著——《中国的科学与文明》，那部西方有史以来撰写的第一部诠释这个"中央之邦"的鸿篇巨制，使得西方人重新认识了中国曾有的辉煌的科学与文明。

对于李约瑟的诘问，美国经济学家肯尼思·博尔丁百思未得其解，干脆称之为"李约瑟之谜"。

美国另一位学者罗伯特·坦普尔，在其名著《中国：发现与发明的国度——中国科学技术史精华》一书中支持了李约瑟："如果诺贝尔奖在中国的古代已经设立，各项奖金的得主，恐怕会毫无争议地全都归属于中国人了。"

此话并非妄言。众所周知，中华文明与苏美尔文明、古埃及文明、古巴比伦文明、古印度文明共同创造了人类远古文明的辉煌形态，中华文明曾经处于世界古代文明的五大中心区域，且唯独中华文明生生不息延续至今。正是这个神奇的东方古国，在距今两千多年前的战国时期，就发明了指南鱼、指南龟等，后演化成在航海中发挥巨大作用的指南针；东汉蔡伦发明造纸术；唐朝研制出火药，制成庆典中的烟花、神火飞鸦等；北宋毕昇发明活字印刷术，此前的雕版印刷术也占尽世界先机。除世界瞩目的四大发明外，中国领先于世界的科学发明和技术发现，至少还有百余种。据史籍考据，从公元 6 世纪到 17 世纪初，在世界重大科技成果中，中国所占比例一直在 54% 以上，到了 19 世纪，才骤降为 0.4%。

"李约瑟之谜"的反证是："为什么近代科学又只发生在西方社会？"

回望五百年前的世界地理大发现，从威尼斯著名商人和探险家马可·波罗游历中亚、西亚、东南亚，到哥伦布发现新大陆，欧洲掀起了文艺复兴与研究东方文明的浪潮。从 1687 年英国物理学家牛顿发表论文《自然哲学的数学原理》，提出万有引力和三大运动定律，从而奠定此后三个世纪物理世界的科学观点，并成为现代工程学的基础；到 1765 年瓦特改良蒸汽机，终结人类过去由人力、畜力、水车、风车等力量来转动机器的历史，蒸汽机成为大工业的新动力，从而揭开工业革命的序幕；到 1783 年美国独立战争结束，欧美大陆进入工业文明时代；再到 1831 年英国科学家法拉第发现电磁感应现象，1847 年西门子 - 哈尔斯克电报机制造公司创立，开启电气化时代……欧洲的科学技术经历了半个多世纪的奋起直追，终于超越了中国。

如果我们细心分析，就会发现李约瑟陷入了两段式表述模式中。

第一段表述：为什么在公元前 1 世纪到公元 16 世纪之间，古代中国人在科学和技术方面的发达程度远远超过同时期的欧洲？但中国的政教分离、诸子百家、私塾教育和科举选拔制度等，何以没能在同时期的欧洲产生？

第二段表述：为什么中国古代的经验科学领先于世界约一千年，但近代实验科学没有产生在中国，而是产生在 17 世纪的西方，特别是文艺复兴之后的欧洲？

这确实是耐人寻味的谜团，犹如科学王国复杂的高次方程，就这样摆在了世界面前。

二

1803 年，据说拿破仑·波拿巴曾经指着地图上的中国忧心忡忡地说："这里躺着一个沉睡的巨人，让他睡下去吧，一旦他醒来，将会震撼世界的。"少顷，他又接着说道："他在沉睡着，谢谢上帝，让他继续睡下去吧，不要去唤醒沉睡的巨人。"

倘若从 17 世纪往前回溯，明王朝曾经在一个短时期内转向西方，建造船队，足迹一度抵达非洲东海岸，并踏上了去欧洲的旅程，但外交上突然出现转折，远航停顿下来。延挨至清朝，东方帝国自我封闭，从此完全隔绝于西方世界和西方思想。清乾隆皇帝曾夜郎自大地宣示，我天朝物产充裕，在国土以内并无匮乏之忧，更无必要以我之物从蛮荒之国交换物品，云云。在"闭关锁国"国策最为严酷之时，朝廷颁发诏令"寸板不得下海，片帆不得入口"，导致原本在科学和技术一路遥遥领先于世界的东方巨人，停滞了，凝固了，成了名副其实的"沉睡的巨人"。

历史如此无情。1815 年 6 月 18 日，在比利时滑铁卢镇爆发了一场改变欧洲历史进程的大决战，英国人威灵顿公爵统帅的欧洲联军击溃了不可一世的法国皇帝拿破仑·波拿巴。欧洲征服者野心勃勃地急于在远东扩大自己的影响和势力，又发动了鸦片战争，其结果使中国开始觉醒了。

毫无疑问，对于中国这个古老的东方之国，1840 年是一个历史的拐点。

当英国人的炮舰把"天朝上国"打落谷底时，其远隔万里波涛之遥的大不列颠岛国机器化生产已基本取代手工业生产。从某种意义上说，鸦片战争的实质是西方工业文明对于东方固守"天不变，道亦不变"道统的一次剧烈冲撞，是新兴工业革命对传统农耕社会的一次野蛮征服。

此后的中国，亦步亦趋地进入灾难深重的近现代时期。面对"千年未有之变局"与"千年未遇之强敌"，各式各样的救国方略如资本主义、改良主义、自由主义、社会达尔文主义、无政府主义、实用主义、民粹主义、工团主义等，乱花迷眼；随之而起的是洋务运动、戊戌变法、甲午战争、辛亥革命、抗日救亡……百年劫难，百年奋起，中华民族复兴之路充满了惊天地、泣鬼神的抗争。

毛泽东领导的血与火的民族独立运动和人民解放战争缔造

了中华人民共和国，中国重新屹立于世界万邦之林。发轫于1978年的改革开放运动，邓小平以其大智慧大勇气，引领着中国这艘巨舰在惊涛巨浪中破浪前进；随后，中国经济发展大步跨越，社会转型风云激荡，文化繁荣走向多元，一跃而成为世界第二大经济体，开启了中华民族历史的新纪元，全球为之瞩目，世界为之震撼。

归宗炎黄，溯源华夏，从兴盛到衰败，再到复兴与崛起，雄辩地证明了中华民族蕴含着一种巨大的内生力量，这就是中华民族的同心力与生命力。其内核基因则是：兴国之魂，强国之魄。

正如学者柏杨在《中国人史纲》中所阐述的："中国像一个巨大的立方体，在排山倒海的浪潮中，它会倾覆，但在浪潮退去后仍顽强地矗立在那里，以另一面正视世界，永不消失、永不沉没。"

三

历史演进让人们想起另一位英国历史学家阿诺德·汤因比，他提出的一道哲学命题，既理性回应了"李约瑟之谜"，又令人信服地展示了毋庸置疑的前瞻性。

汤因比把世界历史划分为二十六种文明。他坚定地认为，应该把历史现象放到更大的范围内加以比较和考察——这种更大的范围就是文明。

面对一个饶有兴趣的提问："如果再生为人，您愿意生在哪一个国家？"汤因比思索片刻，明确地回答道："我愿意生在中国。"他给出的理由是："中国今后对于全人类的未来将起到非常重要的作用。"随后，他进一步阐明，这是他对世界不同文明体系做了详尽的比较和研究，并将中国置于全球演变的多维空间进行评估之后所获得的审慎结论。

进化论人类学者达尔文也曾经讲过："相对于其他文明，中华文明更具有典范意义。"

试想：当世界上五分之一的人口在现代化大道上迅跑时；当中国成为"世界工厂"，整个东部海岸线上那条地理级生产线源源不断地向全世界输出商品，打造了20世纪末21世纪初最耀眼的工业神话时；当深圳、珠海、汕头、厦门四个老经济特区日新月异，带动着浦东、前海、横琴、南沙、环渤海经济圈、上海自贸区等一批新的经济板块连片成线时；当中国人用短短三十多年的时间，全方位推进市场化、工业化、城市化及国际化进程，几乎走完了西方发达国家一百年、二百年乃至三百年所走过的历史时；当中国体量快速增大，千真万确实现了"超英赶美"，与此同时，经济实力的大幅飙升，又带动了军事实力与国际话语权的显著提升时……毫无疑问，中国的和平崛起，成为21世纪人类发展史上的标志性事件。

成功学上有一句话：成功与努力有关，成功更与选择有关。

毋庸置疑，20世纪末至21世纪初，中国社会转型获得巨大成功，既传承了古老的中华文明，又以开阔的胸襟拥抱当代世界，独步天下而风光无限。

新加坡前总理李光耀说："今天，中国是世界上发展最快的发展中国家，其速度在五十年前是无法想象的，这是一个无人预料到的巨大转变。"并指称："中国是按照自己的方式被世界接受的，而非作为西方社会的荣誉成员。"

当下，中国领导人规划的"国家治理体系和治理能力现代化"的顶层设计，以及"两个百年""民族复兴"和"中国梦"战略目标的提出，正是续接中国社会一百多年激越变革、激荡发展的壮阔历史，并朝更为宏伟瑰丽的目标——"第五个现代化"迈进。

五千多年中华文明亦称"华夏文明"，"华夏皆谓中国。而谓之华夏者，夏，大也；言有礼仪之大，兼有文章之华也"。

《春秋》云："中国者，聪明睿知之所居也，万物财用之所聚也，贤圣之所教也，仁义之所施也，诗书礼乐之所用也。"故而，每当中华民族遭遇困难、挫折，中华文明的基因总会凝聚起全民族的智慧和力量，去战胜千难万险。

　　中华民族形成的多元性与混合性，奠定了中华文明的开放性与包容性；中华文明源远流长也得益于其海纳百川、兼收并蓄、求同存异的特质；中华文明乐于与其他民族的文明和谐相处，借鉴其他民族文明中的积极成分，并在与其他民族文明交流中，既增强对外域文明的理解，又提升对自身文明的认同。

　　历史已经证明：东方这头"沉睡的狮子"醒来了，并以"和平的、可亲的、文明的"姿态展示在世界面前——这正是对于"李约瑟之谜"的生动诠释。

（原载《人民日报·观天下》2014 年 10 月 16 日）

目 录
CONTENTS

1

世纪风

序

（时间：黄昏。）

北京，故宫。空寂无人的、单调的、令人感到沉闷和压抑的、长不见尽头的甬道。

一中年男子手携一个四至五岁的小孩走在甬道上。孩子一下望着远方门洞一个小小的亮点，一下仰头看父亲的脸。父亲的脸一副凝重的沉思状。

孩子问："爸爸，路怎么这样长？"

父亲脑海叠印出画面：

一女人在裹脚……

一男人的长辫……

一排男子卧床抽鸦片烟……

十三陵神路上的石人石马……

红灯区，妓女，风月楼……

阿 Q 临刑前画圆……

孙中山就职演说与袁世凯称帝……

蒋介石"四一二"反革命政变……

日本侵略军在南京大屠杀场面……

天安门毛泽东、林彪接见红卫兵场面……

长安街上欢庆粉碎"四人帮"的游行队伍……

单调、沉滞的脚步声由远及近。

（时间：清晨。）

长安街上驶过洒水车……

澎湃的自行车流……

公园里跳老年迪斯科的人群……

从天安门城洞走过金水桥的解放军国旗护卫队……

中年男子与小孩在旗杆下看解放军战士升旗……

胸佩红证章的代表们登上人民大会堂台阶……

邓小平在北戴河游泳……

第一集　中国梦

寥廓霜天里，一列列惊寒不语的雁阵……

如铸山峦上，鹰隼划过钢蓝色的巨翼……

中国有过如此轻捷矫健的姿势吗？中国有过这般坚韧不拔的阵容吗？"古老的中国有条龙"。据说龙能上摇九天、下动四海。可那龙终究只在故宫的甬道上、北海的九龙壁上，还有中华民族世世代代的神话和咏唱里……

中国人的心态颇有些古怪。今天，不管从国外涌进来多少洋玩意：大到彩电、冰箱、洗衣机、小轿车，小到香烟、打火机，顷刻之间，都有如沙漠上的一弘细流被消化得干干净净。而在 19 世纪上半叶，洋人质地柔软的细布招徕不了中国人；价格低廉的洋油，中国人也不屑一顾。宁愿固守在几千年以来传统的生产方式和生活方式樊篱里，男耕女织，自给自足，既不懂商品经济，更没有价值观念；唯一能够敲开中国市场大门的，却是鸦片。据英国官方材料，在 1837 年 7 月到 1838 年 6 月这一个年度内，中国从英国（包括印度）的进口总值为 560 万镑，其中鸦片就值 340 万镑，占了 60%。

其时，英国已经完成了人类历史上的一次飞跃——工业革命。30 年后，我们东边的那个狭长的岛国，则开始了奋发大和民族魂的明治维新运动……而横卧在鸦片馆里云天雾地的老烟客们，瘦骨嶙峋、有手无力、有目无光的形象，正是当年中国的写照。

中国人的自我感觉一向良好。阿 Q 死到临头，在判决书上画圆时还颇为自鸣得意！追溯历史，四大发明，孔孟之道，秦始皇横扫六合，唐太宗贞观之治，诗词如潮，歌赋如海……真可谓礼仪之邦、泱泱大国。然而，鸦片战争，却是这棵畸形的封建老树上结出的一枚熟得烂透了的苦果。像不知商品经济为何物一样，老祖宗们竟然视洋枪洋炮为某种巫术。他们将鸡血、猪血泼过去，舞动大刀、长矛迎将上去……

良好的自我感觉是在鸦片战争的深重耻辱中破碎的。此后，发展和强盛，便成了中国之梦。迄今为止，众多的武打小说，电影、电视，仍在强烈地表达着这一焦灼得令人心头发痛的"中国梦"……

李鸿章的洋务运动颇发人深省。他所谓"中国文武制度，事事远出西人之上，独火器不能及"一语，道破了洋务派"中体西用"思想的全部精髓。据梁启超后来追述，当时的德国首相俾斯麦曾敏锐地发现了这些中国人目光短浅，并预言："日本其兴，中国其弱"，是因为日本人游欧洲"讨论学业，求地官制，归而行之"；而中国人则"询某厂舰炮之利，某厂价值之廉，购而用之"。30 年后，梁启超不胜感慨，俾斯麦"不幸而言中矣！"

维新运动的代表人物康有为也颇值得玩味。他悲愤激昂，称中国在"覆屋之下、漏舟之中、薪火之上""此四千年中二十朝未有之奇变"。结果呢？他最终却成了个铁杆保皇派。这正是一种中国文化的延续：在意识的层面上，具有强烈的反传统倾向；在无意识的层面上，却又常常与传统认同。于是，再高昂的创造变形为模仿，再剧烈的变革沦落为新与旧的调和……

虽有谭嗣同、严复，虽有孙中山、黄兴……一批又一批的志士仁人前仆后继、自强不息，最终却变成一张张贴在同一个旧瓶上的标签。正如马克思所形容的：中国，一个被用酒精浸泡着的封建胎儿，仍然在瓶子里装着。

而梦依旧是梦。

中国，这架有如老牛拉的破车在沼泽地上艰难地爬行。

媳妇嫌婆婆刻薄、专横，可媳妇一旦熬成婆婆，对新进门的媳妇更刻薄、专横。谁都渴望中国这幢黑屋子能透进一线亮光，可一旦有人用脑袋去撞开一道缝隙，众人却津津有味地吃起人血馒头来。中国的文明太古老太强大了，强大得汩汩地渗进了我们每一个人的血液，强大得这块土地上每一次萌生出新文明的希望，都最终被它所吞噬。

20 世纪初叶，西方思想文明蔚为壮观地引进了中国。1919年5月4日是辉煌的，它的辉煌又是有限的。"五四运动"所热切呼唤的"德先生"和"赛先生"，并没有降临到中国这块土地上来；它也不具有文艺复兴运动在欧洲文明史上的意义。中国的知识分子，因为自身的软弱和没有中产阶级的支持，未能使"五四运动"成为一次对旧文化进行全面、彻底改造的思想启蒙运动，几乎是刚刚敲了敲"孔家店"积垢千年的破门窗，那澎湃的潮头便转了个弯，成为眼睛紧紧盯住现实斗争目标的工农运动……

国共两党曾在反封、反帝的旌旗下并驾齐驱。但此后，内战，再一次内战，中国总陷于离乱之中。烽火遍地，狼烟四起，不但浩如大海的自给自足的小农经济方式没有被触动，连20世纪初沿海地区刚刚萌发的资本主义经济幼芽，也被冲刷得支离破碎。

当毛泽东站在天安门城楼向全世界庄严宣告："中国人民从此站起来了"——整个中国社会基本上还处于封建生产关系的原生状态。

（恢复经济、抗美援朝运动、知识分子回国热。）

此时，毛泽东是清醒的。1950年6月6日，在中共七届三中全会上，他强调指出："有些人认为可以提早消灭资本主义实行社会主义，这种思想是错误的，是不适合我们国家情况的。"在适合国情的政策下，中国人民切切实实地感受到了地平线上每一天升起的太阳都那么新鲜，共和国心脏的第一次嘭嘭搏动都那么有力。"中国梦"第一次开始变成现实。

中国国民经济的恢复工作，到1952年底已告完成。这年农业和工业的主要产品，除煤炭已超过1949年水平的1倍，但尚未超过新中国成立前最高年产量以外，其余如电力、原油、生铁、钢、铜、水泥、棉布、谷物、棉花等的生产量，都不仅超过了1949年的水平，而且也超过了我国历史上最高的年产量。

西方人士曾指出：如果中国利用共产党和毛泽东的崇高威望，1952年搞计划生育，1954年搞生态保护，1956年开始经济改革，1960年进行政治改革，那么中国今天能够达到的综合经济指标，将是目前的9倍。

1918年9月2日，苏维埃政府宣布"社会主义祖国在危急中"，为此，列宁提出了战时共产主义经济政策，它摒弃商品观念，也不承认交换，由国家向每一个劳动者发给供应证券。其结局是经济危机转化为政治危机。机智的列宁很快又提出了新经济政策，鼓励商品贸易，发展国家资本主义。但列宁逝世、斯大林上台后，如同政治上高度专制一样，在经济上也建立起高度集中的计划经济模式，致使苏联的工业全部掌握在国营经济手中。一方面是苏联的重工业以令西方世界震惊的速度发展，一方面是人民生活水准持久的低下。不能说没有牛奶、没有面

5

包、没有靴子，但每个人的牛奶、面包、靴子都被纳入了计划，甚至连人的思想也要被计划。看看这些呆板的建筑、沉闷的空气，就知道斯大林时代是一个灰蒙蒙的令人压抑的时代。

马克思在《哥达纲领批判》中说，共产主义社会是一个人们物质生活和精神生活都无比丰富的社会。不少自诩为马克思主义者的人们，为什么总是有意或无意地违背马克思的这一论述呢？

苏联经济模式植根于中国这块封建土壤深广的大地上，不但抵消了新中国成立之初极为宝贵的发展时机，而且在政治上、经济上日益造成远比苏联更为严重的恶果。

（三面红旗、超英赶美、大锅饭、土高炉、一平二调、高产卫星。）

"人有多大胆，地有多高产。"《红旗歌谣》："天上没有玉皇，地上没有龙王。我就是玉皇，我就是龙王，喝令三山五岭开道，我来了!"……

有了小球藻的养殖，有了稻草饼干的问世，有了一斤米能多煮出几斤饭的妙方。可一摁，腿上还是一个坑，中国人知道了浮肿病的滋味。从粮、油、布，到二两白糖、一块肥皂……中国老百姓的日子也被一摞摞票证所计划着。

在1958年12月召开的中共八届六中全会上，宣布了毛泽东不再当中华人民共和国下任主席的决定。这大概不是偶然的。这次全会向这样一种认识迈出了勉强的一步：中国不可能在一夜之间跑步进入共产主义。

1960年冬，随着"调整、巩固、充实、提高"八字方针的制定，中国的经济开始好转，并趋向务实与稳定。

在国庆15周年的天安门广场上，那呈现的不仅仅是万紫千红，更蕴含着新中国的一次发展机会。

（"四清社教"运动、"文化大革命"爆发。）

八届十中全会公报："千万不要忘记阶级斗争！"

身处第二线的毛泽东并没有闲着。他平生喜欢在大江大河里游泳。他在丰泽园的书房里思索："怎样将从急风暴雨里走过来的中国革命，推向一个更加波澜壮阔的境界。毛泽东人走下了井冈山，思想似乎并未走下井冈山。整个中国又被当成一块根据地。""封锁吧，封锁吧，封锁上十几年、几十年，中国就什么都有了。"一时间，我们在世界上的朋友只还剩下"同志加兄弟"的越南人和巴尔干半岛上那盏"天涯若比邻"的"明灯"……

走"五七"道路……

工厂停工闹革命……

学校停课斗教授……

武元甲访问北京……

姚文元率领中国红卫兵代表团访问阿尔巴尼亚……

最美妙的憧憬，当它纳入现实社会的权力网络之中，也可能变成很残酷的事实。政治上的癫狂，造成了经济上的癫狂。到1976年，国民经济滑到了崩溃的边缘。中国又一次发展的机会，却被自己血淋淋地扼杀了……

粉碎"四人帮"之后，人民共和国的列车终于穿越了历史最黑暗的隧道！

积雪、坚冰开始融化。枝头，有了啁啾的小鸟；湖边，有了返青的柳丝。

城市乡村，早就流干了眼泪的祖国，眼睫下漫过盈盈的泪影；大街小巷，中国人脸上绽开了久违的笑容，光彩得似刚从春枝上摘下来的桃李……

张志新、遇罗克得以平反。

人们缅怀沉沉的长夜里不屈不挠升起的星辰。但愿这是最后一次——中国社会锈死的齿轮，总是要以血肉作为催动的油剂。

（地主"四类分子"摘帽、"右派"改正数字。）

车水马龙般的运动划分出的一个又一个"百分之五"，从社会的阴沟里出来，颤颤抖抖地挺起了腰身，宛如远古的第一只猴子从树上下地，伸起前肢，开始有了"人"的意义。

恢复高考，"十年开科取士"，这是一条极为拥挤的道路。

1977年、1978年两届大学生的独特，无论在中国，还是在世界，都绝无仅有。对于经历了十年的狂热、迷惘、痛苦、疲惫，抗争与觉醒的整整一代人，这是最后的两班车了；可对往日饱受凌辱、现在却要面向世界的教育，这只意味着艰难的起步……

"拨乱反正"时期，邓小平首次出现在体育馆，十万观众、运动员起立欢呼……

只有到了此刻，中国人对他的认识才如许清晰；他的著名的"猫论"才如许真切，有如涓涓细流注入每一个中国人的心田。人民的欢呼声里，饱含着一个压抑太久、如今正呼之欲出的"中国梦"！

（《光明日报》开展真理标准大讨论。）

没有土地的肥沃，哪有丰收的五谷？没有实践的检验，哪有真理的标准？

也许在后代子孙眼里，这场讨论，只有中学生的水平。可当时，全民族在思想上就这么个"智力"。讨论可认真了，一方是正欲崛起的新时代，一方是不肯退隐的旧时代，两军对垒，激烈异常，乃至煞费苦心……

中国共产党里程碑式的十一届三中全会的召开，有如枯树逢春要发芽、古莲要开花，终于揭开了变革大时代的序幕。

世界经济产业结构大调整……

西方发达国家寻求更广阔的市场……

资金大量流向太平洋西海岸……

北京饭店接纳海外宾朋……

在这个星球上，没有比中华民族更期待发展、向往强盛的了！

在这个星球上，没有比中华民族更能糟蹋、延误自己发展机会的了！

这对一百多年来几乎始终交织着的深刻矛盾，这个足以让几代历史学家、社会学家、心理学家……皓首毕生探求的历史大奥秘，终于在今天唤起了全民族的历史大反思。不能说反思已经有了脱胎换骨的意义，可大反思所凝聚的大痛悔，大反思所辐射出的大震荡，确如青铜雕塑般站在了中国辽阔的海岸上，面对太平洋滚滚波涛送来的又一次发展机会，中国人民紧紧地抓住了它！

西方人士关于中国能够在 50 年代飞跃的假设，只是一堆美好的"如果"。历史，不是"如果"链，而是一条因果相涌的长河。

长河奔流去，历史割不断……

中国，必须承受太多的忧患和太多的苦难，才能在 20 世纪 80 年代，昂首挺胸地告诉世界："历史在这里飞跃！"

第二集　大超载

这是一次异常艰难的起飞。

这是一次大大超载的起飞。

承担在祖国肩头上的一切社会问题，无不标志出一个速度，这是一个令人心悸的速度：在"六五"计划期间，平均每个月增加一个上海市的人口。也就是说，当你每抽完一支香烟时，中国的医院里便有 200 来个孩子呱呱坠地！

世界上很少有几个民族像中国人这样，自古以来便讳谈一个"性"字。但如此众多的人口，却又确实标明了中国人高涨的繁殖兴趣与繁殖能力……

炎夏。北京。王府井东风市场，门外烈日当头，门内热气、汗味熏人。进进出出的顾客，或以手绢擦着汗，或用报纸扇着风，或拧眉，或掩鼻，或摇头，或缩体，其情状，仿佛不是来这里购物买货，而是在此地身上有哪处被狠狠剜了一刀……

北京火车站，广场，候车室，售票大厅，倒的倒，靠的靠，挤的挤，一个个蓬头垢面，心力交瘁，活像是一条条被丢进石灰水里翻起白肚的鱼儿。所有的检票厅都改成了临时候车室，但站前的广场上，仍是黑压压的一片。如果没有说明词，反看画面，说句不中听的话：真有些像印支战火中的难民营……

1986年春季广州商品交易会期间，一批日本商贾下榻于广州宾馆。靠南边客房里的一位商人站在窗前，突然指着窗外惊呼道："哈押苦，咪利库打赛衣！"这意思是："啊，快来看！"日本人对海珠桥上涌流的自行车队评价道："太壮观了，简直是世界第九奇观！"

前些年，"桂林山水甲天下，游人只能住地下"。于是，宾馆、饭店一个个"竞向天公试比高"，最高已达20层，高耸云天。从这些高楼的窗口往下看，老人山、玉姑山、书童山统统成了侏儒。昔日烟雨笼罩，"青罗带绕千山梦"的漓江，被一幢幢灰蒙蒙的摩天大楼所阻隔。一时间，人们恍如来到了纽约……

芦笛岩游客最多时一天要接纳1万余人，无法分批导游，游人像煮饺子般一窝蜂挤在洞内。

难怪游人们说："桂林不可不来，桂林不可再来。"桂林面临着严峻的挑战。

桂林阳朔的大街上，孩子们强行兜售商品……

在人口问题的两条战线上，数量上的人口爆炸已经开始唤起国人的注意；而人口质量的提高，却远没有引起人们足够的警醒。

今天，成千上万的孩子沾染了铜臭气。但他们的双眸却依然是诚实的，眼睛里的一切无不是现实生活的写照：知识贬值了，金钱增值了；明天贬值了，眼前增值了；精神贬值了，物质增值了……

驻北京的联合国儿童基金会的一位代表说："没有关于童工的官方统计数字，但是，很容易估计出童工的数目。因为，人们知道全国至少有3000万儿童（占儿童总数的20%）没有读到小学毕业；另外，有5%的儿童是文盲。"

国家教育委员会1985年估计全国有300万女童（占儿童总数的7%）从来就没有进过小学校门。

中年知识分子拥挤的住房……

挑灯夜读的疲惫……

一张张遗像……

一张张讣告……

一阵阵揪人心肺的哀乐声……

一双双泪花闪闪的眼睛……

中国人绝非榆木脑壳。我们知道抢救在大自然生态中濒临灭绝的熊猫，我们知道抢救在千年风沙与浩劫中岌岌可危的长城。一段时间里，"修我长城，爱我中华"的口号声不绝于耳，那么，我们更可以理直气壮地站出来，呼吁——

全力抢救中年知识分子吧！抢救他们，便是抢救我国社会生态里的"熊猫"，便是抢救我国人质量的"长城"！

北京，秀水东街，美国驻华使馆领事处前的长龙……

上海，乌鲁木齐中路，美国驻沪领事馆前的长龙……

似乎这是个简单的加减法——

每年，上千万的计划外胎儿哭声朗朗地降生到脚下的这块土地上；每年，又有成千上万的人煞费苦心地搞到护照、办到签证，而后急匆匆地离开脚下的这块土地……

面对此情此景，日夜驻守在西方驻华使馆门前的武警战士们，心中想必会有倒翻了五味瓶般的感受……

大兴安岭的一把火……

四川胡乱的砍伐……

洞庭湖面的萎缩……

滚滚的黄河，高悬的河床……

巨大的人口数量和远不算高的人口质量所形成的强烈反差投射于自然界，就表现为恶劣的生态环境。恶劣的生态环境，反过来又毒化着我们民族赖以生存的空间。

在东北。有"长白林海"之称的我国最大林区长白山森林资源，出现了严重的采育失调，森林主体正以每年3.5万公顷、500万立方米的惊人速度消失……若不迅即采取抢救措施，到2000年，黑龙江省将面临天然屏障破坏、森林工业经济崩溃、生态危机全面爆发的局面。

在四川。当地的有识之士将省、州、县所属企业和集体、个人进行的"剃光头"式的胡砍滥伐称为"五把斧头砍树，十条胳膊分林"。若任其恶性发展，到2000年，四川将沦为一片不毛之地。

洞庭湖湖面30多年时间缩小了43%。

黄河更甚，年输沙量已达16亿吨，几乎相当于全世界河流输沙量的一半；每立方米河水里含有黄沙37.7公斤，而尼罗河只有一公斤。被国外学者惊呼为："中国的主动脉大出血！"

黄河的河床在有些地段已高出地面30米，成为一条空中悬河，一旦遭到特大洪水的冲击，随时有溃堤危险，黄淮平原上各种建设有可能毁于一旦。

在江西，南昌城西赣江两岸的巨大沙龙延绵15公里，每年还执着地往前推进三至四公尺。南昌县的一个乡，1万多亩良田变成沙丘，当地农民被迫迁徙。赣南水土流失更为严重。人们发出"兴国县要'亡国'，于都县要'迁都'"的悲叹声……

据统计，我国严重水土流失面积已达150万平方公里，约占国土面积的六分之一弱。

我国人口占世界总数的 23%，耕地仅占世界总数的 7%。这一对比，已足够触目惊心的了。但新中国成立以来，耕地面积一直处于直线下跌的危险状况。30 多年来，我国耕地面积以每年平均 817 万亩的速度锐减，三年加起来，便消失了一个福建省的全部耕地！如果按这一速度减少下去，到公元 2162 年，我国耕地面积将变为零。

在广州市，过去七年来市郊及市属八个县的耕地锐减 12 万亩以上。

在温州地区，如遇清明节前后，坟头白茫茫一片，绿色反倒成了点缀。有的人还没谢世，甚至活蹦乱跳的，坟墓就已修好，形成待葬的空穴。造得极气派的，自然是因为经济基础雄厚了，一部分人比富有、比阔绰，在"阳间"已嫌不过瘾，便又将擂台打到了"阴间"……

昔日水域面积达 300 余平方公里、正常年份蓄水量四亿至五亿立方米、被人们誉为"华北明珠"的白洋淀，竟于 1984 年春夏之交出现干涸。波光粼粼的水面从此只留在孙犁隽美的小说、散文里，只剩下淀底的黄沙、绿草翘首朝天。

今年夏天，老天许是动了恻隐之心，几场暴雨之后，居然给白洋淀灌进了 2.7 亿立方米雨水，人们在欢呼雀跃的时候，心存疑虑：老天会再度照顾吗？

京、津、唐严重缺水……

掠夺性的地下水开发行为，导致京、津、唐地区地下水已十水九空。北京已形成近千平方公里的地下水降落漏斗，水位平均下降四至五米。

"水……给我水"，这是 50 年代初期，上甘岭烟熏火燎的坑道内昏迷的战士的叫喊。到本世纪末，它则可能变成半个中国的痛苦的呼喊！

空气被污染……

1985 年 10 月，来华讲学的国际奥委会医学委员会秘书曼井雷德·多尼克在游览了北京市容后说："万万没有想到，北京的空气污染这么严重！"他还指出：严重的空气污染对于耐久项目（如马拉松）运动员的身体健康是极为有害的。如果到了 2000年得不到根治，中国举办奥运会的申请将不会得到国际奥委会的批准。

土地被污染……

水的污染……

在不少城市里，绿色、棕色、黑色的污水不断排泄入江内，那混合体的颜色，沉闷且又刺激得人痉挛，可称这为"魔鬼色"。于是，居民们喝水，水里有一股强烈的漂白粉味；吃鱼，鱼像是刚从煤油里钻出来……

我们似乎正在疯狂地、热昏了脑袋地向未来冲去。

我们似乎正在肆虐地、不顾一切地与我们的生存环境为敌。

我们正以前所未有的速度创造着什么。

我们正以前所未有的速度丢失着什么。

我们一边给明天铺筑起最坚实的阶梯。

我们一边给明天设置下最凶险的棘藜。

我们最终将与我们自己为敌。

在"不准随地吐痰！""不准乱扔瓜皮果壳！""不可随地大小便！"一类的标语下，一些人不文明的行为……

我们脚下这块土地上还有些现象，很难说清是生态危机还是心态危机，抑或是二者兼而有之。

几十年车水马龙般的政治运动，墙头总有花样翻新的标语。可这类标语，却属每次运动的保留节目。时至今日，从城镇到乡村，从条件简陋的小学校，到气派堂皇的大机关，仍随处可见。可结果又怎样呢？

四合院居住拥挤……

公共汽车上的拥挤……

买东西难，上街吃饭难……

医学界人士认为：拥挤环境下的生活，会给身心健康带来一定的危害。人们却常常忽略拥挤环境下的生活，还极易造成相当一部分人的心态压抑与扭曲——

谁都不满，尽管该满意的地方不少。

谁都觉得吃了亏，尽管占便宜的时候也有。

谁都瞪大眼睛，关注着自己的切身利益。

谁都鼻孔朝天，漠视别人的切身利益。

一边对柏杨先生的《丑陋的中国人》迭声称痛快。

一边又视自己为中国人里最完美的一个。

于是，脏出现了，乱出现了，人们将在外面，在家里的"包袱"，通过随地吐痰，通过乱扔烟蒂，也通过便后不冲洗等种种方式，给卸掉了。好像阿Q终于摸上了小尼姑光光的脑袋一样，恍惚之中，有了一种莫名的快感。

陶渊明的"采菊在篱下，悠然见南山"的韵味，再也没有了……

毛泽东歌咏的"秦皇岛外打鱼船，一片汪洋都不见"的境界，再也难觅了……

"祖国——我们的母亲"，这不仅仅是一行千古不变的颂词。当我们回首过去、向着未来时，它应该成为当代中国人一席深邃的哲学思考……

"祖国——我们的母亲"，这也不仅仅是一首瑰丽的赞歌。当我们走过河山、抚及草禾时，它应该化作当代中国人一种溶于血脉，又激越于血脉之中的博大的美学情愫……

为了珍视中华民族几乎九死一生后才获得的一次起飞，我们必须尽心尽力减轻它的超载！

为了实现人类与地球的和谐相处，我们必须依允地球的许可来重视安排我们的生活！

地球孕育了无数层次的生命。

她的厚爱是无边的——即使是一片树叶，她也赋予美丽的几何图形……

即使是一只叫不出名的昆虫，她也给了它一身花纹的绝妙对称……

在这无边的厚爱中，最受宠的是人类。人类是她孕育出的一种最高级的生命形式。人类是耗费她最多能量的一种生命形式。人类不能因此将她视为一堆冷冰冰的石块，并踩在上面，妄称主人。

人类只是地球的儿女。

我们只是"地球村"里暂住的居民。

第三集　原野潮

在地球上，也许没有任何一种崇拜比得上中国农民对土地的崇拜更虔诚的了！

雄浑粗犷的黄土高原……

如织如绣的长江流域……

如梦如诗的珠江三角洲……

延续了几千年的自给自足的小农经济生产方式，带有强烈色彩的租佃制的分配方式，有如脐带一样将中国农民和土地紧紧地扭结在一起。

李自成统率大军挺进北京，崇祯皇帝吊死景山……

太平天国的《天朝田亩制度》……

孙中山建国大纲："耕者有其田……"

毛泽东的《湖南农民运动的考察报告》："反对贫农就是反对革命，打击贫农就是打击革命。"

土地革命时期的标语："打土豪，分田地……"

中国历代农民起义和农民战争的次数之多、规模之大、时间之长，都堪称世界之冠。封建王朝的更迭，几乎犹如今日摩登女郎们频繁的换装，其导火线大抵不是别的什么，正是土地使然。

中国新民主主义革命的伟大创举是走农村包围城市的道路。中国共产党之所以能够发动和组织起千千万万"面朝黄土背朝天"的农民，走出茅屋，高举火把，手持大刀，呼啸前行，烧红一架架大山，沸腾一条条江河，正在于她给予了农民以土地的真诚许诺，满足了农民对于土地的强烈渴求。

没有比中国农民更现实的了。即使是抗日烽火燃遍大江南北、民族矛盾已上升为主要矛盾，要农民投入一道以血与肉筑起的长城，共产党还得在农村实行"减租减息"的政策。

戴着墨镜、自持装了一肚子洋学问的王明，鄙视农民："山沟沟里能出什么马列主义？"屡屡在大都市发动暴动，虽一时也轰轰烈烈，但最终总是"落花流水春去也"。而钻山沟、住窑洞、与农民们朝夕厮磨的毛泽东，却在 1949 年挺立在敞篷吉普车上，心仪如海，思绪万千地驶进北京城，站上了天安门！

土改运动中，农民丈田分地，领地契，斗地主，扭秧歌，舞龙灯庆丰收……

这是中国农民的一次盛大节日。土地改革运动在最大限度上激发了广大翻身农民对新生政权的拥戴，也在最大程度上浇注了广大翻身农民对土地的热情。

在互助组、初级社阶段，采取的是自愿互利、等价交换的原则和典型示范的方法。合作化运动的发展是健康的，农业年年增产。到了 1955 年冬季，人为地掀起了"高潮"，加入高级社的农户占总农户的 4%；可仅过了一年，猛增至 87.8%。原计划在 15 年或者更长一些时间完成的艰巨任务，不到 365 天就完成了。大量农民从互助组乃至单干户，一下跳进了高级社——鸡毛就这样飞上了天！然而农民们却并不飘飘然、乐乐然，相反，几年前土地到手的兴奋和土地经营的自由化为了乌有。人们按单一的集体农庄模式实行集中劳动、集中经营，实行按工计分、按分分配的制度。

很长一段时间，习惯于以政治运动的方式去解决一切问题，如同中国人习惯于使筷子。这不，又突然冒出个"两条道路大辩论"，压根儿就不知"资本主义"为何物的农民，竟被斥之为热衷于走资本主义道路。"西风"压下去了，"东风"浩浩荡荡吹起来了。到了1958年，"共产风"有之，"浮夸风"有之，"瞎指挥风"有之，举国熏熏然陶陶然中，升起了人民公社这面旗帜……

挂牌子，庆祝大会，农民军事化、车子化，挑灯夜战，移苗并丘，砸锅撤灶办食堂，上山砍树烧炭，遍地土高炉，墙头上的标语诗画，报纸上的"卫星"，田里的"卫星"……

政社合一的人民公社，是一瓶兑了水的茅台酒，比起合作社、高级社，那味道已经全变了。公社的头头脑脑由国家委任，农业生产计划由国家统一制订并层层分解下达，分配形式和分配水平也是由上级部门硬性规定的。这实质上在集体经济和农业生产中全部照搬了国营企业的指令性计划制度。农民们不啻成了一只只被捆得牢牢的粽子，一股脑儿扔进一口大锅里，一煮就是20年！

人民公社使我国农村经济长时间停滞不前，极大地延缓了从自然经济转向商品经济的历史进程。而且，强行变革生产关系，还导致了生产力的大滑坡。

三年困难时期，冷灶死灰的食堂，遍及中原的大饥馑，山道上背井离乡的人流，城市里沿街乞讨的农民，埋葬饿殍的炕席……

据有关统计数字透露，三年困难时期，我国总共饿死了三千余万人。鸡毛很快落地了，那落地的还有一曲没遍中国的沉郁哀歌……

不是所有的人都忘记了当年革命时对农民的许诺，不是所有的人都热昏了脑袋。在最高决策层，有识之士指出过"大跃进"的荒谬，提出过"三自一包"。然而，他们不是在庐山上被当成仙人洞前涌动的乱云，就是在"文革"中被视为睡在身边的"赫鲁晓夫"……

毛泽东不但是一个伟大的政治家，还是一位杰出的诗人。1959年，在故园韶山，他以超乎常人的想象力，挥毫写下了这样的诗句："喜看稻菽千重浪，遍地英雄下夕烟。"

"资本主义尾巴"越割越短，农民的自由越来越少。到了"文革"，连卖一只蛋的自由也完全被剥夺了。在西方世界从第二次浪潮向第三次浪潮冲击的强烈比照下，中国农村的极端贫困和中国城市的反复骚乱所构成的独特的景观，令全人类瞠目结舌。

"今年盼着明年好，明年还穿破小袄。30多年吃不饱，叫人咋说社会好？"这是70年代初在安徽农村颇为流行的一首民谣。尽管报刊上一再宣传：贫下中农是农村"三大革命"的主力军。贫下中农对主力军的地位也丧失了热情。有农民说得形象极了："什么阶级斗争？就是一家有十个儿子，做父亲的老是唆使九个兄弟去欺负一个兄弟，九个兄弟像是得宠，但捧起破碗来一样吃糠咽菜。"

农民开始动摇了。几乎是一粉碎"四人帮"，在安徽、四川的边远乡村，一股潜流在地下涌动。一个村庄又一个村庄，谨慎而又无畏地把田分了下去。而将这股潜流理直气壮地引向浩江大川的，是中国共产党内又一批顺应民心的有识之士。

有一个众口传颂的故事：万里同志主政安徽时，在一次地县委书记会议上，有人向他汇报悄悄分田地的农户都获得了好收成。万里当机立断，决定在全省大面积推行包产到户的生产责任制。历史像走了一个圈，又回到了土改时期，农民们欢天喜地。一些基层干部却提心吊胆："辛辛苦苦几十年，一夜回到解放前。"据说一位县委书记每天清晨必怀揣收音机，收听《新闻联播》节目，一天，他突然听到一篇刊登在《人民日报》上的文章，严厉指责包产到户是"资本主义复辟"。他大惊失色地找到万里，万里说："报纸不种田，报纸不打粮，到了秋后农民没饭吃，可要来找我哩。别理那一套，我们照干……"

1978年的中国农村，老百姓流传着这样的顺口溜："要吃粮，找紫阳；要吃米，找万里。"

说起来令人难以置信，中国一个新的历史时期的开创竟是以解决农民与土地的关系问题打开突破口的。从这个意义上讲，比起李自成，比起洪秀全，我们到底前进了多少呢？

一个问题经常困扰一些年轻人；中国的改革为什么不像苏联一样从政治体制开始，而从经济体制开始？中国的经济体制改革为什么不从城市开始，而从农村开始？这确实是令人饶有兴趣的提问。

答案是严峻的：新中国成立以后没清平几年，便开始了自己砸自己的锅碗瓢盆；十年动乱，终于将国民经济推到了崩溃的边缘。噩梦醒来了，国门洞开了，别人并非生活在水深火热之中，亟待谁去解救；我们却折腾得连起码的生存条件几乎都丧失殆尽，多年来裤腰带勒得紧紧的农民尤甚。此时，比起要民主，比起反对官僚主义和不正之风，老百姓们对物质生活的需求显得更为迫切。而勒之愈紧，挣之愈烈，农村改革有如决堤之水，在中国的先行也就势所必然了。

一切像农民尊重土地一样地尊重了农民，原野上的奇迹便出现了……

仅从最初推广生产责任制的三年来看，1981年，全国每个农业人口平均提供的商品为115.5元，比1978年增长67.8%。三年的增长幅度几乎等于过去的20年。1984年我国获得了空前的农业大丰收，粮食总产量高达4200亿公斤。

世界五分之一的人口在中国，中国五分之四的人口在农村。再地大物博，被这庞大的人口一除，也就所剩无几了。

低下的生产力水平，大锅饭的分配方式，掩盖了有限的耕地与人口行为盲目化的尖锐矛盾。而解放了的生产力则是一柄锋光闪闪的刺刀，一下挑开了灰扑扑的遮布：有限的耕地是无情的，已经排挤，还将继续排挤出亿万过剩的劳动力。

农民们的心上刚刚有了绿色的希望，如同他们的脸上刚刚有了红润之色。可中国人的希望难呵，甭说天灾人祸了，就是风调雨顺，天下太平，希望也被这人口的包袱给压得有几分惶惑……

什么是中国式的特色？在某种意义上，就是在各个方面、各个层次上如何消化这人口的沉重包袱。1982年，中国农村如雨后春笋般遍地涌现出的乡镇企业，是中国式农村发展道路继土地经营权改变之后的又一次重大的拓展。农民们进厂不进城，离土不离乡，亦工亦农，在乡镇企业里消化了过剩的劳动力……

1985年，全国农村工业化人口达到4000多万。1987年，农村工业、建筑业、运输业、商业总产值占农村社会总产值的比重由1979年的31.4%提高到了50.4%，首次超过农业总产值的比重。1988年，全国农村工业化人口上升到9000多万。

其意义不仅在此。乡镇企业发展的密集，就需要有商品和信息的集散地。于是农村小城镇出现了。在发展中国家，城市像磁铁一样吸引着过剩的农村劳动力，为此人们常常为城市的人口膨胀和种种的城市病而头痛不已。在我国沿海地区，农村小城镇已经星罗棋布、密如河网，这表明从列宁起多少共产党人梦寐以求的城乡差别的消失，在今天第一次有了可能；并且，昭示出中国农村发展的辉煌前景。

党的十一届三中全会前，广东省东莞市虽然走马灯般转着林林总总的社会主义教育运动，可越转东莞越穷，一个劳动日几角钱，乃至几分钱，社会主义的好处始终在缥缈虚幻的蓬莱岛上。人们向往彼岸的灯红酒绿，几乎是削尖了脑袋往香港跑，当时的各级组织用了很大的精力来解决"偷渡"问题。十一届三中全会后，东莞以乡镇企业为依托，大力发展对外加工业，1978 年与 1987 年相比，农村人均收入从 193 元提高到 1039 元，大大高于广东全省人均收入 645 元的水平。农民们不再为温饱而担忧，而且有了余钱，全市 70% 的农户盖起了款式讲究的新楼。有农民说："过去只认香港生活好，如今东莞山沟照样有黄金找！"

在温州永嘉县的桥头镇，据说是 1979 年一个姓王的弹棉匠从江西买回一批处理纽扣，在镇上摆起了纽扣摊。谁料这一摆竟成了气候，一年以后，镇上卖纽扣的摊子发展到 100 多家。迄今为止，全镇已有 700 多个纽扣店、摊，全国 300 多家纽扣厂生产的 1700 个品种的纽扣在这里都有销售。在上海等大都市转悠一星期不能完成的采购任务，在桥头镇只需要个把小时就可以如愿以偿。除市面上的 5000 多人外，镇上还有 9000 人在外搞采购和销售，他们组成了遍布 30 个省、市、自治区的流通网络，每天从全国各地区汇到桥头镇的款子达 10 万元。近年来，纽扣生产厂家也如雨后春笋般从这片土地上冒了出来。从这被誉为"东方第一大纽扣市场"的变迁里，我们看到的正是农村商品经济发展的过程。

乡镇企业的迅速崛起，正在使中国农民变成商品的生产者。从千百年土地的束缚中站起来的农民，要求在商品经济的环节上和城市相流通、相结合，从而与城市一同构筑起商品经济的新秩序；腰杆硬了、视野变得开阔的 8 亿农民，要求理顺多年以来倒挂的农副产品价格，要求迅速扭转农村教育、卫生、科技落后及人才紧缺的状况，从而将大气磅礴地推动中国社会全方位、多层面的改革！

农民买钢琴、买飞机……

农民旅游……

农民办文化、科技夜校……

从自然经济过渡到商品经济，从农村发展到农村的小城镇化，这是中国农村的伟大变迁。它不仅是一个经济过程、一个社会过程，还是一个农民民主意识日益觉醒的过程。过去，无论党中央说什么，《人民日报》登什么，没有用；而大队长或书记打个喷嚏，几乎全村的人都得感冒。今天，在承包了的土地和承包了的企业面前，人们的机会是均等的，选择是自由的，人们将能开始把握自己的命运……

一位著名记者、报告文学作家如是说："试想，若有人敢于站在摩托车方阵的滚滚洪流前挡道，并竭力嘶喊：'停下，不准复辟资本主义！''退回去，捍卫人民公社这面旗帜！'谁会理睬他呢？倘若不躲开，他将会被碾成齑粉！"

第四集　时代魂

1984 年党的十二届三中全会公报，掀开了中国城市经济改革的大幕。

中国城市经济改革的实质，说到底就是要搞活企业，即将竞争机制引进企业。要造就一批懂业务、善管理的企业家。

改革不容易，与改革共命运的企业家们也不容易。

在中国，多少年来大抵靠大米、猪肉、中药材、丝绸出口创汇，闽东电机厂厂长陆东明居然将名不见经传的闽东电机产品打出国去，一向以"丰田""松下""东芝""三菱"咄咄逼人的日本人，也不得不退避三舍，让他占领了香港市场，这不能不说是一个开拓之举。陆东明声名鹊起了，站在《新观察》的封面上爽朗地微笑。然而，不过一会儿，他又像一颗流星一样消失了，据说是因为生活作风问题……

中国的改革得要有一个与之相适应的社会环境和心理环境。否则，会常常演出"出师未捷身先死，长使英雄泪满襟"的悲剧。

无独有偶，杭州湾边上那个曾被奉为改革明星的步鑫生，他和他企业的兴衰浮沉，也引起了人们深深的思索。一个不起眼的农村小裁缝，也许他身上不乏必要的心计和足够的胆量去抓取机会、运用机会，得以作早春先开的桃李。但是，传统小生产观念在他身上的积淀，并无多少质的改变，他还缺乏现代企业家的素质和现代的企业管理知识。

在改革的初期，像步鑫生这样的企业家还不少。他们活跃在集体经济体制出现哗哗松动而国营经济体制仍然固若金汤的时期，是可以理解的。然而，随着改革的深化，国营经济调过头来，和他们站在了同一起跑线上，从而开始了以活对活的竞争，他们中的多数人的凋谢速度，将不会慢于他们崛起的速度，这也将是可以理解的了。

难怪会出现陆东明、步鑫生。

我国近代以来出现的企业家本来就先天不足，不是受洋人的欺辱，就是遭受官僚资本的压迫。新中国成立以后，我国经济结构里一点点可怜的民族资本主义成分，也在1956年的社会主义改造运动中被抹得干干净净。

在中国，从未有过真正意义上的企业家和容纳企业家的良好社会环境和心理环境。十一届三中全会之前，人们难以想起有"企业家"这个名词，就是想起了，同时想起的便是《子夜》中的吴荪甫，《上海的早晨》里的徐义德、朱延年，以及《日出》里的潘经理。企业家等同于资本家，它的同义词是尔虞我诈、为富不仁……

在旧的经济体制里其实是没有这个企业家概念的。通过指令性计划分配资金、物资和包销产品，再加上行政方式的管理，国家对国营经济实行了直接控制。国家如同一个大工厂，企业却成了车间。"文革"后期，连大集体经济都纳入了全民的行列。石头里长不出绿草，这样的体制里也蹦不出企业家来，充其量只能产生"抬头看路，埋头拉车"的老黄牛式的车间主任……

在改革的社会环境与心理环境正在逐渐形成之时，市场机制在经济生活中的作用变得日益严峻之后，仅靠拾遗补阙的机会不行，仅靠简单的放权让利也不行。中国的企业家们，不但有了成熟起来的可能性，而且有了必须具备现代素质和现代管理知识的紧迫性。

商品是最活跃的经济细胞，一旦搞活商品流通，奇迹便出现了。靠二分钱大碗茶发家的尹盛喜，1979年带领七名待业知青在前门摆起了茶摊，历经八载春秋，竟发展成"北京大碗茶商贸集团公司"，不但在煌煌京都拥有21家买卖，同时还在深圳、海南岛开辟了六个门市部和八个网点，年营业额5000万元，利润200万元，销售商品达6000种之多。同时，先后安置解决待业青年2000多人。法国、意大利、匈牙利等国纷纷邀请尹盛喜前去开茶馆，不起眼的"大碗茶"，即将香飘世界。

哈尔滨市有一家华兴建筑工程公司，总经理孙金鼎。1983年，该公司承建了市工业品贸易中心大楼。打完地基以后，钱花去20多万元，经化验却发现水泥强度不够。要说这事也不大，市场上有假烟、假酒，社会上有假公仆、假党员，这水泥还不是假的，工程近20年不会有问题。总经理孙金鼎却断然决定将基础炸掉重来，令一下，有些职工火烧眉毛般找来："也不想想，几年前，我们还是个只有几把铁锹、几十个人的街道维修队；如今虽叫公司了，可还是个没有皇粮吃的集体企业，你腰里缠有几个20万?!"孙金鼎寸步不让："集体企业也是社会主义企业，你买根冰棍还想质量好呢，几百万的大楼就能不讲质量?!"没向甲方多要一分钱，还提前84天竣工的这幢大楼，成了华兴公司信誉的一座丰碑。八年来，虽国家不断压缩基建投资，该市的建筑企业又有500多家，可在强手如林的激烈竞争中，华兴公司如走山阴道上，满目应接不暇，施工面积每年以25%的比例递增，发展成为一个拥有2200名职工、1200万元资本的中型企业。

1984 年的一天，青岛电冰箱总厂开了一个劣质产品展览会，陈列的是经严格检查出来有毛病的 76 台冰箱。更让全厂职工触目惊心的是，厂长张瑞敏宣布："哪个车间出的问题，就由哪个车间负责人当着全厂职工的面砸烂！"大锤沉沉地举起，大锤重重地落下，顷刻间，76 台电冰箱成了一堆废铁。张厂长又说："这次质量事故由总厂负责，我和总工程师接受重罚。今后若再出现类似事故，谁出的谁负责。谁砸了琴岛—利勃海尔的牌子，我就要砸掉谁的饭碗！"

这是一次伟大的埋葬。大锤砸碎的是平庸、保守、落后的小生产意识，大锤下诞生的是竞争、创优、开拓的现代化管理观念。此后三年，产品开箱完好率达 100%，社会返修率保持在 4% 以下。1987 年 6 月，国际卫生组织医用设备招标，日本、美国、意大利、联邦德国、中国共五个国家的 15 家电冰箱厂家进行了激烈的角逐之后，"琴岛—利勃海尔"终于击败上届中标者——日本的"东芝"，而一举夺魁。

中国在强化改革。她要走过阵痛，避免动荡，就得大面积地搞活企业并大幅度地提高企业效益。她就得义无反顾地去烧红、烧透一块长满锈斑的铁板。仅靠宛如星散的集体、乡镇企业和私营企业，远远烧不红这块巨大的铁板，必须让大型企业也呼啸发出呼呼的火焰！

位于北京西南郊的燕山石化公司炼油厂，是国内最大的综合型炼油厂之一。近几年来，这个厂围绕生产经营目标，制订了企业升级目标体系，开展了多种形式的承包经营责任制和任期责任制。"千斤重担众人挑，人人肩上有目标"，棋还是这副棋，可一旦人人成了一只虎虎生风的棋子，满盘棋就有了兔起鹘落的走势，有了柳暗花明的风光。这个厂产值、利税连续四年以近 10% 的速度递增，仅 1986 年便上缴利税 7.33 亿元，人均创利税 13.57 万元，成为全国产值和利税总额最高的 50 家大型企业之一。

江西贵溪冶炼厂是全国22个成套引进的项目之一，也是我国目前最大的现代化炼铜企业。1985年底投产一次成功，被日本专家誉为全世界内速炉炼铜投产最顺利的工厂。1987年10月，国家计委组织了全国208个重点建设单位和引进项目企业在此开现场交流会，这个会不啻是对贵冶高水平经营机制的最好评价。"婆婆"们却不放心，将企业的财权和主要产品销售权收上去，以致其供、产、销三个环节被迫分割，法人地位名存实亡，没有比留恋权力更能让人煞费心机的了，放权如同新体制要从旧体制里剥离出来一样艰难。艰难得从1984年至1988年共和国总理就此事作过的四次批示也似乎写在流水上……好在贵冶不是个逆来顺受的"媳妇"，好在今天中国改革挽狂澜于既倒的决心更不是流水，而是流水中宛如铁铸的礁岩。颤颤摇摇的，倒是"婆婆"们手里攥出了汗的权力。1988年10月，贵溪冶炼厂成为中国有色金属工业大型企业向国家实行总承包的先遣单位。

在中国的"硅谷"——中关村电子一条街上，没有人不知道"联想"二字。它首先指的是以联想式汉卡为龙头的联想式汉字系统产品。其次，它指的是开发、生产、销售这一高技术产品的中国科学院计算所公司，这家公司真成了个"联想"的世界，三年来更新8个版本，研制出3个型号，产品驰誉海内外。它还让人想起创办这家公司的科技人员的联想风格：高楼大院里待着，精良的设备前泡着，再顶着个高级职称，日子挺滋润的。他们都联想起要做生意人，过去谈钱便脸红到脖子根的秀才，居然让公司财源滚滚，1984年开办时，不过11个人、20万元的投资；三年过去，则给国家上缴税收1100万元，交还计算机所的投资外，还上交所里365万元。公司的大字招牌鸟瞰了电子一条街，他们又联想起要在海外升起中国知识分子辉煌的联想来，在香港的联想电脑有限公司开办三个月，便挤进了香港电脑市场的前十大公司之列……

走出这家公司，我们也一片联想：若我们的知识分子有条件的都投身于国民经济的主战场，落实了十年，可仍不尽如人意的知识分子政策，还用得着谁去落实吗？而且在崛起了一批批面向世界的高新技术产业之后，中国的企业家们将会有着怎样威武雄壮的阵营……

中国在强化改革。改革使企业家们表现着各自的聪明才智，改革又让企业家们品尝着各自的苦恼与悲哀……

几千年的封建传统观念，既造成了某些方面的麻木，也造成了某些方面的敏感，对权力的敏感便是其中之一。迄今，开起会来排座次；写一消息谁提名在前，谁提名在后；谁家门庭若市，谁家门可罗雀……几乎都能引出万般滋味与种种猜测，何况面对的是企业领导体制发生变更的大事！有人首先关心的是，以后企业里是厂长大还是书记大？谁是第一把手？这颇像电影院里孩子的智商水平："谁是好人？谁是坏人？"

于是，在一些企业里，在书记与厂长之间，便生出些磕磕碰碰来，犹如一山有了二虎，那地界上的"臣民"们，自然也就无所适从……

一份报告盖了几十、上百个章。

几乎是又一次二万五千里长征。热情，就这样在一张张冷冰冰的抽屉里被扑灭；机会，就这样在一次次的研究中被耽搁……

文山会海。几乎每天都有了应酬。

主管或非主管的部门，有关系或无关系的单位，在位或在野的高干，视察的参观的，检查的路过的，要求赞助的……流水般淌，走马灯般转。陪参观、陪吃饭、陪谈话，似乎你是个陪同机器。否则就是不敬，就是厚此薄彼，就是"狗眼看人低"……

晚上，几乎每天都有人找去家里。

一辆辆"坦克"粗暴地践踏了本该一个个宁静的夜晚，而且这种"侵占"还合理合法，你不得不倒茶递烟，听他说去，可你就是修炼到家的海灯法师，你也听不下去。大多不是什么新鲜事，例如房子、煤气该不该解决，谁和谁吵了一架，下面的同志已经处理了，可他还要找到你这里磨蹭……

辽宁省优秀女企业家王淑琴惨死于一个不服管理、目无国法的职工刀下……

在新旧体制剧烈冲撞的当今，企业家们处在各种矛盾的焦点上，常常面临各种风险的袭击：政策的稍稍变动可能使他们马失前蹄，市场的仓皇风雨可能使他们险滩覆舟，八分钱的邮票可能使他们大半年里人鬼难分，被"大锅饭"撑粗了腰的极少数横蛮之徒可能铤而走险，对他们作恶行凶……

无怪乎，有这么一种说法，在中国要惩罚一个人，有一种便当而又不显眼的办法，那就是叫他去当厂长。

出头橡子先烂的中国，今天不能让先驱者再血洒征程了！

吃过人血馒头的中国，今天不能让后继者再心怵胆寒了！

这几年，很多外国人到中国看了以后，常说：没有想到你们的设备这样好，没有想到你们的管理如此落后。其原因林林总总，但究其根本是企业家们还不能以国际上通行的办法来管理企业，企业内部机制的改革还缺乏外部机制改革的有力配套。

理解企业家们，关心企业家们吧，而最深刻的理解、最真挚的关心，就是加快经济体制和政治体制改革的步伐！

企业是国民经济的细胞。眼下正处于改革的关键时刻，国家财政困难的解决，涨价因素的消化，要靠企业效益。社会对工资改革、物价改革的承受能力，也要靠企业效益。

尊重企业家吧，在商品经济发达的社会，政治家的光彩远比企业家的逊色……

如果到了这一天，中国真正成了企业家们大显身手、如鱼得水的舞台，那它就标志着：

中国的社会主义商品经济的新秩序业已建立！

中国的发展业已鲲鹏展翅，扶摇九重！

第五集　世纪风

20世纪还有12年就要消失于人类历史的长河了，本世纪的窗口外，正是苍茫的暮色……

没有比20世纪给人类的馈赠更壮丽多姿、更惊心动魄也更丰厚凝重的了！

不要说世界了，世纪之初和中期，地球曾是一个巨大、充满血腥味的古罗马斗牛场；而今天地球则被视为一个小小的村庄，人类比以往任何时候都意识到必须相互理解，既深刻地理解自己，也同样深刻地去理解别人，包括昨天或者今天的敌人。

就看看中国：为了剪掉盘在我们民族脑壳上的一条辫子，为了不让那已经被推下金銮殿的皇帝又溜回去，为了拔掉上海黄浦公园门口那块"华人与狗不得入内"的牌子，多少志士抛洒热血，多少城郭枪声如雨！而今天，城市里也少见扎辫子的姑娘，皇帝只活在电影、电视剧里。花上一两角钱，谁都能进中国所有的公园。更重要的是，我们不再自诩为四海称臣的"中央之国"，五洲向往的"世界革命的红色根据地"。与此相反，以邓小平为代表的一批睿智、富有胆略的中国人蓦然回首，正毅然对庞大、僵化的社会机制进行挑战！

我们的后代翻开20世纪的一部史诗时，将会听到一阵阵黄钟大吕般的声音。但是，一般社会变革的恢宏，并不一定意味着民族精神的高扬。社会变革可以此起彼伏，千百年形成的民族精神，却融汇在血液里，积淀在心理上，足以稳定得世代相传。

中华民族精神中的集体、献身观念和对平衡、和谐、统一的追求，使中国创造出高度发达的农业文明，对于强化民族的凝聚力是一笔宝贵的精神财富。然而，它又是一个潘多拉盒子，呼啦啦飞出来的不仅有文明，还有给这块土地投下深重阴影的蒙昧……

中国人总得崇拜什么。从远古靠天吃饭得崇拜苍天，进而崇拜苍天在人间的化身——天子。天子被推下了金銮殿，可在一个以农民为主体的国度里，因为经济地位的低下，决定了政治地位的低下，社会结构的重心总上升在一群人、几个人乃至一个人手里，最终导致的是一场8亿人只有一颗脑袋思索的大悲剧。这一权力崇拜的心态，今天仍然活跃于一个诸多方面还是官本位制的社会，就是卖肉的，售车票、机票的，也会最大限度地膨胀自己手中的权力……

中国古典建筑以中心建筑为核心，左右铺陈，前后延伸，大小建筑物尊卑有序，错落有致，既象征着人在世界上独具特色的君、神、父三位一体的统治结构里该处的地位，也强调着人对于这一结构的稳定该起的作用。千百年来，中国人敢说"我要怎么样，怎么样"吗？大抵说的都是"你该怎么样"。不是太久之前，人们还习惯自比"螺丝钉"，唱着"我是一块砖，哪里需要往哪里搬"……义务感是有了，集体意识是有了，个人打生下来就该有的权力和利益却被淡化了，为获取个人权力和利益所必须具有的承受风险的能力，也如同鸡的翅膀一样早就退化了。一个轻视个人权力和利益的社会，一个成员缺乏承受风险能力的社会，再裹之以社会主义的公有制，便成了一张大饼，人们讲义不讲利，患不均不患寡，谁都可以吃到一块，哪怕仅是拇指大的一块，而谁都不去想怎样把这张饼做得更大一些、更好一些……

与西方文化体系以"知识"为支点相反，古代中国的文化体系以"道德"为支点。千百年来，知识分子在中国从来没有形成独立的人格力量。不是被"道德"卷进一片混沌的太虚幻境，成为几乎与生产力和沾边儿的门人食客；就是被视作一批长有反骨、包藏祸心的家伙，对他们紧箍咒得一遍遍念着。即

31

使到了知识分子必须成为一支最活跃的生产力的当今，自然经济土壤上生长出的平均主义，仍不时在抹煞知识的价值：加工资，靠的是熬年头；评职称，靠的是熬岁月；连分房子、用煤气罐、休假、疗养，也在工龄的投影之下。报酬与待遇，仿佛成了一张全国通用粮票，几乎在哪里都是随皱纹的增多而增多，随胡子的增长而增长。同时增长的还有一种被约定俗成为"东方式嫉妒"的心态：要有，大伙儿都得有；要出头，你得让我先出。否则，紧跟上来的，便是力量几乎足够发射一枚火箭的内耗……

中国自秦代以来形成了统一的中央集权制国家。政治上的大一统，要求思想文化的大一统，乃至性格上的大一统。外来的任何思想，即使如佛教，也只有经过儒家的塑造，辅之以道教的油彩，才能落脚于中华大地。

大一统观念，简化了人们的思想方式，非红即黑，非左即右，非活即死。一放，便放个洪水滔天，不可收拾；一收，便收成万马齐喑，百雀噤声。一好，阿Q头上的癞痢也成了只明丽的灯泡；一坏，阿Q有经济问题、男女关系问题，还是个不折不扣的"造反派""文革"中将未庄闹得个鸡犬不宁……

大一统观念，僵化了人们的思维方式，人们只根据昨天的生活经验来规划明天，而不是根据明天的憧憬来架构今天。谁稍稍变革今天的见解，谁就会被斥之为离经叛道、数典忘祖，遭众人鸣鼓而击之。难怪乎昔日康有为得打着孔子的旗号，以托古宣扬改制；也难怪乎今天有人从深圳转了一圈回来，便抱头痛哭、唏嘘泪下："我们抛头颅、洒热血，好不容易将资本主义赶出了中国，可今天又将资本主义给请了回来……"

中国人常常使用着善与恶的道德评价。当今震荡不已然而又是生机勃勃的现实生活，更是常常被带上旧道德的法庭去接受审判。自然经济所孕育的某些古朴的道德观念，在改革的进程里被摇撼了，乃至被摒弃。处于改革中的人们——一代和几代人，由此将会产生深刻的感情矛盾、信念矛盾、人格矛盾，以及由道德观念不得不重新改造而引发的良心痛苦。难怪有人痛心疾首："世风日下""礼崩乐坏"了……这是人类文明发展的每一个阶段都存在的历史评价与道德评价的"二律背反"。是站在更高的历史阶段上来反思、审视这一"二律背反"现象，从而拥抱它后面所躁动的更深层次的文明进步？还是停留在这一现象里困惑、惆怅，甚至哀挽文明进步与"道德"的失却，乃至于像当年的红卫兵捍卫"红司令"一样去捍卫那将要失却的"道德"？这将是当代每个中国人都无法回避的选择。

现代化的历程证明：一方面，它具有不可逆性和向世界范围扩张的特征。一经发动，它的步伐便越来越快，无情地裹挟全球的每一个角落。菲律宾、韩国……乃至中国台湾的民主运动，就不说了；仅看看社会主义国家，上个世纪马克思曾说：一个幽灵，一个共产主义的幽灵在欧洲游荡。可在今天，在东欧游荡的幽灵则是改革。南斯拉夫、匈牙利、波兰、苏联……社会主义国家的改革毫无愧色，将是从本世纪到下一个世纪的跨世纪伟业。

另一方面，现代化是一个囊括了社会生活各个方面的整体进程，从政治、经济、文化、科学、教育……乃至民族精神的全方位的现代化。如果将政治、经济等方面的改革仅视为纯技术性的改革，那么社会就会缺乏相应的舆论环境和心理环境，新文明就可能在旧道德的法庭上被判处死刑。现代化便只能面临着两种结局：一是夭折，一是畸形发展。

今天，社会变革的恢宏，必将意味着民族精神的高扬！

在多年的闭关锁国之后，在面向现代化、面向世界的口号声中，中国人往往可以欣然接受流行歌曲、西装革履、化妆美容等浅层结构里的外来文化，甚至可以像20年前的红卫兵"大串联"一样，投入一次令国人众说纷纭的"世界大串联"；但是，处于文化深层结构中的民族精神的变革却绝非一朝一夕所能实现，这将有一番肝胆剥离般的痛苦，这将是一个新旧杂糅、方生而未死的过程。

如果说我们民族精神中的蒙昧部分，其基石是铁锈般沉闷的自然经济，那么，我们民族精神在新时期的高扬，其支柱便是水银般活泼的商品经济。

在旧的经济机制下，除少数高层次的人群外，人们生活的追求比较贫乏，一般只是求得眼前的温饱和丧失劳动能力后的赡养，以及儿孙绕膝的天伦之乐。生活的封闭，导致观念的封闭。在新的经济机制所形成的竞争环境里，取消了谁也不会淹死的概念，淹死的危险将迫使所有的人全力以赴。于是，各种知识、信息、观念，潮水般涌进生活，令人眼花缭乱，视野拓展了，多少价值观念主动地或者被动地在进行重新锻铸……

在商品经济发达的地区，这正变成现实。权力并不再畅通无阻，只要有足够的金钱，谁都可以乘坐豪华轿车，住进高级宾馆。

人们敢于标新立异了，性格展示在姑娘的三点或游泳衣上，性格跳跃在老人的迪斯科舞步里……

知识，如同其他商品一样，清晰呈现出自己的价值规律——嫉妒，就是嫉妒得眼里滴血，也成不了气候；压制，无异于拆自己的台阶，除非领导者准备垮台；不服？这不再是一场没完没了的嘴皮上的拉锯战，而是一场真正凭实力的较量。要不，换上你来试试？

中国人不再没脾气，尽管这脾气有时发得还不是地方；

芸芸众生里有了漂流黄河的英雄，辞典里也有了"破产""租赁""拍卖""兼并""失业"之说；

老百姓的衣食住行，几乎每一天，都在经受着物价放开的严峻考验。

大江南北，长城内外，正进行全方位的对话；关于"蛇口风波"的一场争论，更引起人们深深的思索。

正因为已经深刻认识到：没有制约的权力，是一种危险的权力；没有制约的权力，必将最终导致腐败。全国人民代表大会才不再是一枚橡皮图章，"全体举手，一致通过"，已经成了明日黄花。全国政治协商会议才不再是一个花瓶，在政协七届一次会议上，千家驹委员30分钟的发言竟赢得了全场数次热烈的掌声……

鲁迅先生所毕生鞭挞的国民之劣根性，正在被一点点地剪除。

毛泽东主席站在天安门城楼庄严宣告的"中国人民从此站起来了"，在今天有了新的意蕴。

几千年来饱受创伤和忧患的中华民族，如同一只火中的凤凰，其涅槃就在这一刻，其苏醒就在这一刻。

现在60岁以下的人，大抵都是跨世纪的人。新世纪的风，天天微微牵动我们的征衣，精灵般轻叩中国的窗棂……中国人啊，你听到了吗？你想过了吗？我们该以怎样的民族精神去迈入21世纪那朝霞磅礴的黎明？

让现实告诉我们……

让未来告诉世界……

（1988年6月30日~8月25日，写于北京望海楼—龙潭饭店；与胡平合作）

商魂
——关于商业改革絮语

第一集　失落的钥匙

天荒地老，岁月悠悠。

从亚述文明、苏米尔文明、巴比伦文明，到"第三次浪潮"的勃兴，倘若人类能够寻找到一把钥匙——一把人类自己失落的钥匙，打开的将是一座富矿……

对于中国人来说，历史的丰富与历史的沉重，既让我们发出太多太多的叹息，更使我们一次又一次地惊诧不已。

历史永远是一部教科书——当我们循着岁月的驿道去拾掇历史的碎片时，你会发现古老的东方文明中存留着商业文化最初的胎记……

毫无疑问，自从人类社会出现了商品，随之亦产生了商业文化——商业活动本身往往融注进极其丰厚的文化内涵。

2200 年前，当这支驮载着东方丝绸的浩大商旅从黄土高原的渭河起步，出西域，叩中亚，穿越大漠洪荒，直抵地中海东岸时，既向西方都市注入了赖以生存的活命之水——"商业"，同时又将中国的灿烂文化远播于古巴比伦文明的发祥地。

据说法国国王路易十四曾经不惜变卖掉宫廷的金银饰品，用以购进从东方丝绸之路传来的中国瓷器，因为这些瓷器凝聚着神奇而精美绝伦的东方文化——因它极高的文化附加值而变得价值连城。

遗憾的是，我们的祖先并没意识到这一点！

悠悠五千年，中华民族创造了人类古代文明史上一座座最辉煌的文化博物馆：大到火药、指南针、印刷术的发明，开辟海上、陆地的丝绸之路；小到在米粒大小的象牙上创作牙雕精品，甚至连叫卖——这种最古老最原始的推销手段也蕴含着浓郁的艺术韵味。——在这个星球上，也许没有哪一个民族像我们这样，在商业活动中倾注如此炽热的文化情愫了。

同样，在这个星球上，也没有哪一个民族像我们这样，具有如此悠久的轻商、抑商、贱商传统：文化总是以蔑视的眼光，看待对社会进步发挥着巨大驱动力的商业活动。最典型的观念，莫过于千百年来流传甚广的一句口头禅："无商不奸。"

历史留下了一道费解的难题……

审视本民族的历史是需要勇气的。

早在远古时代，我国就出现了一种商业害国论，认为"商众则国贫"。横扫六合的秦始皇把商人和罪犯看作同一类人，发配去边关；唱《大风歌》的刘邦和崛起于草莽的朱元璋，都曾制定一系列侮辱性的法规来贬抑商人，诸如不许乘轿、不许骑马、不许做官、不许穿绸纱、不许购买土地，等等。如此朝朝相因代代沿袭，遂使商业骨轻根浅，严重阻碍和摧残了商业这一新经济因素最终形成社会变革的能力。

中国的文化人囿于传统思想的禁锢，始终执有轻商观念，自诩为书香，贬商业为铜臭，羞与商人为伍；反过来又推波助澜，长期作一边倒的错误舆论导向，于是便积淀成一种永固的民族心态和社会心理造影。

从人类文明发展史的角度来审视，我国与发达国家经济上的差距，首先是观念上的差距，特别是商业文化观念的差距。

从16世纪到当代，西方与中国，一个重商主义，一个抑商观念；一个拓海贸易意识，一个禁海锁国思想，使之原来与西方列强同处一条起跑线上的东方大帝国，出现了大落差。

新中国成立初期，我国第一大商业中心的上海，拥有商业网点共计18万个；到1978年，仅剩商业网点2.3万个，30年间锐减了87%。

进入90年代后，我国商业饮食服务业的产值，也仅占国民生产总值的6.3%。这样一个比例，不仅远远低于达国家水平，而且低于发展中国家的平均水准。

历史早已判明：商业富国论能真正富国；商业害国论、抑商或轻商，恰恰会真正害国。以农业自然经济为土壤的轻视商业文化意识，必然导致经济落后、文化衰败。

当这个古老的东方民族面临世纪交替的前夜，毅然抓住历史契机推动现代化进程的今天，会唱出怎样的"命运交响曲"呢?

面对这幢灰色大楼，我们有资格产生一种自豪感：三年前，是由中国人第一个提出了"商业文化"的理论概念，全面论述商业活动靠文化作支柱和动力，人类文明车轮的运行，则靠商业在转动——这一全新的理论，犹如朝一潭湖水投入巨石掀起狂波大澜，立即引起了日本人、美国人、法国人、新加坡人……乃至全世界的广泛关注。

这第一个吃"螃蟹"的中国人，就是颇具儒雅风度的现任商业部部长胡平。

如果我们把目光投向世界，同样会有新奇的发现——一年一度全球瞩目、群星荟萃的奥斯卡颁奖庆典，多少俊男靓女用欢笑、眼泪、疯狂去体尝人生最悲伤或最幸运的时刻——无疑，这已成为现代社会人类精神活动的一次盛大节日。

细心的观众马上会窥见一个小小的奥秘：每一届奥斯卡角逐最激烈的最佳影片奖，都颁给了制片人。

制片人亦称作制片商或电影商——简而言之，在如此富于艺术魅力的高规格的文化沙龙上，商人和影星所获取的荣光是同样令人炫目的。

似乎给予人们一种深刻的启迪：在经济已成为社会大舞台上最活跃因子的今天，商业和文化更加密不可分了！

倾倒了几亿中国电视观众的《正大综艺》节目，原来是由泰国一家著名的经销饲料业务的正大跨国公司所赞助的。

每逢周末，当欲罢不能的电视观众追随赵忠祥先生和杨澜小姐的导游解说，漂洋过海去饱餐世界旖旎风光，感叹"世界真奇妙"时，正大财团的老板们既巧妙地扩大了其公司的外部形象，又美滋滋地收获着商业与文化联姻的巨额经济利润。

确切地说，商业是一种以文明交往方式进行的服务，文明服务本身也是一种文化。

历史和现实就这样一再证明：谁具备了商业文化意识，谁就居于世界富裕与文明的前列！

优胜劣汰永远是社会进步的法则。人类共有 21 种文明，其中有 14 种已经中断，在地下掩埋了千百年的庞贝城，就是那消逝的文明的遗骸。而源于小亚细亚的基督教文化，却借助于欧洲商船传遍几乎整个世界。

可以这样来表述：商业作为中介环节，永远对整个社会经济起着激活作用、传导作用；那么，商业与文化是否携手，关乎一个国家、民族的兴衰。

西方发达国家在经济上成就卓然，一个成功的秘诀就是较早地发现并运用了这一规律。譬如，英国在 16 世纪上半叶的议会中，伦敦的 36 名议员有 26 人是商人；诺里季城 19 名议员中，有 13 人为商会会长。这样就在政治上保有了扶持工商业的优势。

一部描写爱情浪漫故事的美国影片《漂亮女人》，其中男主角是一个充满童心和爱心的百万富翁，他所展示的人格力量和外观魅力，早已突破了人们对商人的固有形象。这就给予我们一个宝贵的启示：中国经济要腾飞，必须呼唤真正商人形象的出现，全社会必须对商业文化有一种强烈的认同感……

第二集　芝麻开门

如果把市场比喻成一个瞬息万变的"魔方世界"，那么，每一个商品生产者梦寐以求的，就是期望在这个充满戏剧性旋转的舞台上一试身手。

评判胜负优劣永远只有一个标准：看谁能获取高利润。借用我们祖先最流行的一句古话，就是"恭喜发财"！

高利润是任何商业行为的终极目标。也可以这么说，高经济效益是对企业家一种最具有权威性、最令人信服的褒奖。

因此，商品生产者都像阿里巴巴一样，千方百计在寻找那藏匿着无数珠宝的山洞的门扉，寻找那能够唤开这座门洞的神秘咒语——他们能够成功么？

当人类刚刚开始面对一无所有的世界时，人与动物的最根本的区别，就表现在人的追求不仅仅局限于物质。

精神的渴望和探求，使世界变得如此多姿多彩。历史的遗迹早就深刻地说明了这一点。

我们提出"商品文化"这一概念，并非为了附庸风雅。

一般地说，商品都具有两种价值。比如这只夜光杯，盛水是它的使用价值；而精致的造型、斑斓的色彩，又构成了它的文化附加值。

人类对物质生活与精神生活的双重追求，体现在商品上，就是既要求商品的使用价值，又要求商品的文化价值。商品文化附加值的功能，就是给人的精神需求以满足。

商品文化附加值就这样构成了商品的魅力！

商品的交换价值，也即售价的高低，是由它的使用价值和文化附加值两者构成的。商品内部蕴含着的某种难以捉摸，却又是很富于吸引力的东西，就是商品文化附加值。

悠悠五千年，中华民族对于商品文化附加值的认识和运用，曾为世人赞叹不已。

这些陶瓷、丝绸、漆器、酒具等等，它们精巧、古朴、雅致、华丽的造型与色彩，蕴藏着浓厚的东方艺术情调，传播了光辉灿烂的中华文明。

在信息爆炸、科技爆炸的当今世界，竞争——成为时代的象征。

现代经济活动从某种意义上说，就是对市场的争夺。

西方"商品美学"的学者提出了"爱德玛（AIDMA）"原则。把这个原则运用到商品生产中去，就是强化商品的文化因素，使商品更具魅力，让消费者一见钟情，激起顾客的购买欲。

商场如战场——这是没有硝烟的更为酷烈的战争！

20 世纪 80 年代初，当我们刚刚开始领略商品经济风采时，一句"雷达表，领导世界新潮流"，一下子缩短了我们与欧美世界时尚的距离。

紧接着，精明的日本商人又把这"新潮一族"推到了中国亿万电视观众面前，毫不掩饰地引逗着中国消费者的购买欲望。

时髦，成为当今社会的一种时尚。商品在这种时尚驱使下，不拘成法、百般变幻。世界的面目也因而瞬息万变、绚丽多彩。

时髦本身就是现代社会文化的折射！

商品文化是当今变化速度最快、最活跃的社会因素。

求新求变的审美心理，反映了当代人创新的本性——这种本性是人类对世界始终处于发展变化之中这一规律深刻认识的结果。

顾客对同样实用的商品，其式样、色彩是否符合最新审美情趣，有着强烈的选择性。商品也因此有畅销或滞销的天渊之别。

研究市场消费热点与美的流行形成蝉替规律，超前考虑适应未来的消费趋势与流行款式，引导消费新潮流，就成为商品生产者决策的重要依据。

（"呼啦圈"热。）

忽如一夜东风来。"呼啦圈"呼啦一下热遍了北京、天津、上海等大都市，进而向全国城镇、乡村扩展，无论成年人或小顽童，玩起"呼啦圈"来都不亦乐乎。

50年代末，"呼啦圈"曾在欧美大陆经历大起大落的命运。

最先将此西洋"魔物"引入我国并果敢地推向市场的生产者，不能不说独具慧眼，棋高一着。

"呼啦圈"的巨大成功，就在于生产者抓住了无论是西方人，抑或东方人，同样具备的求健康、求智慧的精神需求共性！

（《红太阳》录音带热。）

这个专辑录音带，在特定的社会条件下，销售量曾突破250万盒。然而，传递一个早已逝去的灰色时代的声音，充其量只是满足顾客一种过眼烟云般的好奇心理。

眼下许多制作单位跟风尾追。可以肯定地说，这股怀旧热很快将灰飞烟灭，低能的生产者最终只能去品尝自酿的苦酒。

开发商品文化附加值的关键，在于对消费者心理变化具有敏捷的捕捉力、预测力。

美国兰德公司声名鹊起，在于它准确地预测了国家政策的制定方向；著名预言家托夫勒誉满全球，在于他的预言在现代社会进步中不断得到验证。

社会消费心理的变化，也是有规律可循，也是可以科学预测的。这种预测，是决定商品生产者能否在现代商战中把握主动、百战不殆的关键。

现代企业的竞争已经是智囊团、智慧库水平的竞争。在此，我们不能不想起上海洗衣机行业一句高水平的广告标语："领先一步，申花电器。"

研究、探讨消费者的精神需求和审美变化，创造出引导性，是商品文化成功的奥秘。它既包括对尚在青萍之末、即起而未起的暗潮涌动，有预测、捕捉能力，敢于率先独树一帜，引导消费潮流往前走；又包括对已风行于世的潮流走势、高潮、退潮、尾潮的端倪有超前一步的洞悉和驾驭能力，适时作出或推波助澜或急流勇退的正确决策。

商品文化，不啻为一条"黄金水道"，它载着商品生产者进入一个流光溢彩、争奇斗艳、如诗如画、美不胜收、获取高经济效益的世界。

现在，我们可以喊一句神奇的咒语：芝麻——开门！

第三集　顾客至上
——营销文化之一

商品世界犹如一条流动的河。

林林总总，花样翻新，令人目不暇接。全部努力只为着一个目的：把商品卖出去，使它变成——利润。

不是所有营销者手中的商品，都能变成顾客手中的消费品——这中间横隔着一条"楚河汉界"。

跃过去了，意味着成功。

倘若跃不过去呢？就成为废品，意味着厂家一切原材料、劳动，一切成本付之东流；意味着滞销、囤积，市场周转失控，陷入紊乱状态。

完成这一跃，正是经商的精髓——营销活动的全部宗旨和终极目标！

贴近消费者，这是一种文化观念。招揽顾客是商品经济时代，营销者所面临的一个新课题。因此，以研究人的心理需求、审美意识和经营哲学为前提的营销文化，就具有鲜明的文化品格特征。

如此说来，营销文化是商业文化中最有力度、最具权威性的因素。西方社会对此有一种通俗流行的说法："顾客就是上帝！"

在中国，几千年来由农耕文化孕育的小农经济生产模式，"日出而作，日落而息"，不知商品经济为何物。

仅仅在十多年前，当西方的商人们一面把卖不出去的商品付之一炬，一面关起门来用手枪或煤气自杀的时候，中国人却还在为柴米油盐等最基本的生活必需品，筑起一条又一条的购物长龙。

人——到处是人，却缺乏物资。

无法填充的物欲，饥渴的市场，统购统销政策，类似慈善机构的救济部门，永远吃不饱也饿不死的"大锅饭"……商品经营者长期生活在这样一种氛围里。他们担心什么呢？什么也不必担心。我生产什么，你买什么，没点关系你可能还买不着哪。一包香烟一杯清茶，便能舒舒服服打发掉一天的日子。

于是，就有了一个介乎于官僚和商人之间的称谓，叫作"官商"。

于是，在中国的营销活动中，流行着一句颇时髦的话："皇帝的女儿不愁嫁！"

一旦打开了闭锁太久的黑屋子，照射进来的阳光令人眼花缭乱。

商品经济观念的提出，市场调节机制的应运而生——对于中国人来说既陌生又新奇，更具有不可抵御的诱惑力。

人们发现，不知从何时起，他们开始置身于一个色彩斑斓的新世界。

人们还发现，对于他们所需求的东西，可供选择的余地越来越大了。

市场机制的法则就是两个字：竞争。

民航、联航、中航、东方、北方、南方、西南航空公司纷纷打出自己的旗帜……乘客开始比安全，比准点，比舒适，比服务。

威力、小鸭、爱迪……，昆仑、牡丹、熊猫……，雪花、万宝、琴岛·利勃海尔……，洗衣机，彩电、冰箱等家用电器如雨后春笋般竞相破土，令人一时难分伯仲。人们开始比实用，比工艺，比节电，比售后服务。

当供不应求的"卖方市场"逐步完成向供大于求的"买方市场"转变之后，当人们的消费不再仅仅为了满足生存需要的时候，人们的眼光开始变得挑剔了，于是，消费者顺理成章地成了商品世界的主宰。

现代经济学家认为，商业营销观念的发展经历了四个阶段——

第一是以卖方市场为主的"生产导向"阶段；

第二是由卖方市场向买方市场过渡的"销售导向"阶段；

第三是买方市场确立之后的"消费需求导向"阶段；

第四是"社会营销导向"阶段。

第三个阶段的出现是关键，反映了商业观念上一次巨大的文化推进——经济学家称之为"商业营销观念的一次革命"。

这些定义和术语对于中国人来说也许是过于生疏和费解了。简而言之，营销观念转变的根本标志，就是变经营者是"上帝"为尊顾客是"上帝"。

要迈过这一道高高的历史门槛——对于中国的商品经营者来说，既异常艰辛而又不容退缩！

电视机、电冰箱、洗衣机……这些在十年前还只是出现在大多数中国家庭主妇梦中的"奢侈品"，正在越来越多地"飞入寻常百姓家"。

据《中国统计年鉴》报道：1989 年每百人中拥有电视机14.9 台、洗衣机 7.8 台、电冰箱 2.3 台。你只需将这组数字换一个角度去理解，就会有豁然洞天地发现：中国余下的市场有多大啊！

然而奇怪的是：一方面是饥渴的市场，另一方面却是大量积压在仓库和柜台里卖不出去的商品。

截至 1990 年 6 月，全国工业品积滞总值达 2500 亿元。

这是一组很费解的矛盾现象。

其问题的症结是：营销文化的失落。

有这样一个小故事：国外一家商店的服务宗旨是——

第一款　顾客永远是对的；

第二款　如果顾客错了，请参看第一款。

多么机巧的应付！或许正因为它的机巧，它才被收入《世界幽默故事》。但它决不只是幽默。它既体现了国外商品经营者的精明与智慧，同时又展示了商品竞争的残酷与无情。

它告知商品经营者一个真理：顾客至上！

还有一个发生在广州一家大饭店的故事：某商贾离店前将卧室里一只造型精美的茶杯悄悄放进了旅行箱，结果还是被眼尖的服务小姐发现了，小姐横眉竖眼立刻逼着客人开箱索回了杯子。事后，小姐兴冲冲地向总经理作了汇报，企盼获得嘉奖，没想到总经理却立马"炒"了她的"鱿鱼"。

总经理昭告全体员工："客人身为百万富翁，何以会看中区区一只茶杯？客人带走茶杯是对本店服务质量的褒奖。"自此，凡下榻该饭店的客人，均得到了总经理奉赠的一只造型别致的茶杯……

从这则真实的故事里，我们感悟到了什么呢？——似乎一下子缩短了中国同风貌迥异的世界的距离！

第四集　广而告之
——营销文化之二

当今世界已步入信息时代。在商品竞争的大舞台上，"广告"自然而然地唱起了"主角"。

广告——将商品广而告之。因其图像较生动、文情并茂，富于欣赏性、诱导性和招徕性，从而唤起人们的好奇心、求知欲和购物欲。

时下社会上流行"一流导演拍广告"的说法，可见广告是一门很有学问的新兴艺术。

广告效应是制造先声夺人的气势。现代广告用语，几乎到了"语不惊人死不休"的境界。

例如可口可乐的广告。

有"世界魔水"之称的可口可乐，风靡世界百余年而不衰，至今知其配方秘密的全世界不超过 10 人。多少经销者和化学家经过 80 多年的研究、分析也解不开这个"谜"。

可口可乐饮誉全球完全得益于广告的成功。

可口可乐公司精明的董事长罗伯特·伍德拉夫将 Coca Cola 这八个红底白字的漂亮英文字母，张贴得满世界都是：从大厦楼顶，到商店橱窗，还有电视屏幕和小贩的手推车……使这种神奇饮料赢得了几乎全球公众的认可。之后，又经历了无数次包括与劲敌百事可乐的苦战，终于击败了所有对手而称霸于世。

1990年春夏，中国的电视荧屏上曾反复出现过这样一个镜头（李默然神情庄重，手持三九胃泰："干我们这一行的，生活没有规律……"）

据说这镜头后来曾引发一场不大不小的官司，报纸杂志也着实热闹了一阵子。"对簿公堂"孰胜孰负人们已不太关心，一个有趣的现象却是：三九胃泰因此而名声大噪并走进了千家万户。

利用明星的魅力做广告从而获取最大的经济效益，在国际上早已不是什么稀罕的事。玛丽莲·梦露与泳装，英格丽·褒曼与化妆品，刘易斯与柯达，摩西与耐克，还有阿兰德隆和史泰龙，金斯基和栗原小卷……广告就是要引起人们的注意，而明星比任何人都更能吸引社会公众的注意力——这就是经营者不惜重金聘用明星做广告的唯一原因。

中国有句老话："酒好不怕巷子深。"

这句被中国的商人念叨了上千年的话，正是狭隘封闭的小生产观念的印证。

今天，对于大多数吃过晚饭便端坐在电视机前的中国人来说，不论他们是否乐意，一个新的现象——商业广告文化正铺天盖地向他们涌来。

当你打第一个喷嚏的时候，你会想起"康泰克"。

当你患过敏症的时候，你会想起"息斯敏"。

甚至在你还没有打喷嚏，还没有过敏的时候，这些商品已经悄悄走近你的生活了——这就是广告的魔力！

历史，就这样在悄然无声中迈开巨大的步伐……

上述所仅指狭义的广告。

广义的"广告"内容应该丰富得多：过硬产品的商标、良好的信誉、老字号的招牌、令人难忘的经营作风，推而广之，甚至包括售货员的举手投足、一颦一笑……

以利润角逐为本的商品世界，就这样把一个尖锐的问题摆到了营销者的面前：在商品市场逐步完成从卖方市场向买方市场的转变之后，在消费者逐渐意识到自己正日益成为"上帝"之后，商品经营者如何有所作为呢？

商业营销文化的辩证法告知人们：公众的消费需求是人为制造的。

靠什么制造？广告无疑是一条捷径——只要你商品的质量确实领先，只要你不失时机地、别出心裁地、喋喋不休地告诉人们，这种商品如何如何重要，使用这种商品正越来越成为世界性潮流的时候——顾客便会争先恐后地向你走来。

最有力的例子是录像机。

中国许许多多还不具备周末去一次餐馆能力的家庭，却早早地拥有了高档录像机。为什么？因为天天反复出现在电视上的诱人的以及活的广告——周围那些先于他们拥有了录像机的家庭——于是他们认为自己也该拥有。

从众心理和追逐时髦正是营销者应牢牢抓住的机缘。

再如，福州东街口百货大楼的钢琴营销。

钢琴难销，这是经营这种商品的人均感挠头的。可是他们有的是办法：把国内知名的钢琴家和演唱家请来开音乐会，免费举办儿童钢琴班，免费上门调试钢琴等等。于是，在这家百货商场却出现了钢琴销售热，年平均从销售 12 台钢琴跃升到销售 220 台钢琴。

由于他们开展售前、售中、售后优质服务，使得滞销商品变成了畅销商品。

再看看广州供销社家具商场。

这里的营销战略采用"顾客一票否决制"。凡摆进商场后两星期无人问津的家具，就取消它在商场的展示与销售权。如是，迫使厂家不得不迅速将经营机制向以市场为导向转换，从而改变了产成品大量压库状态，促成国民经济走向良性循环，也使商业经营始终保持极高的市场适销率。

让我们回到 70 年前发生在旧上海商场上的一次"血战"。

上海小东门两家布店协大祥和宝大祥展开激烈竞争。当时卖布流行虚尺。协大祥先提出"足尺加一"，吸引了远近顾客；宝大祥后发制人，提出"足尺加二"；又有一家布店信大祥成立，提出"足尺加三"。一时间，三大祥竞争轰动全市，顾客云集于此，致使马路堵塞、车辆停驶。这场"血战"导致小布店纷纷倒闭，三大祥也大伤元气。

价格竞争，这是自古以来商战中最原始也最野蛮的一种竞争，其结局往往是两败俱伤甚至几败俱伤。

有这样一句箴言："中兴黄金不让利，全凭信誉赢上帝。"

1991 年 3 月 25 日，大连中兴商业大厦在报纸上刊登广告，公开打出"不让利"的旗号。此举不仅在大连，在全国恐怕也是独此一家。结果怎样呢？中兴大厦的销售额反而猛增两倍，遥居全市第一。

郑州亚细亚商场的案例，也很耐人寻味。

"星期天到哪里去——亚细亚！"在郑州，这则广告为千家万户的人们所知晓。

亚细亚商场一流的服务很快成为一种参照系，并由此引发了一场空前激烈的商战在河南省会六大商场展开。结果是 1990 年全市一商系统总购销额比上年增长 19.1%，总销售额比上年增长 14.2%，大大超过全国国营商店同期增长水平。整个群体走到了全国商业界同行的前列。

这个现象被商业界称为"亚细亚现象"。

一个朴素的真理：从原始的价值竞争转向非价格竞争——商业文化竞争转变，是中国商业走向成熟的标志！

第五集　流动的音乐
——环境文化

　　城市包含着两层内容——"城"和"市"。古人云：五里之城，七里之郭，深沟高墙，兵勇驻防——是为政治中心和军事堡垒之称谓。而"市"的概念则指店铺林立，商贾云集，买卖货物，市声嚣然。

　　闻名遐迩的《清明上河图》，让人们对宋代商业活动产生丰富的联想，无疑是对"市"的生动写照和形象诠释。

　　随着冷兵器时代的结束，高墙坚垒的威慑力已是明日黄花。即使自然城池保存下来，也只被当作文物古迹供观赏之用。那么，今天人们对城市的理解，基本集中在"市"，也就是通常所说的市场上了。

　　俗话说，一方水土养一方人，商业也一样。

　　从商业文化的角度着眼，任何经营活动都离不开一定的物质环境和人文环境，并在特定的地域条件下生长、发育，最终形成独具韵味的市场。"广州商品新潮""上海花色品种齐全""北京商场富丽堂皇"等诸如此类的评说，最为生动、形象地表述了不同地域商业环境文化风格各异的特色。

　　到过美国的人，提起纽约或洛杉矶，脑海里自然会浮现出五光十色的霓虹灯、比肩耸立的繁华街市和宽敞洁净的超级市场。

　　在日本居住过，则会把对那岛国的记忆连同大街两侧林立的店铺，老板、店员毕恭毕敬周详细致的服务，以及琳琅满目的商品等印象叠合在一起。

　　而游历过著名水城威尼斯的幸运儿，有谁会不向亲朋好友津津乐道，叙说那 180 个岛区所连缀而成的热闹奇特的水上市场呢?!

宏观物质文化环境良好的城市，最容易使人"一见钟情"，人们会因此作出这里政通人和、经济昌隆、文化高雅的评价，被吸引居住下来，参观、游览、购物，甚至投资做买卖。

香港这个仅有一百五十多年开埠历史的港口城市，如今已拥有数以万计的商店，数以千计的餐馆和数以百计的游乐场所以及观赏景点，聚合成吸引五洲四海嘉宾游客的巨大磁场。环球之内，有谁不知道 HONGKONG 这个购物天堂和金融中心呢？香港为云集而至的富商巨贾们提供了做买卖的良好环境条件，而这一切又反过来推动了自身的繁荣和进步。

黄浦江畔的西式高楼身影后，突然崛起一片中国园林风格的建筑——上海城隍庙，本身就产生了反差的惊喜和蓦然回首的效果。聪明的上海人把市场的布局巧妙地与飞檐翘角、曲径回廊相糅，又引来天下传统名优商品，形成了城隍庙风韵独特的魅力。难怪这里终日人流如堵，生意长盛不衰。

南京夫子庙是六朝故都城南的一块风水宝地，从总体布局到单个建筑，一木一厂，一厅一堂，无不渗透了历史传统和文化遗产的种种意蕴。人们边购物边逛街，"唐宋元明清，从古看到今"，品味着古风盎然的历史纵深感而流连忘返。

北京的大栅栏、琉璃厂；天津的食品街、文化街；福州闽江边的仿古商市；杭州西子湖畔的环湖商带；黄山脚下徽州城的宋代一条街……或以民族传统文化特点的强化为手段，或以千姿百态、争奇斗艳的构想为基础；有的将地域文化与海外文化相糅，有的将商业设施同湖光山色巧妙融合。凡此种种，无不成为当地的商品销售热点，吸引了海内外众多宾朋。

江泽民同志一语中的："城市就是搞商品生产、流通、做买卖的地方，是商品的集散地。无商即无市，无市亦无商。"

它深刻阐述了商品经济时代城市建设的新观念：城市最重要的是市场，城市建设的第一要素就是建设市场。

然而，并非所有的市政建设官员都是深谙此道的！

　　比如，厦门市湖里工业区，这里新崛起一片高楼大厦：物资大楼、海关大楼、高检大楼、政府大楼、渔业大楼、轻纺大楼、电子大楼、信息大楼……细心的观众却没能寻找到一幢百货大楼，也没有发现一处规模相宜的商业网点。

　　于是，人们在赞美这座现代化新城的恢宏气魄时，不能不表示深深的遗憾！

　　如果说物质环境文化是表层的、有形的，属于硬件，那么人文环境文化就是深层的、无形的，属于商业环境文化的软件部分。它像空气一样看不见、摸不着，却又无处不在，时时左右着我们的价值取向，并直接影响着商业活动和发展的全过程。

　　中国文化心理的条条根脉深深扎在几千年的小农经济和几十年的产品经济土壤之中。因此，搞好商品经济人文环境的建设，要比搞好物质环境建设艰难得多，也复杂得多。

　　深圳、石狮这两座城市，同样地处沿海开放地区，同样领引商品经济之先河，同样兴建起许多具有现代化气派的高楼大厦。但仔细观察就会现，深圳的商业场所秩序井然，卫生整洁；而石狮则大相径庭，无论是宾馆饭店还是娱乐场所，到处烟雾腾腾，铺设的地毯几乎无一例外地被烟头烫成千疮百孔，令人感慨唏嘘。

　　平心而论，这座新兴城镇的商品经济不可谓不活跃，物质环境不可谓不现代。但透过千疮百孔的地毯这一细节，反映的是精神面貌和文化素质方面的缺陷，说明人文环境建设实在难以尽如人意！

　　在发展有计划的商品经济中，沿海与内地、平原与山区、南方与北方之间，商业的规模、层次和条件参差不齐。这里有自然环境、地理位置的区别，更有文化心理背景的差异。我们常说"这个城市生意好做，那个地区买卖难成"，指的就是这种社会心理环境文化的异同。

不敢承担风险的因循守旧，不思进取的亦步亦趋，随波逐流的"顺大溜"……这些产品经济体制下形成的传统文化心理和陈旧观念心态，都是同以生气勃勃的竞争为动力的商品经济要求格格不入的。

更有甚者，地方保护，层层盘剥，处处设卡，多头截流……这些带有浓厚封建割据意识的抑商性封锁，必然导致环境无序，商业窒息。

商业的命脉在于流通。当国际商业早已突破国界而呈现全球一体化趋势的今天，难道不值得我们深长思之吗?!

满城绿树，高楼林立，蕉风椰雨，帆影潮音的新加坡，被世人称誉为"美丽的花园城市"和"东南亚卫生模范"。

从60年代开始，新加坡政府就致力于城市物质环境和人文环境的建设，把儒学文化的优秀传统和西方文化的现代观念融会贯通，不仅塑造出理想的当代市民气质，而且酿成了发展商业的肥沃土壤——弹丸之地的新加坡因此而门庭若市，物畅其流，经济起飞，一跃而成为"亚洲四小龙"之一。

新加坡的经验启迪我们：商业环境文化特点是优美、文明和能唤起顾客购买欲的环境。致力于提高市民的文化素质、心理素质，才是最根本的商业环境文化建设。

有一句名言"建筑是凝固的音乐"，我们是否可以说"市场是流动的音乐"——建造商业环境文化，既是一项浩繁的社会综合系统工程，又不失为功德无量、荫庇后代子孙的伟业!

第六集　灵魂的法典
——伦理文化

伦理道德是人们心中的"灵魂法典"。它是用善与恶、公与私、正义与邪念、诚实与虚伪等道德标准来作评判尺度的。商业伦理文化是直接影响到社会风俗、大众心态的深层文化命题。

商业伦理文化倡导正其义而又图其利，鼓吹"天下大德，莫如富"。它的主旨是理直气壮地为商业正名，以保障商品交易顺畅进行。

显然，各民族的传统文化对商业道德具有强大的定势与影响力。

中华民族是一个讲究伦理的民族，素以"礼仪之邦"著称于世。

两千五百年前，孔圣人一句古训曰"君子喻于义，小人喻于利"，犹如筑起一道道德藩篱，世世代代牢牢禁锢着人们物质欲望的滋生。

德国大哲学家黑格尔对此鞭辟入里："在中国人那里，道德义务的本身，就是法律、规律、命令和规定。"

于是，这种深深植根于小农经济土壤"重义轻利""重农抑商"的传统思想观念，给这个东方文明古国走向现代化裹上了一副沉重的铁甲！

人类历史的进步，总是伴随物质生产的发展而相互推进的。

早在明末清初，中国资本主义幼芽刚刚顶破封建厚土，思想界先驱们就向旧道德旧观念大胆地提出了挑战。颜元改"正其义不谋其利"为"正其义而谋其利"。乾隆年间的戴震则痛切揭露理学以理杀人，远比酷吏以法杀人更加残暴。

"天下大害，莫如贫"——实则道出了中华民族积贫积弱的一个痼疾！

伦理学的核心问题是义和利的矛盾。它也正是现代商业伦理文化的聚焦点。我们怎样来阐述这个至关重要的现代道德命题呢？

其实说白了并不深奥。搞商业不图利行吗？净赔钱，商业行为本身就难以为继。

义和利并非一定相悖。古语云："君子爱财，取之有道。"时任商业部长的胡平则将利、义并举的新伦理观归纳为四个字：德、智、美、情。

1991 年新年钟声刚刚敲响，这条北京著名的商业大街——王府井大街 128 家商店联袂开展"争创无假冒伪劣商品示范一条街"活动。

唯一的一家个体商店——王府时装店的老板可犯愁了：仓库里正存放着一大批假冒名牌服装，拿出来上市吧，既坑骗顾客，又砸了大街牌子；不卖哪，这笔生意就算蚀老本了。最终，老板还是信守了"信誉是商店生命"的信条。

王府井大街抵制伪劣商品后，该年度销售额和利润分别比上一年增长了 15.8% 和 20.6%。

厦门华侨商店订立了一条服务公约：凡顾客指出某个商品标签与实际不符，一经确认，即付给顾客相当于这件商品价格两倍的奖金。

厦门市酱油厂则大量印《如何区别真假酱油》的宣传品，不仅使广大顾客增加了知识，而且使货真价实的优质酱油得以畅销。

道德本身就是一种文化。古希腊伟大哲学家苏格拉底的名言是："美德就是知识。"

德——向消费者、生产者双向负责。

商业人员对消费者、生产者双向负责，是"德"的最基本内容。经商人员道德水准高，经济效益也随之增高。

现代商品千变万化，日新月异。各国厂商为了占领市场，他们想方设法将科学研究的最新成果引入商品生产中去。

不断更新商品知识，通晓一些心理学、哲学、文学、美学，成为提高商店经营者素质的必读课目。营业人员只有敏锐地感悟出不同层次顾客的教养、性格、爱好和心态，才能在服务方面做到更加周全细致、体贴入微。因此，营业人员文化水平的高低，直接影响到服务水平的高低。

1983 年，齐齐哈尔纺织品采购供应站亏损额达 3763 万元；1987 年该站成为盈利大户，一跃跨入全国先进行列；发展至今日，年销售额高达 1000 多亿元。

齐齐哈尔纺织品采购供应站成功的秘诀就是以智取胜：改官商式疏远消费者的批发方式，为零售、二级批发、三级批发一起上，立体化地最大限度贴近各类消费者，结果生意越做越红火。

智——商业决策和经营活动中的科学性和文化素质。

"智"是运用科学文化和信息交流来促进商业活动。商业本身就是一门科学，运用智慧和科学做生意，必然越做越活。用"智"还是用"奸"来获利，成为判别新商人和旧商人道德差异的分水岭。

随着敞开国门对外开放，我国的商业人员越来越多地走向世界——吸取西方商人开辟世界市场所积累的丰富经验，以及法制意识浓、商业视野开阔、个人竞争性创造性强等优点，变得十分迫切和需要。

美——美好的内心世界和仪表风范。

"美"是现代社会文明迅速提高之后，人们对商业伦理文化提出的一个新的规范。

佛山市金城大酒店的副总经理，管理这么一个大酒店内部繁杂事务已够她操劳的了，外边方方面面的事还得她去交涉、应酬。但不管再忙、再累，她每天都舍得花相当的时间来美容、打扮自己。她说，这是关系到整个酒店的形象问题。

令人欣喜的是，我们的一些大公司、大酒楼、大宾馆、大商场的营业员都已经很注意美容、服饰，以及行为举止的考究了，具有一种整洁大方的外表美；再加上以诚实、热情、礼貌、周到的态度待人，这样就达到了外表美与内在美的一致性。

一个商业企业，全体员工都谈吐文明、彬彬有礼、诚恳待人，必然会给顾客留下深刻的印象：整个企业团结奋进，朝气向上。

情——和谐、友善的人际关系。

"情"在商业伦理文化中，恐怕是最富有中国特色的了——它是一种人情味、亲情感。

商业活动，从本质上说是钱与物的交换。但这种交换是在频繁的人际关系中进行的。生意场上有一句颇为流行的话："既做生意，又交朋友。"这也使我们联想起中国经商者古老的格言："买卖不成仁义在""和气生财"。

天津劝业场有一位著名售货员年景林。一次，一位老大爷前来购买冬衣，而商店里偏偏没货。他请老人家留下地址，又找裁缝师傅专门做了一件老人所需要的那种棉衣，然后亲自给老人送去。非亲非故，仅一面之交，却胜似亲情——难道不令人感叹敬佩吗?!

大庄百货大楼有一位售货员名叫邹巧飞。一位石油工人到她的柜台前来买鞋，因为脚太大，没有买到合适的。事后，她千方百计找到一双这种尺码的鞋，又长途跋涉把这双鞋送到井架前，使广大石油工人共同领受到了商业工作者的一片情谊。

随着我国进一步深化改革和扩大开放，商业必将突飞猛进地向前展。时代需要千千万万个新型的具有德、智、美、情道德风范，既重义又善于获利的商业人才涌现。

社会富裕，是社会文明的重要标志——做好商业伦理文化这篇大文章，既显得紧迫而又富于现实意义！

第七集　凡人与上帝（上）
——大众购买文化之一

商业的繁荣与发展，历来是经营者和购买者的文化意识共同创造的。

然而，在浩如烟海的史籍中，多少商神、商圣、商王尽得风流，却从未有过一册书，铭记下购买者的功过是非。

无疑，这是商业史的一大悲哀。

在中国有一个非常奇特的二律背反现象：既轻商，又欺客。"店大欺客"似乎是天经地义的事。

无怪乎务实的购买者，对于今天商店张贴的"顾客是上帝"一类标语，只把它看作一种店主招揽生意的如簧巧舌，进了店还是先赔笑脸，主动尊对方为"上帝"，免得花钱买气受。

其实，"顾客是上帝"并非谁的花招，也不是谁的恩赐——是购买者自己创造的奇迹。

今天，当改革开放极大地解放和发展了生产力，商品丰裕有余，实现了卖方市场向买方市场的历史性转变，敲掉了官商陛下的御座，顾客就给自己赢来了"上帝"的皇冠。

因此，商业大众购买文化，简而言之就是凡人在市场上当不当"上帝"的文化。

顾客买不买东西、买什么东西、到哪个店去买，都是一种文化裁决。它起码包含对商品的使用价值、文化附加值和商店的交换价值这购买三要素的评鉴。

没有先进的购买文化，就会不期然地沿用旧的习惯与传统。

经营者和顾客，都同样面临观念更新的课题。

在引领改革开放风气之先的中国南大门广州，当人们款款步入这些富丽堂皇的大宾馆时，彬彬有礼的门岗会一伸手："恭请光临。"不论中外宾客各色人等，来者不拒，一律笑脸相迎。

而在首都北京，某些大宾馆门前同样站立着身披绶带的门岗，但对于洋人或中国人，却明显摆出两副面孔。尤其是对衣着朴素的老百姓，脑子里马上会闪过这样的念头："是不是来倒卖外汇券的？""是不是小偷？"绷紧的依然是"阶级斗争"那根弦。

给人们的感觉：两地的差异似乎隔了一个时代！

大众购买行为，对国民经济产生的直接影响，可以是顺向的，也可以是逆向的。

近年来，中国市场一度出现甚嚣尘上的三大风潮：抢购风、疲软风、"假冒伪劣"风。它的风源与兴衰，不能不说同大众购买行为的误导密切相关。

发生抢购风时，顾客像惊弓之鸟一样跟着风向跑，盲目抢购，见物就买，不计后果；

出现市场疲软风时，或持币不购物，或买涨不买落的投机心态表现得淋漓尽致；

"假冒伪劣"风盛行时，则轻信吹嘘和贪买便宜货，上当受骗后还沾沾自喜。

这种集体无意识的从众购买现象，正是典型小农经济文化的外延表现。

随着社会的发展与进步，选择商品的机会日益增多，对顾客也越来越充满刺激性和诱惑性：新颖的食品加工器、购物信用卡、自动售货机、自动提款机……每一件新商品上市，每一种新购买方式的运用，无疑都是对传统生活模式的"创造性的破坏"，都对顾客的购买文化提出了新的更高的要求。

大众购买文化原则：以人的主权意识为核心，显示个性，知物顺时，人已皆顾兼爱互利。这些原则，鲜明体现了现代购物文化的演化趋向：购买思维趋于理性化、自我化；选购标准从专以贵贱实用定取舍，转而趋向审美化；行动规范趋于伦理化。

若换一种通俗的说法就是：怎么选择商品，怎么论价，怎么待人？

中国丰富的传统文化，对挑选商品有精辟的见解：善治生者，任时而知物。任时，顺应时代大潮流；知物，知晓商品特性。审美与实用兼顾。不妨再加上一句：目的是为了显示自身的个体价值。

每个人挑选商品，好像都有一种习惯的定式。常见的大约有五种购物类型。

第一种是感情型的购买者。选购意识是冲动性的，选购标准是求美、求便——节省时间，求异——标新立异，力图与众不同。

第二种是理智型的购买者。选购意识是审慎的，买东西要货比三家；选购标准求实——实用、实惠，也求美。

第三种是价格型的购买者。对价钱特别敏感，选购意识是即发性的。倘若错失了购买便宜货的良机，则犹如一失足成千古恨。买回去有没有用？是不是假货？那都在其次。选购标准或者求廉——便宜第一；或者求荣——价格越贵，越是洋货，攀比起来，脸面越有光彩。

第四种是习惯型的购买者。选购意识是凡是过去的一切便称心，九斤老太的文化心态。选购标准是求实、求廉，对付着能用就行。

第五种是不定型的购物者。选购意识是仿效性的，特别容易受外界影响，没主心骨。选购标准是求同，怕为人先，顺大溜最好。在当今中国，这一类型的购物者恐怕还是占大多数。

现今中国人逢年过节单位必发食物。国产冰箱冷冻室大，近年来被普遍看好——这说明人们已经从盲目崇洋的选购心态，向理性化的购物潜意识转化。

另一种购物新趋势：不买料子买成衣。不仅城里人，连乡下人也觉得，买的比自己做的好，既时髦又简便，省却了许多麻烦——表明人们购物更加趋向于审美与情感的满足。

社会主导购物类型向理智型、感情型转移，毫无疑义是大众购买文化进步的表现。

在购物文化中，民族的核心文化价值观念有着持久性的影响。

中国人血缘观念重。如果去问 100 个顾客买东西的优先顺序，答案大体会是相同的：红白喜事第一位；儿女、父母比自己优先。

中国人注重人际关系。做人就是要做到让他人能接受，因而买东西求同心理强。这一点，恰成东西方的鲜明对照：西方人重视突出自我、表现个性，购物审美观念追求标新立异。

随着社会的发展和进步，中国人的购物观念也在不断更新，它大致经历了三个阶段：求量的满足，求质的满足，求感性的满足。

科技革命的勃兴，使地球变得越来越小。

购物者无形中成为全球生活方式趋同的推动者。

然而，美国未来学家奈斯比特曾精辟地指出：在外部世界变得越来越相似的情况下，我们将愈加珍视从内部衍生出来的传统的东西。

时尚大潮流冲刷着历史的积垢，人们在突破了国民性的痼疾和传统因袭心态的今天，带着在买方市场选购商品的喜悦，刻意于求新、求变——不知不觉地跨越了时代的断层——不知不觉地在向一个象征着大写的"人"字跃升……

第八集　凡人与上帝（下）

——大众购买文化之二

如果我们沿着历史长河上溯至公元前 11 世纪，就会发现商人这个名称的来由带着被鄙薄的胎记。周朝打败商纣王之后，商族人沦为奴隶，专事做买卖的营生。

在周朝购买者的心目中，做买卖的"商人"，自然而然成了奴隶的代名词。

但轻商并不轻官商，欺客也不欺官客。西周还制定了一整套"工商食官"制度，将商与官相连。这是中国的官商意识——也是中国购买者畏商意识的源头。

如此说来，当代轻商与欺客的根子，都深深植根于封建官本位等级观念的土壤中。

在产品经济时期，群众靠商业部门分配必需品过日子，更加助长了顾客把营业员当"上帝"来供奉的委琐心理。

有的顾客非常情绪化，恶毒语、尖刻话，常备不懈，脱口而出。

显然，欺客是恶习，轻商也是恶习，它们是一对孪生的怪胎，是一把双刃的毒剑，必然造成买卖双方皆受伤害。

商业受鄙视，顾客又遭轻慢，天燥再加地枯，这是现代商业发展最不利的人文盲点。

轻商与欺客，像两块旧时代遗留下的裹脚布，国家为之蒙羞，经济为之束缚，犹如在中华民族腾飞的翅膀上系上了两块沉重的铁铊。

中国的优秀文化，其实非常重视人的尊严。从李白、曹雪芹到鲁迅，铮铮傲骨，堪称万世师表。

中国的伦理道德，其实非常推崇和为贵。不过有的人把这种美德，只留给了自己的亲友。

哈尔滨第一百货商店袜子柜台的售货员全玉顺，是全国劳动模范，为顾客做了许许多多的好事，可她总是千方百计地阻止顾客给她写表扬留言。她说："您说一声谢谢比什么都好。"

的确，一声"谢谢"，会鼓励商业人员敬业自重。由于鄙商、轻商的旧传统，商店营业员受到的委屈要比别的行业人员多得多。

的确，一声"谢谢"，是对她们付出辛劳的慰藉。商业正担负着激活经济、满足人民需求的重任，其功在国家，其利在百姓。

同样，一声"谢谢"，也会使顾客自己高兴而来，满意而归。众皆乐乐然陶陶然，真乃人生一大快事也！

春秋时期，郑国国相子产谴责齐国的官吏强行购买本国商人的珍宝。他说："郑国尊重商人，官不强贾。"

子产认为利用权势强买，将会"得玉而失诸侯"。

官不强贾，这正是中华民族开明政治的优良传统。

中国乃仁义之邦，大国民气度，吞舟之鱼不游支流，出入礼让，彬彬大度。

六朝古都的南京曾发生过一次意外的停电事故，其时，各商店内顾客云集，摩肩接踵；当店堂灯火复明后，竟发现无一件商品丢失。奇迹乎?!

中国古代有句名言："我欲仁，斯仁至。"按今天的说法，就是倡导每个人从我做起的公德意识与自觉精神。

而在大连华联商厦也发生过令人欣慰的事：

一度曾流行一种偏见，认为顾客只关心自身利益，不会替商店与社会着想——此说大谬不然！

请看大连华联商厦的顾客们，积极、主动、热情地参与华联的经营决策。青年顾客李江渤在建议书上题写道："愿为尽旁观者所能而倾力！"

这是购买者多么宝贵的参与意识。

这是购买者与经营者之间搭起的一座友谊桥梁。

犹如一串清脆的晨钟，预告着轻商与欺客所构筑的夜幕，已然渐渐消退！

以自给自足为特征的小农经济购买文化，它的象征是把市场投射来的曙光关在篱笆外，宁愿蹲在墙根下，听凭时光从紧攥沙土的手中流失。

对于商品知识和市场奥秘茫然无知，到市场买东西总摆脱不了多疑心理和畏惧感，又最容易上花巧语的当。待人自卑自贱，又时时怀有笑人穷、恨人富的铲平主义购买欲望。灵魂里老念着一本经：守！守住篱笆内的生活。于是悠悠然感觉自己是"一只巴掌"的主宰……

以物资匮乏、定额分配为特征的产品经济购买文化，它的象征是一群带着大大小小兜兜上班的"惊弓之鸟"，终日追赶着与编造着惶恐，闻风色变，见队就排，见物就买，买到就好，心中窃喜。

脑子里老是浮现物资断档、票证作废的噩梦，心态弱如草芥又猛似洪水。灵魂里老是念叨一个"求"字，企求大大小小的救世主，多多给点商品配给份额。

以买方市场为特征的大众购买文化，它的象征是迈着怡然自信的步履，徜徉在千姿百态的商品世界，欲采一抹春光披上自身的购买者，视线比雷达还敏锐地感受着、捕捉着美。

以理性和知识作神游的向导，一切为了显示自己个性的风采。灵魂里唱着一个"主"字：人的主权意识的觉醒与进取心的满足。

由此观之，每一次购买方式与购买观念的嬗变，都必然带来人类深层的文化观念变革。

它证明了一个真理：进步的大众购买文化，正是商业兴旺发达的最滋润的沃土！

人类最初的购买是以物易物。衡量交换之物具有同等价值，就是一种文化共识。

自从购买改用货币，人类朦胧的价值意识得到明确的界定。它对人类此后经济与文化的发展，具有极大的推动力。

当卖方市场转变为买方市场以后，商业经营文化与大众购买文化这一对新文化因子孕育而生，文化潜在意识更是生了罢黜旧帝、拥立新帝的翻天覆地的更替。

于是，顾客们顺理成章地坐上了"上帝"的宝座。

大连华联商厦派出专车把农民恭请进城购物。当顾客们习惯于像"上帝"一样巡视着、俯瞰着商场时，必然孕育着更深层的平等观念和主人翁意识。

在市场上堂堂正正地协商议价、自愿成交，必然造就出一种民主精神——这无疑是商业史上一次质的飞跃！

若干年前，一位顾客因购买的家具质量有问题找到出售的公司，公司推厂家，厂家推公司，来来回回，跑了八趟之多，最终只能无奈作罢。

今天，北京一位女顾客小倪在惠康中国国际贸易中心超级市场购物时无端受辱，却毅然拿起法律武器来维护自身权益——人们从这起我国首例消费者名誉权侵害案中，看到的是"凡人"成为"上帝"的曙光……

我们既可将商业文化比喻为商业活动的推进器；

我们也可将商业文化比喻为市场秩序与人际关系的净化器。

商业繁荣，社会富足，大利于天下，商人与购买者的素质同步提升——希望和未来都始于今天，始于足下……

（1992 年 4 月 20 日～6 月 2 日初稿，6 月 22 日～7 月 2 日定稿）

现实与梦幻

——中国金融改革畅想

序

推开厚重的历史之门——

冶金术的发明，金属铸币支撑起典当业和钱庄这座千年古厦；

纸币和支票的流通，现代银行业驱动了全球经济巨轮的飞转；

金融电子化与电子货币的悄悄降临，则使人类聆听到时代的涛声在新世纪的彼岸拍响……

第一集　金融怪圈

改革开放的中国，每天每天，新鲜信息犹如潮水般涌来。

人们何曾想到，金融——一夜之间成为全社会热点中的热点。

1993 年，被经济学家称作中国金融年——

这些当年壮着胆子、签字画押率先把集体耕地承包到户的庄稼汉们，现今虽然不再为"姓社姓资"而担惊受怕，一个更实在的威胁却令人哭笑不得：他们经年劳作、收获的标志竟是这些花不出去的"白条子"，还有前所未有的"绿条子"。

城市储蓄亦是急流险滩。1993 年初，上海等地相继爆发挤兑震荡，正常的库存现金，无法抵挡超常的提取，银行系统好一番紧急调拨，虽然冒险过关，但也足以使人出了一身冷汗。以至于一位高层领导再三告诫：今后再也不许发生这种情况。

人们再度感受到了物价上扬的压力：1993 年 1～5 月，35个大中城市居民生活费用价格上涨 16.7%。专家声称，物价涨幅已经接近严重通胀的临界线。几年来已经处"涨"不惊的消费者们，恍如梦中初醒，急匆匆加入抢购的行列。

1992 年 3 月 20 日，对于大多数老百姓来说，不过是个普通的日子。可就在这一天，中国城乡居民储蓄余额突破 10000 亿元大关！

早在四年前，当居民存款余额突破 500 亿元时，经济学家已经在惊呼："笼中虎"一旦出笼，将会买空中国市场上的每一件商品！而 10000 亿元，则意味着可以把所有的国有企业都买回家去！

1992 年 8 月上旬，就在我国国歌在巴塞罗那奥运会上频频奏响的时候，南中国的深圳却正在积蓄一场举世皆惊的股票风潮。一则发售新股的消息，仿佛一场战役的总动员令，近百万人携巨款和身份证从五湖四海，为了一个共同目标——挺进深圳！

连续三天三夜的排队等待。令人窒息的环境，人格被损害的羞辱、不法势力的欺扰、实现财富的渴求与恐惧……终于因为一张新股抽签表的不翼而飞而酿成总宣泄与大骚乱……

1992 年 8 月 10 日，共和国历史上第一次经济大游行在中国最具现代意识的深圳经济特区爆发了——如潮叠浪般的口号声已不再是种种政治要求，而是"我们要股票"……

中国人苦苦压抑、久困于心的致富企求，终于以特殊的方式呼喊出来！

对于经济起飞的国家，没有什么比资金更需要的了。

中国，恰恰是一个资金奇缺的国家。1993 年，国家财政收入不过 4500 亿元，相当于居民手里钱的四分之一。而老百姓手中攥着的钱呢，按最新估计，也不过 18000 亿元，仅仅等于美国退休基金管理公司一家可以用作投资的资金。

然而，就是这极为有限的资金，又形成一股股暗流。世界银行专家惊叹："世界上大概没有哪个国家的财政收支，像中国这样分散。"我们的中央政府，也不得不认真讨论起资金到底流向了何处。

1992 年，中国再度掀起"圈地运动"。遍布全国城镇的开发区相继埋桩筑栏，以致政府总理都在惊呼：倘若这数以千计的开发区全部建成，国库将倾囊如洗。

房地产，这一刚刚进入市场的行业陡然升温。"正规军""游击队""孤胆英雄"八仙过海，各显神通。全国一下子冒出 3500 多家房地产公司，从业人员达到 220 万之众。有的地方一亩地炒到几百万元，有人突然发现，中国的地价高于美国，干脆去购买美国的土地好了。而那些皮包公司翻云覆雨，倒上几张图纸，转手之间就能赚上几十万元，甚至上百万元。

一个古老的发财梦在调动着人们手中的资金——乱集资、乱融资、乱投资，直搅得金融界乱纷纷好一番热闹景象。

1992 年到 1993 年上半年，全国各地社会集资总量达 1000 亿元。权力机关集资做投机生意，企事业单位借集资逃税避税、滥发红利。显而易见，乱集资导致银行存款"大转移"、国家财税收入"大流失"。

余万珍，四川一位仅读过小学一年级的农妇，突发奇想，以每月 10% 的利息广为集资；每到月末，一本正经地给集资者派送红利，闹得机关干部、银行职员都成了她的热心投资者；事情败露之日，借款投资者倾家荡产，挪用公款者锒铛入狱。

沈太福，北京长城机电公司董事长，非法高息放债券 10 多亿元，创造了共和国历史上最大金融诈骗案纪录。那么多智商并不低的人上当受骗，而集资时投资者不顾政府的告诫，破产后又要求政府兜底，大概也是世界上绝无仅有的中国"特色"了。

如果说，1988 年经济秩序的混乱是因为出现了"物资倒爷"，那么"货币倒爷"的魔术已经后来居上。资金违章拆借形成金融旋涡，而在这旋涡上泛起的则是泡沫经济。

中国人早已弄清楚了制约经济发展的瓶颈所在。而乱集资、乱融资的投向却是投机性领域。1993 年农业、能源等瓶颈领域投资反比头一年有所下降。其结果，短缺的更加短缺，不该热的火上浇油。

金融——足以使人感到一种始料不及的震惊，感到一种咄咄逼人的紧迫。

人们把焦虑的目光投向金融。

人们把思考的目光投向金融。

人们把希望的目光投向金融。

人们终于发现，金融原本是诸多问题的交汇点——搞市场经济，必须紧紧抓住金融这个市场要素组合的龙头。

1993 年 7 月，党中央下达了 6 号文件，把改革整顿的聚焦点对准金融界。

1993 年，虽然以金融问题的集束引爆和金融治理的显著成果载入史册，然而，中国经济仍旧没有走出扩张—过热—紧缩—滑坡—再扩张的怪圈。

长期以来金融成为计划经济体制下国家财政的附属物。国有企业三分之一亏损，三分之一潜亏，靠贷款交税和贷款发工资早已不是什么新闻；工业增长速度后面，靠超量信贷来支撑；这还不算，在一些基层银行，呆账、死账已占到信贷资金的三分之一。

人们陷入两难境地：若长此下去，金融乃至国民经济怎能走上正常发展轨道？若银行真的按市场规律办事，不再将贷款填入这些无底洞，那些断了血的庞大躯体还能够站立起来吗？

如果把金融比作一辆负重前行的车辆，金融体制的改革与金融手段的现代化就是车辆的两只轮子。

一个轮子必令车辆倾覆；两个轮子才能使车辆迅跑如飞。

纵观当今世界，现代化金融业早已今非昔比。

金融电子化，一个比金融更加年轻、令人更加陌生的概念，已经来到人们面前。

金融，被人们称为 21 世纪的导航产业，在中国的命运又将如何呢？

也许，一场悄悄的革命已经从历史的后台推向前台！

第二集　历史回眸

当 20 世纪的帷幕即将徐徐落下，新世纪的曙光已照临人类文明的窗口，人们不难发现，电子工业、计算机工业、合成材料工业、宇航工业、原子能工业，构成了新技术产业革命的滚滚浪潮。

也许人们都还记得，当美国宇航员在月球上不无自豪地说道："我在这里迈开的一小步，却是人类迈开的一大步。"——整个人类都在为超越时空的千年梦想而欢呼雀跃。

科技革命催生了一个电子时代。

电子时代使人类梦想成真。

显然，在诸多的新技术汇成的乐章中，计算机技术奏出了新时代的最强音。

电子计算机进入家庭，在十几年前的中国，还只能是望洋兴叹；而如今，从作家的换笔到孩子们的学习机，电脑飞入寻常百姓家，已是司空见惯的事了。然而，在这一切迅猛的变化当中，却有一个静悄悄的事件在世界范围内萌生着、发展着，它往往被人们忽略，其意义和社会作用也远不被人所知——这就是金融业同计算机的联姻——金融电子化建设。

进入20世纪80年代以来，西方主要发达国家在奠基了金融电子化大厦之后，后起的东方"四小龙"也紧追而上，甚至世界上不少发展中国家也把金融电子化建设放在了现代化建设的战略位置之上。新加坡近年装备的现代金融电子设施，其现代化程度之高，令世人瞩目。我国于80年代中期开始投入银行业的电子化建设，起步虽晚，却也呈迅猛发展之势。截至1993年，全国金融电子化建设投入资金已达到60亿元人民币，居各行业之首。

马克思说过，时间的节约是层次极高的经济规律。当我们审视人类文明的最新成果时，不难发现：现代金融同电子技术的结合，是这一规律最集中最精彩的表演。

人们所熟知的夸父追日的神话，曲折地反映了远古初民对时间重要性的最早认识。个体的生命由时间组成，人类的社会经济活动，也无不是在时间与空间的舞台和条件下进行的。整个人类的经济活动，从这一特殊的角度上审视，可以说是一部不断缩短时间、超越空间的奋斗史和成长史。

原始氏族、部落间剩余产品的偶然交换曾经历了漫长的无文字的野蛮期；货币的出现，则同火与文字的应用一样意义深远。经济学家把以货币为媒介的商品交换定义为流通，它是作为商品的物流和作为货币的资金流之间的双向流动。从此，人类经济生活追求时间效率的跋涉，便同不断扩大两者的规模和效能紧密相联。

每一个文明时代，都深深烙印着历史的辉煌与足迹。

西出阳关，漫漫的戈壁黄沙，早已淹没了沟通东西方文明的丝绸古道和悦耳驼铃；地中海沿岸国家在中世纪长夜中缓缓行驶的庞大商船，现在也作为博物馆中的珍藏，让游客体味那昔日的荣耀；如今，麦道和波音飞机巨大的引擎和光缆通讯，已把整个地球浓缩为一个村落。从简单商品经济的舟船驶向现代市场经济的港湾，向人们揭示了一个发展的深层奥秘：文明的步伐，是以物流和资金流的不断加速为基本特征的。

工具的创造和使用创造了人本身。

工具的变革推进了人类社会形态的演进。

传统的自然经济观，充其量只懂得生产工具变革的作用。我们在这里要强调的则是流通工具。

人类社会的童年，几乎都有过用贝壳充当货币的历史。金银作为货币，第一次使货币作为支付手段，具有可以分割和计量的性质，并为冶金技术出现后铸币的产生奠定了基础。而纸币的出现，则是近代以来的事。如今，各种流通支付工具已发展到令人炫目的程度，它们在加速资金流中各显身手，适应了商品经济向现代信用经济的发展需求。

有了资金，还要有资金的融通，这就是金融的最简单的定义。

历史总是通过偶然事件开辟着必然的道路。当古罗马皇帝把犹太人逐出家园，他想不到犹太人的后裔在其后的欧洲崛起中，会充当什么角色。

中世纪的欧洲，由于交通运输不便，无论陆路还是海上，都缺乏安全性，货币的运送成为国际贸易中的难题。11世纪以后，西欧各地的犹太人普遍经营典当业，他们的财力和家庭的地理分布状况，使得他们在汇兑和融资业务中越来越显得重要。在犹太人当中，出现了西欧中世纪城市里最早的金融家。正是由于有了国内和国际的融资活动，羊毛商人才有可能把英国的优质羊毛输入佛罗伦萨，并把毛纺织品从佛罗伦萨再运往欧洲各地。

又一个有趣的偶然事件发生在一家经营典当业的金匠铺中。一次，金匠违反禁令，把客户存放的款项私自拿出去放贷，生怕被人发现而忐忑不安。后来他惊异地发现了一个秘密：只要不断有新客户投入款项，放贷又控制在一定比例，店铺就不会发生支付困难——这大概是历史上最早的挪用公款事件吧。由此而引发的，是诞生了以经营存贷款、谋取利差为业的真正意义上的银行。

纵观社会发展史，火的使用促使猿脑变为人脑，并照亮了人类漫长的几十万年的蒙昧期和野蛮期；文字的发明开创了几千年的文明史；而中央银行的创立，最终奠定了社会化大生产和市场经济的历史基石——因而被社会学家和人类学者誉为人类文明史上最重要的三大发明。

第二次世界大战之后，西方发达的资本主义国家陆续发展壮大了极其庞大的金融体系。

美国现有5万多家金融机构，金融业创造的产值约占国民生产总值的15％，1984年金融资产达70280亿美元。始建于19世纪末叶的日本金融制度，经过二战后的全面革新，金融资产迅速增长，大大地超过了名义国民生产总值。

毋庸置疑，金融是整个现代市场经济的前沿和枢纽，大至宏观小至微观，从生产到流通、分配和消费，一切经济活动都离不开银行，银行成为现代经济活动的跨越国界、联结东西两半球的最神奇的现代网络和纽带。

每一个时代，都把当时最先进最成熟的技术与产业凝结给予最具发展前景的部门。

19世纪的工业革命，由于把瓦特蒸汽机和煤炭、钢铁工业的完美结合赋予铁路的修筑，使铁路成为当时新技术浪潮的大浪潮头，迎来了整个近代市场经济蓬勃发展的曙光。

20世纪80年代以来，新的产业革命的浪潮把人类智慧的辉煌成果赋予现代金融，引起了包括金融业在内的一系列变革和发展。

当发展的机遇再一次向我们呼唤时，我们已经摈弃了以古代文明而傲视一切的积习。

我们再不能以古钱币的悠久而一叶障目。

我们再不能以侈谈宋代以来货币钱庄的鼎盛来自慰。

历史曾给予我们深重的创痛：中国最早的国家银行——大清户部银行，竟然是为履行丧权辱国的"庚子赔款"而设立的！

春风化雨，一个积贫积弱的古老民族，经过几十年的艰苦卓绝和曲折发展，毕竟已形成了遍布960万平方公里城乡的金融网，中国银行更以它年轻的身姿跻身于全世界大银行的第十四位。

我们毕竟有了前行的基础，尽管前面的道路漫长且充满荆棘。

改革是一场革命。

它像一股不可阻挡的洪流，大潮涌动，所向披靡。

毫无疑问，这浪潮已把金融业推向了市场经济体制和电子化技术的前沿。

我们面临着追赶第二次浪潮工业文明的历史任务，同时也面临着跨世纪新的浪潮的冲击。

这是一次刻不容缓的机遇与挑战。

电子技术日新月异的飞速发展，向人们呈现了国际同步化的趋势。开放的国门架起了通往科技经济国际化的桥梁；只有争取发展的同步，才能获得资源的共享和融通；只有争取发展的同步，才能把改革开放的经济快车纳入国际化的轨道！

社会主义的市场经济需要金融电子化！

社会主义的市场经济呼唤金融电子化！

透过历史航道的迷雾，我们已经隐隐聆听到新世纪金融电子化浪潮的阵阵涛声……

第三集　艰难起飞

20世纪80年代的中国，毫无疑问成了全世界的聚焦点。

同样，中国政府全力推进的金融体制改革和金融电子化建设，更令世人瞩目。

然而，历史落差所发出的轰鸣，却是惊心动魄的。

当共和国步入而立之年，在偌大中国只剩下一家机构遍布全国的银行——中国人民银行。

上海，本世纪上半叶远东璀璨的金融中心，此时已是尘封网结、旧迹难寻，其超前地位理所当然地被银行、金融业林立的香港所取代。

面对客户的储蓄所、营业部，业务处理似乎仍处于"刀耕火种"的时代：一把算盘一支笔，票据、卡片堆成山。

国门洞开，人们在惊讶中看到了世界的变化与发展、奇妙与多彩，同时也深深品尝着落后的滋味与含义。

十年动乱，带给中华民族的是无望与偏激。

当我们热衷于割"资本主义的尾巴"时，全球奔涌的却是为科技革命所激起的"第三次浪潮"，人的智慧被成功地植入电脑；地下空中，铺设起星罗棋布的电子网络和桥梁。

弹指一挥间，虚掷了多少宝贵的光阴！

谁认清了导向未来的力量，谁就能推动历史车轮滚滚向前。

早在70年代初，周恩来总理就要求电子工业部门研究计算机在银行的应用。

1978年10月，党的十一届三中全会召开前夕，邓小平同志高瞻远瞩地提出："银行应该抓经济，现在仅仅是当会计，没有真正起到银行的作用；要把银行作为发展经济、革新技术的杠杆，必须把银行办成真正的银行。"

市场经济，是一个并不新鲜的词组；但把它与"社会主义"连接在一起，却经历了数十年激烈的争辩和曲曲折折的实践。

列宁在分析资本主义银行时曾指出："银行是现代经济生活的中心，是全部资本主义国民经济的神经中枢。"显而易见，我们今天所面对的事实：多国加入的世界银行、国际货币基金组织、国际化的金融机构；银行、保险、证券业向全球化迈进；世界金融中心联成一体，电子网络系统瞬间转移着数十亿美元的资金……全部证实了列宁对资本主义工业革命成果的精辟预言！

现代金融业，是市场经济与科技革命共同哺育的骄子。

当中国经济在改革开放的驱动下得以挣脱束缚跃上腾飞之路时，中国的金融业与其说是面临改革、变革，不如说是将经历一次蜕变、重塑、创建、再生。

重塑金融，包含着丰富而多彩、艰苦且紧迫的内涵。

金融体制改革与金融电子化这两翼运行的车轮，先后启动。

1983 年，国务院决定中国人民银行专门行使中央银行的职能，成为银行中的银行；在此前后，中国工商银行、中国农业银行、中国银行、中国人民建设银行、中国人民保险公司、交通银行得以恢复或分设；各家银行的分支机构，其他银行、金融机构如雨后春笋般出现在各地城乡；利率、汇率的调节或浮动，成为重要的有效的经济杠杆；单一的信用工具变得多样化了；改造债券、股票，创办证券、资金、外汇市场调剂余缺和进行交易，为国家、企业筹集、融通资金提供了新的来源和途径；市场开始成为配置资源的导向力量，银行开始成为真正的银行。

但新的矛盾、新的困扰也伴随经济的飞速发展而不断产生：企业、居民开户难，汇款难，取款难，怨声四起；数百亿元资金在狭窄的路途上缓慢地移动；印钞机日夜兼程运转，仍难满足（现金）纸币流通的需求量；区域金融市场各自独立，互相分离；金融业成了经济犯罪大案、要案的重灾区，长城公司、卫奕行事件，令人震惊；中央银行无法及时、准确地把握经济与金融的搏动……

脆弱的机制，落后的手段，周期性的振荡与波动，国际竞争的压力，使决策者们深切地认识到：加速金融电子化，加快另一个轮子的转动，已成为不可或缺、不容迟疑的战略抉择和举措。

在发达国家，银行如果不使用计算机系统，不进入现代化的信息网络，就无法生存和参与竞争。

未来学家托夫勒指出：数据、信息和知识的交换，已成为创造财富的新系统。

电子信息取代了金属货币和纸币，成为全新的交换媒介。

金融处在信息化的最前列！

当第一片信用卡在中国出现，当大大小小的计算机安装在银行的机房、柜台，当大江南北的"股民"们注视着荧屏上深圳、上海股票市场起伏的图表，当自动取款机的屏幕上打出了"欢迎您使用"的字眼——它们都在向人们提示着"电子货币"新时代的悄然来临。

电子计算机技术在我国银行储蓄、会计、结算、统计、国库、保险、外汇管理和信息传递等业务领域得到了广泛的应用；各家银行在全国宏观电子化的网点合计已有上万个。

今天，在一些大中城市，客户可以在同一银行的各个网点办理存款或取款；银行代发的工资自动进入客户的账号；放在商场的 pos（销售点终端）系统可以定时通知银行转账付款。电视、报刊、电话、bp 机，都在传播着每日每时每刻的金融信息。

显然，通信技术、产品的开发与应用，引发了电子计算机联网、信息技术网络化这一场新的革命。

中国银行在香港建成了具有国际水平的"中银集团"计算机网络。

1989 年，中国人民银行开始建设以卫星通信为载体的电子联行系统。目前，已在全国 200 多个大中城市投入运行，每天有数亿、数十亿元资金从空中传送。

金融改革与电子化的车轮都在加速向前。一个新的开端，一个新的起点，都预示着跃上一个新的台阶。

作为"三金"工程之一的金卡工程已开始在广州、苏州等城市展开试点；

邮电部门与加拿大北方电讯合作建设的地面分组交换数据网——chinapac 于 1994 年初开通运行，为金融业电子网络开发建设提供了新的基础、新的条件；

经过两年的酝酿和国际专家论证，得到世界银行贷款支持的"中国现代化支付系统项目"（即"国家金融网络"）的建设，于 1994 年 2 月 25 日在 chinadaily 登出了招标采购广告，意在夺魁，参加投标竞争的国外公司有数十家。fqxsw. Com 这一骨干项目的开发建设，将为我国现代化金融体系大厦的建成奠定新的技术基础。

银行是国民经济的神经中枢，计算机网络则是现代金融机体的神经、血液系统。

在欧洲布鲁塞尔及美国——设有处理中心的 swift，为 80 多个国家和地区提供着昼夜不停的银行清算服务。在全球，维萨公司信用卡的持有者近三亿人，每天用款额达数亿美元。不仅是银行，每个跨国公司都在建立自己的计算机信息网络。多媒体技术迅速发展，揭开了又一场革命的序幕……

电脑将不再是技术人员的专用设备，它会像电话一样，成为人们办公和生活中的常备工具；

信息传播的国际化，金融业务的国际化，经济发展的国际化，已成为不可阻挡的历史大趋势；

技术革命必将赋予人们新的权利、新的自由、新的解放；

在这张随身携带的小小卡片上，可以存储并随时更新你的各类信息，它是你的档案，你的账本，你的钱包，你的银行。

现代社会生活日益变得异彩纷呈，无限美好……

第四集　电子魔方

现代科技新成果把人类带进了一个神奇梦幻的世界。

预言家说：信息社会已人届中年。科学技术的飞速发展足以使人怀疑现实本身是神话。

科学家们精心设计的蓝图表明：一旦全球性的多媒体计算机网络开通，人们就能坐在家里办公、学习、娱乐、购物，虽闭门不出，却将世界融为一体。

微电子技术进入金融领域，则使金融业发生脱胎换骨的变革，孕育并分娩出一个崭新的电子货币时代。

金融信息网络正在覆盖全球，大型计算机中心可以随心所欲地提取所需数据。银行将不再将巨额资金投入到布点建房和设置机构，因为金融电子化已然把银行业务系统与个人办公系统、家庭理财系统联成一体。

21 世纪金融业的竞争，很大程度上就是金融电子化程度的竞争。因之，发达国家争先恐后把先进技术和巨额资金投向金融电子化。美国联邦储蓄通信系统已建成国内最大的资金调拨网。英国伦敦劳河银行设有两个处理中心，其中一个是备份中心。每天的运营结果输入备份中心。设备出现一般问题，四秒钟即可调整替补。即使一个中心整体瘫痪，备份中心也可以在一小时内切换替补。

人们还记得，从金属货币到纸币，货币实现了一次质的飞跃。因为人们发现，在流通过程中，货币自身并非一定要有十足的价值，而纸币则不过是一种象征符号。

货币又在经历一次新的飞跃。人们发现货币的符号无所谓有，无所谓无。金融流本可以变成信息流。消费支付的无纸化正日益证明这一点。

电子货币，是通过银行划拨转账系统转移的货币。它的最大特点就是无纸化。通过金融电子化网络，人们远隔天涯海角，却可以在极短的时间内调拨资金，完成金融业务。如果和swift那样的国际银行数据通信系统相连接，处理世界范围内的金融往来业务也只需要几分钟的时间。

在发达国家，家庭银行已十分普遍。当这些远离银行的农场主们想要了解自己的资金状况时，只需举手之劳，便可以通过家庭银行快速查阅资料，办理完有关储蓄手续。

人们还可以通过家庭银行划拨房租、水电费、大件商品的分期付款。所有这一切足不出户，一支烟的工夫便可办妥。每月的薪金无须领取，人们潇洒得不再以点钞票为一大乐事。

家庭银行使得购物成为一种游戏。打开电视，可以调看最新商品信息；选中商品，通过电话银行划账，商品便有人送到家里。

家庭银行可以提供诸如商业、股票、金融等大量信息。人们可以坐在家中了解股市动向、分析股市行情，并可以进行股票业务，股票实现了无纸化和无场交易。

在美国，所有银行都设有自动出纳机。一些国家还出现了无人银行，人们无须排队等候，可以根据每台机器的不同功能，自行办理各项银行业务。

"一卡在手，走遍天下"成为现实。

被誉为"世界货币"的信用卡，在世界上已有近80年的发展史。它最初起源于美国，而后以其新颖的支付方式风行西欧大陆和美洲发达国家。迄今为止，世界近200个国家和地区的4万多家银行在改造信用卡，特约商户达1600多万户，每年交易额达 4200 多亿美元。金融学家断言：21 世纪将是电子货币取代纸币的世纪！

目前，美国的维萨国际和万事达国际是世界上两个最大的信用卡集团，它们与世界各地银行联合经营，开创了信用卡应用的广阔天地。特别是维萨集团，在全世界拥有 22000 个会员银行，维萨卡及旅行支票可在全世界 190 个国家和地区畅通无阻，全世界有 2.8 亿人持有维萨卡，占全球信用卡市场一半以上。维萨卡已成为全世界流行最广、最受欢迎的国际支付工具。

美国人向来有使用支票的习惯，但在信用卡的冲击下也不得不做出对传统的割舍。现在每个美国成年人平均持有 8 种信用卡，其中 3 张左右是银行信用卡。美国每万人中信用卡拥有量是 230 张。日本是运用电子计算机最发达的国家之一，其银行信用卡业务发展很快，每万人中信用卡拥有量是 160 张。我国目前每万人中信用卡的拥有量也已达到 10 多张。

信用卡，作为我们的生活伙伴，已经如影随形陪伴左右！

金融电子化的巨臂如长虹一般使金融业务实现了天地对接，南北相连。电子货币正以它诱人的魅力走向城市乡镇，走入万户千家。

当我们迈步踏入电子货币时代的门槛，我们便可以观望到更为赏心悦目的生活风景，体验到更为璀璨丰满的人生意义。

电子货币的浪潮正汹汹涌来，漫卷全球。它将改变人们的生活方式、思维定式和行为观念。

让我们搭上电子货币这趟时代快车，去享受电子魔方变幻出的绚丽生活……

第五集　世纪之光

20 世纪 90 年代，中国金融业正穿越一条"历史隧道"。

中国银行首次在伦敦国际金融市场发行政府债券，很快被抢购一空。

同一时期，上海证券交易所发行的 B 股股票，被香港等地的证券公司和金融机构争相代理，销售走俏。

据有关方面统计，中国利用外资已超过 1000 亿美元，是世界上利用外资最多的国家。

与此同时，恢复关贸总协定缔约国的呼声日炽，叩击着进一步敞开的国门，海外银行纷纷涌入大陆设立分支机构。

中国银行和实力雄厚的国有大企业则竞相跨出境外。

一个毋庸置疑的事实：金融国际化的大趋势已成定局！

世界许多经济学家预测：新技术革命天赐良机，21 世纪将是亚洲太平洋地区的世纪。

70 年代以来，当西方发达国家产业结构调整的车轮艰难行驶时，亚洲太平洋地区的经济崛起已呈现出后来居上的态势；继亚洲"四小龙"之后，马来西亚、印尼、泰国又咄咄逼人，跃上高速发展的快车道，文莱小国人均国民生产总值已超过曾以"汉江奇迹"震惊世界的韩国。当日本东京银座的餐厅因经济萧条而宾客寥寥的时候，新加坡已跃上人均国民总收入 16000 美元的排行榜。中国继 15 年改革年均增长 10% 的高速之后，为稳定经济而控制的发展速度，仍高达 8%～10%。

国际资本的流动本来就是没有任何堤坝可以拦断的百川，发展势头强劲的地区必然成为吸纳百川的汪洋。

于是，当人类走进 21 世纪朝霞澎湃的黎明——
中国应当做什么？
中国的金融业应当做什么？

始于 70 年代末的改革开放大潮，把中国的经济推向两次发展的高峰，跃上两个新台阶。

全国1万亿元以上的国有资产。

每年1万亿元以上的投资规模。

累计1万亿元以上的储蓄存款。

这三个"1万亿元"，向世人昭示了什么呢？在人们能够深切地感受这些数字所包含的分量的时候，却未必能感受金融业的负载和变化。

这是成百上千个金融电子化建设成果报告中的一份：

卫星通信网的开通，电子联行的上天，是我国金融史上一个突破性的拓展，银行系统使用美国休斯公司生产的亚洲一号卫星，于1991年4月1日入网运行，覆盖全国所有直辖市、省会、计划单列市和部分地级市共200多个点。1992年利用卫星通信网共输入往来账业务113.6万笔，资金11890亿元，平均每天往来资金达60亿元左右，过去要几天甚至十几天才能到达的异地汇款，现在当天或次日就可以结付……

名冠全国的广州票据交换所1991年引进美国的票据清分机以后，由原来的800多人、日处理2万张票据，现在只需要40多人，借助机器日处理10万多张票据……

我们终于可以自豪地说：中国金融电子化建设，已经推开一扇绚丽的门窗！

毋庸讳言，同西方发达国家相比，我们的金融电子化水平，毕竟落后了整整20年——在新技术呈几何级数增长、信息大爆炸的时代，"20年"意味着一个天文数字！

超越——这千钧般沉重的字眼，曾凝结了一代人的梦幻和痛楚。

经济竞技场上，不同起跑线上的赛跑，压力往往使后来者居上。

按部就班，从来不是科技发展的性格。从文字书写，直接进入到电脑打字，汉字的特性，使我们超越了西方漫长的机械打字阶段。

现金—支票—电子货币，在这支付手段的三个发展阶段中，日本同美国，走的是截然不同的道路。70 年代美国的金融业一度领电子化风气之先，却囿于长期过度发达的支票支付方式的惯性，不得不放慢电子货币的发展。日本则得益于支票的相对不发达，大踏步地进入现代支付系统。

他山之石，可以攻玉。

科技无国界，意味着空间与时间的双重跨越。瞄准国际先进技术，占领制高点，成为中国金融电子化建设的既定方略。

深圳建设银行已把目光投向 1997 年，直接同香港金融对接，铺开了国际一流水准的金融电子化蓝图。

中国现代支付系统项目，利用世界银行贷款实行国际招标，是一项更新传统支付手段的革命性工程，它将宣告一个以邮电为中介传递方式时代的终结。

始于 1991 年开通的亚洲一号卫星 c 波段，将于 1994 年 10 月由更先进的亚洲二号 ku 波段所取代；当 21 世纪向我们走来时，人们或许在某一天会发现，璀璨的星空中，游动着我们自己发射的银行专用卫星！

未来不是梦。

金融——这只古老的凤凰在改革开放的火焰中苏醒！

金融——不再是原来意义上的金融，它将成为 21 世纪的导航产业。

市场经济是它的助推器。

放眼全球，金融的同质化更加速了金融创新；银行成为现代信息社会的支柱产业；它把神奇的触角，伸向了社会生活的各个角落，从电子联行到家庭银行，从信息咨询到家庭服务。

金融与电子的结合转动起世事变幻的万花筒。

未来充满了神奇，以至于我们无法说出这些变化将从哪一天开始，从哪一领域展开。

或许，变化先从电话银行发展到家庭银行，光电技术和智能电脑的结合，消逝了摩天大楼群间林立的银行，训练有素的柜员小姐被庞大的数据查询库所替代，每一个家庭都通过计算机网络和多媒体交换着融资的信息。

或许，变化先从生产投资开始，传统工业的生产与消费的分裂已成为历史，家庭重新成为生产单位，家庭计算机完成着工程设计和生产监控的一系列活动，劳动真正成为人生的乐事。

或许，变化悄悄地潜入了人际关系，人与人的交流将不再受地域的限制，无论是大洋彼岸还是遥远的南极，借助多媒体与现代通讯的电视的会晤，使人类从此忘却了离愁。

或许，变化进入了家庭，工业社会为职业而迁徙奔波的游子重尝家庭的温馨，田园牧歌的梦幻成真。

如果说古希腊的优美神话有着永久的魅力，那么，科学的遐想不正是人类在更高阶梯上的复归吗?!

更何况，导航的引擎已经在启动，并发出撼天动地的轰鸣……

（1994 年 3 月 25 日于北京总参二所，原载 1994 年第 6 期《中外电视月刊》）

邯钢风流
——国企改革扫描

序

中国历史博物馆，顾名思义，这是一座展示华夏五千年文明史进程的巍峨殿堂。

历史与现实，智慧与思想，如河海交汇，浪涛推涌，在这里耸立起一杆杆时代的标帜。

今天，观者如潮，喜上眉梢，流连忘返，人们看到了什么呢——中国改革长卷的又一道风景，中华腾飞的"希望之光"。

邯钢——如同一个时代巨人，欢歌庄严的历程，踏响"咚咚"的脚步走到了我们的面前……

上篇　希望之光

时间上溯 2000 多年。

春秋战国七雄纷争，作为赵国名都的邯郸城，雄跨中原，商贾云集，即以"铁冶都"声名鹊起，历千年而不衰。据《史记·货殖列传》载："县人郭纵以冶铁成业，与王者埒富。"

然沧桑变化战乱频仍民生凋敝，至中华人民共和国创建之时，邯郸几乎变得寸铁不产。

逝去的历史风烟，总也给人们以某种启迪、某种预示……

1959年9月24日，正是秋高云淡、金风送爽时节，博古通今的毛泽东莅临历史文化名城邯郸。其时，邯郸钢铁厂刚刚于一年前兴建投产。

钢厂初创，百业待兴，毛泽东却以诗人的神韵和战略家的眼光，发出了两句撼动山岳的预言："邯郸是要复兴的""很有希望搞个大钢铁城！"

于此前的110天，周恩来儒雅的身姿已先期穿行于邯钢的工人们中间。

共和国总理英姿勃勃，谈笑风生，并欣然接受了高炉工人特意为他浇铸的一块生铁样品。

老一辈革命家的夙愿，犹如希望的种子撒落在这一片丰腴的土地……

38年苦斗拼搏。

38年风雨历程。

38年弹指一挥间。

邯钢诞生于"全民动员，大办钢铁"的年代，由一个地方骨干钢铁企业，一步一步发展到今日成为国家级特大型钢铁联合集团（1996年1月1日，成立邯郸钢铁集团有限责任公司）：厂区占地6平方公里，现有职工2.8万人，下设30个厂矿、30个处室，拥有总资产77.17亿元，年产钢215万吨，并成为全国百万吨以上钢厂第一个全连铸企业。

邯钢的每一轮创业，每一次跨越，都牵动着共和国的中枢神经——

1991年9月19日，江泽民总书记视察邯钢；

1988年6月15日，李鹏总理视察邯钢；

1990年2月，全国人大常委会委员长乔石视察邯钢；

1996年2月29日，国务院副总理吴邦国视察邯钢；

中央领导薄一波、聂荣臻、倪志福等先后来邯钢视察，指导工作……

毫无疑问，90年代的中国，改革步入了最为艰辛的攻关阶段。

大中型国有企业的改革，在翻越了让利放权、政企分开、厂长经理负责制、承包、租赁、兼并、股份制等重重关隘后，仍然一唱三叹，步履维艰——出路在哪里？人们不能不发出无数个问号！

由是，江泽民总书记大声疾呼，他指出："搞好国有企业特别是大中型企业，既是关系到整个国民经济发展的重大经济问题，也是关系到社会主义制度命运的重大政治问题。"

毋庸讳言，90年代的中国钢铁工业——共和国的主力舰队，在驶入市场经济这段航道时，同样遭遇了狂风大浪，船体发生剧烈摇荡，船上的人们不约而同地发出惊问："怎么回事？"

一个时期以来，国家冶金工业部的官员们不得不在困惑与忧虑中面对这样的事实：

——鞍钢报亏；

——首钢报亏；

——本钢报亏；

——攀钢报亏；

——马钢报亏……

据国家权威部门统计：1996 年 1～5 月，冶金全行业亏损企业已增至 508 家，亏损面达 55.6%，亏损额高达 31.3 亿元，其中大中型企业中的亏损户吃掉了盈利企业 67% 的利润。

形势严峻，刻不容缓！

一枝红杏出墙来。

从燕赵大地吹来一股强劲的风。

邯钢人适时对大变革时代奉上"邯钢经验"，同时呈上了一份答卷——

1991 年，实现利润 5020 万元，是 1990 年实现利润的 50 倍；

1992 年，实现利润 1.49 亿元；

1993 年，实现利润 4.5 亿元；

1994 年，在吨钢售价下跌 400 元的劣势下，实现利润 7.8 亿元；

1995 年，实现利润 7.1 亿元；

1991～1995 年，共实现利润 21.5 亿元，实现利税 39.9 亿元。

1996 年初，邯钢资产负债率从 1990 年的 70% 下降至 39.5%。

邯钢经济驶上了高速发展的"快车道"……

邯钢成为一个谜。

邯钢模式"模拟市场核算，实行成本否决"成为一个谜。

邯钢作为整个国家工业的典范，其巨大的示范作用不言而喻——

1992 年，冶金工业部在全行业推广邯钢经验：管好成本，降低消耗；

1993 年，国务院办公厅批转国家经贸委的调查报告，号召全国学邯钢：加强管理，扭亏增盈；

1995 年 4 月，国务院发展研究中心组织经济界、企业界、学术界著名专家学者对邯钢经验进行高层次理论研讨，探讨其适应市场经济体制的规律性和科学性；

1996 年 1 月，国务院以国发〔1996〕3 号文件的形式批转全国学习邯钢经验："三改一加强"——改革增活力，改造上水平，改组扩优势，管理出效益，实现经济增长方式的转变。

邯钢在没有得到国家任何特殊照顾和优惠政策的前提下走出经营低谷，步入良性循环轨道，并闯出了一条国有企业发展壮大的成功之路。

邯钢的启示雄辩地证明了这样一个真理：走自己的路，中国的国有大中型企业是完全可以搞好的，是大有希望的！

我们不妨借用一句老话：榜样的力量是无穷的。

邯钢变成为一个巨大的磁场。

数以千万计的各级政府官员、经济学家、企业厂长、经理纷至沓来，行色匆匆，目光焦灼——他们为的是寻求一条"企业管理秘诀"……

中篇　推墙入海

市场经济铁的法则是：竞争——优胜劣汰，适者生存，既残酷又公正。

企业是财富、效益、经济活力的直接载体，简而言之，企业的宗旨是：赚钱——办企业必须获取最大利润，没有半点含糊。

企业赔钱怎么办——工厂停产了？厂长不干了？工人放

假了？

无疑，这是每一个企业家必须回答的无可逃遁的一道考题！

80年代末至90年代初，邯郸钢铁总厂厂长刘汉章就严酷地面临这一道考题。

众所周知，由于一场价格闯关引发通货膨胀，国家毅然吹响经济紧缩的警号：治理整顿，压缩基本建设，直接导致钢材市场疲软。

另一方面，原材料价格大幅度上扬，造成产品成本直线上升，1989年比1988年成本上升14.96%，1990年比1989年成本再度上升21.59%。

两面夹击，双重压力，处于腹背受敌的邯钢——这个河北省年上缴利税超亿元的盈利大户，经济效益大面积滑坡，一下被逼到了亏损的边缘——1989年11月至1990年3月，连续5个月报亏；全厂生产的28种主要钢材产品中，26种出现亏损。

其时，刘汉章说了两句既悲壮又掷地有声的话："企业搞垮了，作为一个中国人，你良心何在？作为一个共产党员，你党性何在？"

一句话：邯钢不能在我刘汉章手上垮了！

毋庸讳言，钢铁行业长时期置于高度集中的计划经济管理体制管束之下：原料国家供应，产品国家包销，亏损国家补贴，盈利上缴国家——企业只管按计划组织生产，完成任务指标，从来不问"市场"为何物。

邯钢也不能免"俗"。

市场竞争已经喧闹了十余年，邯钢进入市场的只是企业的"躯壳"，其"内脏循环"仍然是计划经济的"血液"：在国家规定的成本与价格计划下运行，市场1吨铁水的价格已涨到840元，而分厂仍按每吨450元的计划价格与总厂结算。其结果：

分厂报盈，总厂报亏。

显而易见，企业与市场已形成一"墙"之隔：墙外是市场经济的汪洋大海，波翻浪卷，变幻莫测；墙内仍过着计划经济的太平日子，因循守旧，不思进取，感受不到任何市场风云和市场怒潮。

于是，转换企业内部经营机制变得那么紧迫：要让市场的风吹进企业的每一个角落！

无疑，运作改革是勇敢者的事业，同时又是一场智慧、胆识与魄力的"游戏角逐"。

刘汉章眼前有"豁然洞天"之感——他提出四个字："推墙入海"！——推倒计划经济管理体制的"墙"，到社会主义市场经济的汪洋大"海"中去搏风击浪。

首先给总会计师和计财处出一道试题：搞出一个邯钢所有产品不赔钱的成本指标。

要求很明确：亏损产品不得再亏损，盈利产品争取多盈利。

这道试题堪称一项浩大的管理与计算的系统工程。

以企业效益为中心，以市场价格为核算参数，从市场接受的价格开始，采用"倒推法"，通过挖掘内部潜力，测算出逐道工序的目标成本；然后层层分解落实（总厂—分厂—科室—工段—班组—个人），直至每一个职工。

历时九个月，通过反复测算和充分酝酿、演练，10 万个经济指标直接分解落实到了全厂 2.8 万名职工的身上。

于是，诞生了一道著名的市场经济成本核算公式：目标成本＝该产品的市场价格—税金—目标利润。

因为这个"目标成本"是由市场价格"倒推"出来的，同时保证了企业的预设目标利润，因而也就保证了企业在市场的竞争实力。

刘汉章称它为"市场成本"。

这是刘汉章对改革时代的一个杰出贡献。

从 1991 年 1 月开始,邯郸钢铁总厂在全厂正式实施这一"独特的管理体制"。

上至总厂厂长,下至班组职工,人人头上顶着一份成本指标,人人关注市场行情,人人精打细算,人人理财当家——人人肩上有指标,千钧重担众人挑——有人戏言:在邯钢,人人当厂长,人人当计财处长。

同时,成本指标对占职工总收入 40% ~50% 的奖金,具有一票否决权——凡部门或个人实现不了成本指标,即否决其奖金,绝对不含糊。

几年来,曾有 68 个厂(次)被否决奖金,职工谁也没有二话。

成本否决的实质是:市场对企业的一票否决!

从理论层面上阐述,这是真正意义的将市场机制引入企业内部。

邯钢通过"市场成本核算模式",引入了诸如价格机制、竞争机制、利益机制、激励机制,让企业的每一位职工直接感受到市场经济大海的潮涨潮落,使企业与市场接轨(包括与国际市场接轨)不至于成为一句空话。

从政治层面上阐述,这是真正意义的全心全意依靠工人阶级,确保了工人在国有企业中的主人翁地位。

邯钢广大职工通过职代会不仅拥有参与决策权,而且通过成本指标层层分解,直接参与成本管理而拥有了对企业决策的实施权和监督权。

用工人们自己概括的话来说：当一份家，理一份财，担一份责任，享受一份利益！

企业是市场的主体，职工是企业的主人。

邯钢职工既是企业的主人，又是企业的活力之源。

1991～1995 年，邯钢可比产品成本以年平均 6.3% 的速度下降。

五年共实现利润 21.5 亿元，其中有 8 亿元是 2.8 万名职工靠挖潜降本增效所获取的。

五年累计完成技改投资 27.67 亿元（其中自有资金占 54%），完成技改项目 129 项。

职工平均年收入由 1990 年的 2954 元增长到 1995 年的 10059 元。

1995 年，在全冶金行业考评的 43 项技术经济指标中，邯钢有 29 项进入全行业前三名。

显然，成本是反映企业经营状况的一个综合指标，抓成本既可降低消耗，又可提高产量，改善质量；还可促进科技进步、专业管理水平上新台阶——收牵一发而动全身之效。

"模拟市场核算，实行成本否决"——这两句话在邯钢人人通晓其义，人人身体力行，从董事长、总经理、党委书记、分厂厂长到每一位职工，均视为工作之准则，企业因之道路越走越宽阔……

下篇　邯钢之路

无疑，在旧经济模式的地基上构建起一座新经济模式大厦，要跨越一个历史的断带层。

铲除旧地基的工程显得异常艰辛与复杂。

否则，"经济快车"将无法穿越长长的扑朔迷离的隧道。

倘若我们将探寻的目光投向全国国有企业，就会发现：为数不算少的国企净利润下降，亏损面增加，企业困难加大的原因并不是总需求不足，而是企业的经营机制、生产结构不适应市场的经营和消费需求所致。

倘若我们进一步探求下去，还会发现：国有企业改革无法孤军突进，必须有宏观调控和经营管理体制的系统改革工程配套进行。

严峻的现实逼迫决策者必须拿出斩关夺隘的谋略与勇气来。

党的十四届五中全会提出实现具有全局意义的两个根本性转变：经济体制从传统的计划经济向社会主义市场经济转变，经济增长方式从粗放经营向集约经营转变——概而言之，企业要尽快走向市场，进入市场，主宰市场。

邯钢改革的成功，至为关键的一条正是：他们始终以"市场"为坐标，紧紧围绕"市场"做大文章。

邯钢改革贵在更新观念。

面对社会主义市场经济大潮的冲击，邯钢人较早地意识到：计划经济时代"等形势、靠国家、要政策"的"等、靠、要"生存方式已经完全走不通了，企业的生存和发展必须靠自己闯出一条路来。

邯钢决策者敢于抓住机遇，适时转变观念，以市场为导向主动转换内部经营机制，开进入市场风气之先河，从而享尽抢占市场之风光。

邯钢人不无自豪地称：这是激烈的市场竞争逼出来的一台"戏"！

邯钢改革贵在牵住了企业提高经济效益的"牛鼻子"。

成本是衡量企业效益的综合指标。

邯钢改革从抓财务管理入手，财务管理又以资产管理为契机，改革计划价格为市场价格，企业实行全员全过程成本控制，高进高出，盈亏曝光，建立起一整套适应市场经济的目标成本体系——这就抓住了调控企业效益的根本因素。

犹如杠杆找到了支撑点，全厂职工稍一用力，便撼动了邯钢这只"经济大球"！

邯钢改革贵在如推土机般掘进，不断引向纵深。

邯钢通过推行"模拟市场核算，实行成本否决"这一经营机制，以降本增效的硬指标决定职工分配份额，真正建立起了按劳分配的激励机制，极大地激发了广大职工的积极性和创造性。五年来，全厂累计发放效益奖金 1.2 亿元，实现挖潜增效额达 8 亿元。

由于建立了适应市场经济的用工制度，以"为邯钢创效益"的实绩作为考评管理干部的标准，从而有力地推动了全厂分配和用人用工制度的改革。几年来，经职工考评不称职而被撤换、罢免的管理干部达 22 人。

强化企业管理与推进企业技术进步，两轮驱动比翼齐飞，滚动发展——是邯钢改革的又一神来之笔。

邯钢坚持走"降本增效—积累资金—技术改造—再降本增效—再积累资金—再投入改造"的集约经营之路。

成本直接制约着产品价格。

邯钢职工在全力降本减耗的同时，规定上道工序向下道工序转移的成品或半成品，实行"以质论价，质优加价，质次降价，扶优限劣"的配套措施，以此引导企业步入质量效益型轨道。

环环相扣，上下协调，邯钢产品质量逐年攀升。仅此一项，全厂近三年增创效益达 5000 余万元。

市场竞争已越来越表现为科学技术的竞争。

邯钢坚持各项技术指标上台阶的年度经营目标。

制订年度生产经营计划时，诸如产量、质量、消耗、品种、工序、能耗等，均严格执行"三对照"：对照本企业历史最高水平，对照同类型企业先进水平，对照同行业先进水平——从而确定出指标上台阶的定量考核数据。

邯钢全厂综合成材率从 1990 年的 87.9%，跃升至 1995 年的 92.4%，五年提高了 4.5 个百分点，增效 3.22 亿元，已处于同行业领先水平。

邯钢在技术改造方面实施"梯度发展、滚动前进"战略。

坚持以经济效益为中心，依据市场需求和长远目标，在提高产品质量、扩大品种、降低成本上下功夫，循环往复，投资从少到多，规模从小到大，技术从落后到先进，雪球越滚越大，经济实力越滚越强，最大限度地发挥了资产存量的效能。

1991～1995 年，邯钢的税后利润中有 45% 的资金用于技改投入，技改投资中自有资金比例达到 54%。

技改成功又推动了企业结构优化，形成规模效益。五年间，总资产由 22 亿元增至 77.17 亿元，国有资产增值达 7.7 倍，完成技改项目 129 项，使钢、铁、材综合生产能力提高了 110 万吨。

"九五"期间，一座 100 吨炼钢转炉和具有 90 年代世界先进水平的 80 万吨薄板坯连铸连轧工程，将同时在邯钢建成——届时，邯钢将实现年产钢、铁各 300 万吨；销售额将突破百亿元大关。

邓小平同志关于"科学技术是第一生产力"的论述和江泽民总书记关于"发展现代化企业必须依靠科学技术"的指示，在邯钢化作企业发展壮大的巨大驱动力，并成为长盛不衰的新的经济增长点！

显而易见，邯钢改革以"模拟市场核算，实行成本否决"为发端，练内功，挖潜力，抓管理，促科技进步，闯过道道难关，大踏步走向市场，生产连年发展，经济效益大幅度提升——到1996年，职工人数仅占到全冶金行业职工数0.84%的邯钢，钢产量却占到冶金行业钢总产量的2.28%，实现利润则占到全冶金行业总利润的20.2%——邯钢毫无愧色地一跃成为中国钢铁工业，乃至国有大中型企业改革的楷模。

邯钢经验给予人们丰富而深刻的启示：它所展示的是市场经济条件下国有企业全新的经营思路，是国有企业告别计划经济体制，走向市场，经济增长由粗放型实现集约化跨越，企业在竞争中发展壮大的可操作经营模式。

无疑，邯钢经验为建立具有中国特色的现代企业制度探索出了一条成功之路。

全国学邯钢已形成潮涌之势，既轰轰烈烈又扎扎实实——1996年，全冶金行业通过学习邯钢经验降低成本达90多亿元，第一次实现了降本节耗2%的目标。

"模拟市场核算，实行成本否决"——美国企业没有，英国企业没有，德国企业没有，日本企业也没有。

它完全是中国模式——是中国特色的社会主义国有企业的经营之"宝"。

它将载着我们的国有企业驶上"经济快车"道，为开创"中国道路"而显耀出炫目的光华……

（1996年11月9~17日一稿，1997年1月2~6日二稿于邯钢二招）

基石

——依法治国纵横谈

　　当人类最早的法典镂刻在古巴比伦的汉谟拉比石柱上时，便充分显示了它的神圣和权威。

　　如果说，人类文明的进程是从无序社会渐进到有序社会的，那么，"法"就是社会大道上制约行人的"红绿灯"。

　　如果说，国家是一座巍峨的大厦，那么，"法"就是规范社会生活准则、支撑大厦不被锈蚀的基石。

　　毫无疑问，从国家意志化的角度体现统治阶级的根本利益和全部需要，则是"法"的本质！

　　悠悠五千年，沧海桑田，王朝更迭，"法"的演化伴随中华民族穿越了漫长的历史隧道。

　　倘若把中国几千年的法律实践比作一条流动的长河，我们可以发现它大致流经了：西周、春秋时代宗法贵族政体的"家族"本位；战国、秦朝时期战乱归于一统的集权专制的"国家"本位；西汉至清末封建社会的"国家"与"家族"本位；辛亥革命以后的"国家"与"社会"本位等四个重要码头。

时序演进至公元 1949 年，新中国宣告成立。其后，历经 1954 年、1975 年、1987 年和 1982 年四次对国家根本大法——《中华人民共和国宪法》的制定、修改和颁布，中国才真正踏上了现代社会法制建设艰辛而曲折的途程……

上篇 千年寻梦

几乎所有黄皮肤黑头发的中国人都知道：龙，是我们这个黄河文明孕育的华夏民族的图腾。

其实，在我们民族起源的远古时代，先民的图腾崇拜曾是另一种形式"一角之羊"，名叫獬豸的神兽——用现代语言来表述：它具有一种特异功能，能够辨善恶，明是非。于是，"凡罪疑者，以角触之，有罪则触，无罪则不触"——这就是"神兽决狱"的传说故事。

一部《说文解字》提示我们："法"字古代写作"灋"，左边从水，意为一碗水端平；右边是"廌"，即为神兽獬豸，意即扶正祛邪——这表明，人类诞生之初即向往一种理想的法治社会！

历朝历代，统治阶级都是运用法律来治理国家，以达到巩固其统治地位的目的——

夏王朝作为一个奴隶制统一部落国家，已开始依据"法"来管理和约束农牧渔樵等经济活动。《禹刑》中"春三月山林不登斧，以成草木之长；夏三月川泽不网罟，以成鱼鳖之长"等条文，颇似今日之《森林法》和《渔业法》。

周武王初夺天下，即倡导"明德慎罚"一套崭新的政治法律方针，稳定政局，安抚民心，奖掖农耕，从而开创了中国奴隶制社会的鼎盛时代。

春秋七国争雄，秦始皇横扫六合，一统天下，创建中国历史上第一个中央集权的封建大帝国——"商鞅变法"使秦国之经济迅速发达，国富兵强，不能不说起到了至关重要的作用……

在漫长的几千年封建历史长河中，陈陈相因，代代沿袭，从而形成了渊源久远、卷帙浩繁，在世界法制史上也占有重要席位的封建"中华法系"——

公元前 536 年，郑国的子产将《刑书》铸于大鼎之上，"法"第一次撩开了"秘不示人"的面纱；

公元前 407 年，魏国的李悝编撰出第一部刑法典《法经》，为后世 2000 余年封建社会立法提供了蓝本；

公元 653 年，唐朝的长孙无忌主撰《唐律疏议》，集成律文和注释文凡 12 篇 30 大卷，成为我国历史上最早、最系统的封建行政法典，影响力远播于日本、朝鲜、越南乃至波斯湾各国；

明洪武三十年（公元 1397 年），明太祖朱元璋亲自主持制定《大明律》，创按中央六部吏、礼、户、兵、刑、工分类，共 30 篇 460 条，主张"治乱世用重典"，施严刑酷罚以巩固封建王权秩序；

清乾隆五年（公元 1740 年），颁行《大清律例》共 30 篇 436 条，律、例并行，司法官吏可以不受律文约束，随事创例，经皇帝核准，即生法律效力……

中国——这个东方大帝国，曾经雄视千古，四海称臣。如汉初"文景之治"、唐初"贞观之治"、清前期"康乾之治"等封建"盛世"，皆因历代开明君主大力整饬法纪，约束官吏权限，蔚成良好社会风气使然。清代著名法学家沈家本著《法学盛衰说》，曰："清明之世，其法多平；陵夷之世，其法多颇……"实乃金石之言！

一代英主唐太宗李世民健全法制、严于执法的佳话历来为史学家们所津津乐道。身为至尊至圣的皇帝，他却能认识到"法者非朕一人之法，乃天下之法"的道理。他主张"德主刑

辅",把"德"与"刑"的关系比喻为白昼和夜晚的关系,视
"法"为国家"安民立政,莫此为先"之大计。

唐太宗身体力行。贞观初年,李世民曾敕令凡伪造资历的
官员处斩。不久,温州司户参军柳雄案,大理寺法官依据《唐
律疏议》只判处柳雄流放。李世民责问道:"朕已颁敕令斩,卿
却判流放,这不是让我失信于天下吗?"法官答曰:"陛下虽握
有生杀予夺之大权,但臣还是不敢违背法律呀。"李世民不悦
道:"卿成了执法模范,朕不是成了言而无信的小人么?"法官
解释道:"国家是依据法律而取信于天下的,陛下若以一己之言
而置国家之法律而不顾,那才是失信于天下呀!"最后,李世民
折服了,并说:"朕执法有所偏颇,卿能及时予以纠正,朕还有
什么忧愁呢!"

唐初的立法形成了以律、令、格、式、典、敕、例为主要
形式的较完善的法律体系,其内容广涉政治、经济、文化、教
育、宗教、民族、天文、婚姻等方方面面。唐朝初年的隆盛昌
达、国泰民安,是与国家管理全面制度化、法制化直接相关的。

统治者依据法律管理国家,中国如是,世界如是,概莫
能外。

从古希腊伟大思想家柏拉图、亚里士多德的"法治优于人
治"学说,到18世纪资产阶级举起"法律面前人人平等"的旗
帜,战胜封建君主世袭等级特权,建立起资产阶级共和国——
资产阶级十分重视将资本主义国家权力机制和运行机制纳入法
律化轨道,实现了资产阶级法律下的公民自由和权利,并充分
运用法律手段调整、推动资本主义经济运作,从而也就最终实
现了资产阶级自身的政治、经济利益。

纵观历史风云,夏桀、商纣下不达,荒淫无道,招致覆国;
隋朝法滥刑酷,激起民变,亡于"宪章遗弃";唐末法治秩序松
弛,终于毁了李氏王朝,中国从此陷于五代十国分崩离析的战
乱时期……一言以蔽之:法制兴,则国家兴;法制废,则社

104

稷废！

中国古代，"法"字与"刑"字的词义相同。先秦诸子虽也曾提出过"以法治国"说，商鞅的"法者，国之权衡也"即为一例。但是，这里的"法"是从属于"权势"的——"权者，君主所独制也"。皇权高于一切，法乃帝王之器。皇帝金口玉言，"朕即国家""言出法随""普天之下莫非王土"……可见，古代和近代的"法制"只是"王制"的代名词。

其间，虽先后出现过"文景之治""贞观之治""开元之治"等封建"盛世"，但却从没有出现过法治政治。从根本上讲封建帝王出于维护本阶级利益，在某一时期能够遵奉法律，所依据的也只是皇帝本人的良知。

太平天国农民起义领袖洪仁玕，以法制重振天朝纪纲，堪称中国近代史上第一个明确主张引入西方资产阶级法制原则的先驱者。他强调"国家以法制为先""法制以遵行为要，能遵行而后有法制"，并倡导用法律保护私有财产，鼓励私人投资开矿，设立银行，行"银纸""奖励明，保护专利权"……然而，从洪仁玕到康有为、梁启超、谭嗣同，直至孙中山，一代又一代仁人志士追求法制完善以达富国强兵之梦想，最终全都化作了泡影……

现今上了年岁的人们，恐怕都不会忘记新中国创立之初，全民宣传、学习法律的动人情景——

那是中国法制史上开纪元的新时代。

每一天的太阳都流泻着生命之火，每一方土地都充溢着勃勃生机。

1950年5月1日，从起草到讨论历时17个月的《中华人民共和国婚姻法》正式颁布施行，对于许许多多的刘巧儿来说，其意义犹如卸下了沉重枷锁，砸碎了千斤铁链，从此推倒了几千年来如大山般压在中国妇女身上的封建伦理桎梏；其后，确定1953年3月为贯彻婚姻法运动月，大张旗鼓地宣传，使之家喻户晓；据 1954 年对 11 个大城市及 1955 年对 27 个省、市统计表明，符合婚姻法规定的家庭婚姻已占到 95%～97%。

这一张张已发黄的《选民证》，至今依然珍藏在不少老人家中。它是对 1953 年 3 月 1 日，由毛泽东主席亲自颁布中央人民政府命令，实施新中国第一部选举法的纪念——人民第一次享有选举权，是人民参与国事当家做主的开端。

一部《土地改革法》，使农民们世世代代梦寐以求，乃至不惜揭竿而起、造反犯上而不能企及的梦想，一夜之间变成了现实。他们在自己的土地上耕耘、播种，同时也收获对新政权的衷心拥戴。

万民庆贺为之欢欣鼓舞的，是 1954 年 9 月 20 日第一届全国人大第一次会议上 1226 名代表一致通过、当日即行颁布实施的《中华人民共和国宪法》——为了这一部人民共和国的根本大法，一百多年来，多少慷慨悲歌之士进行了无数次艰苦卓绝的英勇斗争和流血牺牲。

《中华人民共和国宪法》是一部皇皇巨制，共 4 章 106 条，以法律条文规定了我国的政治、经济、军事和文化教育制度，规定了公民的基本权利和义务，规定了国家机关的活动准则和基本职权。在起草宪法的日子里，全国约 1.5 亿人参与了座谈讨论，总共提出 100 多万条修改和补充意见——这是一次名副其实的"全民修宪"运动。

新中国成立短短八年，仅中央人民政府、政务院、全国人大常委会制定和颁布的法律、法规性文件多达 1095 件，平均每年达 137 件之多。这一时期颁布的重要法令还有：工会法、劳动保险条例、国务院组织法、全国人民代表大会组织法、人民法院组织法、人民检察院组织法等。

新中国成立之后，从战争废墟上着手进行的新法制建设，确保了新政权的巩固，并且在整个国民经济恢复时期促进生产力的飞速发展方面，发挥了不可低估的作用。

遗憾的是，好光景并不长久。

由于众所周知的原因，中国规模浩大的法制建设工程刚刚破土动工、奠基、启动，便停滞，便搁浅，最后步入了低谷……

历史不堪回首——十年动乱"无法无天"的那段悲惨岁月，相信对于大多数中国人都是刻骨铭心的。

"法"的太阳陨落了，灾难便远播于神州大地。

一句不慎的话语可以送你入牢狱……

一次无意识的举措可能断送你的性命……

惶惶然凄惨惨，人人自危，朝不保夕……

"革命造反行动用不着遵守法制"，一时竟成为时髦……

砸烂公、检、法，民主遭践踏，人身受侮辱，权利被剥夺——这是民族的大悲哀，也是法律的大悲哀。

所幸的是，当中国人民翻过这一页沉重的历史时，便毅然开始了痛定思痛的新探索！

下篇　安邦之道

中国有一句古话，叫作"大彻大悟"。

一个民族的大悲哀，必然带来全民族的大反思；全民族的大反思，必然带来这个民族的大飞跃。

在我们付出巨大代价之后，终于领悟到了一个真谛：依法治国！

依法治国，是社会化大生产的历史必然。

人类社会从幼年起步，走向中年，迈入壮年，历经了三次生产力革命的洗礼——

一万年以前，原始氏族部落发生了被称为"第一次浪潮"的农业革命；

三百年以前，以英国和整个西欧为发端，"第二次浪潮"即产业革命席卷全球；

时至今日，世界工业体系所创造的整个文明即将解体，以科学技术革命为先声的"第三次浪潮"正勃然兴起。

放眼世界，现代科技飞速发展并向社会生产力迅速转化，日益成为经济舞台上最活跃的因素和最为引人注目的角色。

国际竞争，说到底是综合国力的竞争，关键又是科学技术的竞争。

中国，正是在这个时代的转折关头，艰难而义无反顾地踏上了现代化征程。

1978 年 12 月 18 日，在北京人民大会堂中国共产党举行了一次里程碑式的会议——十一届三中全会，完成了从剑拔弩张的"以阶级斗争为纲"到以经济建设为中心的指导思想战略大转移。

自此，一场错综复杂、波澜壮阔、举世瞩目的经济体制改革大戏，在中国 960 万平方公里土地上拉开了大幕。

制定一整套经济法规，运用法律形式来制约和引导国家经济行为，并依此调整、认同、保障社会主义商品经济新秩序的运行规则，推动其迅猛发展；与此同时，建立完善的科技法制，确保科技活动有法可依，促进科技体制改革，就成了尤为紧迫的社会课题。

依法治国，是共产主义运动史的历史启示。

1917 年，列宁在克里姆林宫升起第一面缀有镰刀和斧头的红旗，创建人类第一个苏维埃政权国家之后，即把他睿智的目光投注于社会主义法制大厦的建造工程。

列宁的大手翻开了人类法制史上崭新的一页。

最初的工作速度和所取得的成果都是惊人的。国内土地革命和国外帝国主义武装干涉的战事刚刚平息，从 1921 年至 1923 年短短两年多时间内，列宁就亲自领导制定了苏维埃宪法、刑法、民法、刑事诉讼法、民事诉讼法、劳动法、土地法、婚姻法、法院条例、检察院条例、律师条例等十几部法律和法规。

1924 年 1 月 21 日，伟大的列宁不幸逝世。刚刚起步的苏联社会主义法制建设工程没能顺利地延续下去，从而给历史留下了巨大的遗憾。

可悲的是，这道历史阴影所拖曳的长长的尾巴，一直延伸至今日列宁的故乡……

中国共产党人沉痛地总结了十年"文化大革命"的深刻历史教训，深知只有健全社会主义民主和法制，从而实现依法治国，限制领导人决策的随意性，做到决策科学化民主化，才能避免重大政治和经济失误。邓小平在党的十一届三中全会预备会上讲得很明确："为了保障人民民主，必须加强法制。必须使民主制度化、法制化，使这种制度和法律不因领导人看法和注意力的改变而改变。"

依法治国，是社会主义经济基础和上层建筑的内在要求。

社会主义经济基础是公有制，必然要求它的上层建筑是人民当家做主。我国《宪法》第二条明文规定："中华人民共和国一切权力属于人民。"

然而，从理论到实践，需要跨越一道高高的历史门槛。

新中国从漫长的封建社会脱胎而来，传统宗法观念和封建残余思想的影响既深且广。

邓小平同志就曾尖锐地指出："干部队伍中封建主义残余思想多，民主法制传统少……家长制、特权思想、等级观念，在干部问题上，个别的有人身依附关系、终身制，这些都是封建残余思想。"

显而易见，真正保障人民行使管理国家的权利，把国家政治、经济、文化、教育、军事和国防等社会生活的方方面面纳入法制轨道，使之在法制轨道上正常运转，已经成为一项刻不容缓的战略性任务。

法律工程浩大繁杂，法制建设千头万绪，一切都必须从清除废墟开始入手——

1980年9月29日，第五届全国人民代表大会常务委员会第十六次会议通过一项严正议案：成立最高人民检察院特别检察厅和最高人民法院特别法庭，公开审判制造十年动乱、祸国殃民的林彪、江青两个反革命集团主犯。

1981年1月25日——这是中国人民将永远铭记的历史性日子。

夜幕降临，华灯初上。城市，乡村，工厂，矿山，机关，学校……亿万中国人早早地围坐在电视机前，人们从电视屏幕上看到，昔日呼风唤雨、炙手可热的"大人物"，今天终于在庄严的法庭上低下了罪恶的头颅。

历史是无情的，法律是公正的。此时此刻，此情此景，中国人更为深刻地领悟到了那句古训："善有善报，恶有恶报；不是不报，时候未到；时候一到，一切都报！"

法律的神圣，法制的权威——在北京正义路1号变得十分形象、生动而具体。

高擎起"法"之利剑——惩办邪恶，伸张正义，拨乱反正，讨还公道。

从1978年5月至1980年9月，在短短两年零四个月中，全国各地各级法院以空前的热情和高速运转的效率，复查和改判各类冤假错案多达21.1万件——法律开始真正成为人民民主权利的"保护神"！

作为一个社会主义大国法制建设的基本框架，刑法、刑事诉讼法、民法、民事诉讼法等无疑是一批基础设施工程。

高楼大厦平地起。立法工作进行得既轰轰烈烈，又扎扎实实，一步一个脚印。

自1979年7月1日正式颁布第一部《中华人民共和国刑法》和《中华人民共和国刑事诉讼法》，到1991年9月，包括

1982 年新宪法在内，全国人大及其常务委员会总共制定了 103
部法律；国务院颁布行政法规和法律性文件 1284 件；各地制定
的地方性法规 1200 多件；国务院各部委颁布各项规章达 5000 余
件。

数字是枯燥的。但是具有代表性的沉甸甸分量的数字往往
能使人做出权威性的价值判断，从而实现由静止的统计化作想
象力的飞升……

作为改革开放总设计师的邓小平，在精心绘制宏伟的中国
经济总体发展战略蓝图的同时，站在时代的前列，多次以前瞻
性的口吻告诫全党："搞四个现代化一定要有两手，只有一手是
不行的。所谓两手，即一手抓建设，一手抓法制。"并明确指
出，这是党和国家的一条坚定不移的基本方针。

早在 1978 年 9 月，邓小平就明白无误地指出："要同一些
资本主义国家发展经济贸易关系，甚至引进外资、合资经营。"
同年 12 月，他又进一步强调说："应该集中力量制定各种必要
的法律……如外国人投资法等等。"

次年，当中外合资经营企业法公之于世的第二天，嗅觉灵
敏的香港舆论界即纷纷撰文评论道："这一法律的诞生从某种意
义上说，在人民共和国的历史上迈出了革命性的一步……"

1982 年 12 月 4 日，第五届全国人大五次会议通过的新宪
法，凝聚着 30 年的历史沉思，直接为中国这艘刚刚起航的改革
开放的朦胧巨舰保驾护航！

倘若在前些年，说起诸如民法通则、经济合同法、商标法、
专利法、著作权法、个人所得税调节法等等，中国的老百姓也
许还一无所知，近乎在读一部《天方夜谭》；而今日，这些
"法"却不可抗拒地看得见摸得着地走进了你、我、他的日常生
活中——人们，正是从相继出台的一部又一部规范国家经济活
动的法律、法规条文中，听到了历史前进的咚咚脚步声。

某毛纺厂在签订一份经济合同书时因误写一字，结果痛失20万元。一场官司打下来，人们既惊讶又颇受启迪……

引起全国广泛关注的"三九胃泰"商标纠纷案，犹如给人们上了一堂生动的有关商标法的教育课……

传记小说《我的前半生》作者身份权纠纷案、《中国大百科全书》编纂者署名纠纷案和话剧《天下第一楼》剧本版权纠纷案等，随着著作权法的正式实施，原、被告双方重又"对簿公堂"……

法院依据《资源法》对青海省滥采黄金案的公正审判，使一些人幡然醒悟：资源属于国家所有，神圣不可侵犯……

十年立法工作成就卓然，初步形成了以宪法为核心，以民法、刑法、经济法为主要内容的社会主义法律体系；在国家基本的和主要的方面，做到有法可依；在国家政治、经济生活中，开始发挥着越来越重要的作用！

在已进入寻常百姓家的电视荧屏上，千万个家庭、男女老少都饶有兴趣地看到了全国人大常委会几度审议企业破产法时唇枪舌剑、各执一词的争辩镜头：厂长们赞同实施企业破产法，但迫切要求自主经营，抗拒"婆婆们"无所不在的行政干预；工人们赞同实施企业破产法，但强烈要求不仅仅是理论上而是实践意义上真正成为企业的主人，工人有权自己选择厂长，当然厂长也有权选择工人——在这里，工人和厂长都大胆地理直气壮地申述着各自的权利归属。

当然，在实际生活中厂长们和工人们依然会感到轻松——《中华人民共和国企业破产法》自1988年11月正式实施以来，三年中全国仅有七家企业破产（其中一家国营企业、六家集体企业），而通过法院正式宣布破产的只有南昌市一家国营企业——南昌地下商场。

为数不少的企业长期亏损，所欠债务概由国家财政吞下、勾销或者转嫁于合并企业，作为法人代表的企业领导以及职工不但不承担任何法律责任，工资、奖金还照发——结果是企业没有破产却破了国家的财。

国家虽然制定了《工业企业法》和《经济合同法》，但在实际经济生活中仍存在大量不按照法律、法规办事的现象。如企业之间越积越多的"三角债"就是突出的例子，以致造成国家大中型企业严重缺乏活力。

这表明：立法只算是完成了剧本创作，执法才是排练和演出，这期间还有一个相当艰难的过程！

中国新时期的法制建设，正是在种种艰难之中推进的——

1980年9月，国家颁布新《婚姻法》。其后，北京市有关报刊立即组织了一场关于遇罗锦诉蔡钟培离婚案的大讨论——讨论之热烈，波及面之大，影响之深广，为新中国成立以来同类案件所没有过。传统习俗、伦理道德、社会心态、法学含义等各种学术观点进行了一次尖锐交锋——而人们所关注的热情，早已远远超出了这桩婚姻官司本身的内容。

著名歌星毛阿敏的"纳税风波"在报端披露之后，反响之强烈也是始料未及的——人们只是从电视上看到过西方发达国家的公民排成长队义务纳税的场面，而中国人长期处于低工资、低收入、低消费的状态，压根儿就没有什么纳税意识。改革开放政策允许一部分人先富起来，但公民自觉交纳个人收入调节税的观念却相去甚远。

毋庸讳言，要在一个几千年来封建宗法思想和传统观念长期浸染的国土上实施依法治国方略，绝非一蹴而就、轻而易举之事。

纵然有千难万难，时代前进的步伐却昭告人们："坚冰已经打破，航道已经开通"——中国，分明感受到了"曙光漫上天际时大地的骚动"！

依法治国——预示着社会从道德结构型转向为法律制衡型，亦即从"人治"走向"法治"——无疑将踏进一个轰响的历史。

这是国家稳定和长治久安的必由之路。

这是现代社会追求的理想模式。

这又是一条漫长而充满风险的历程。

现代文明总是站在高处向人类频频招手——启迪人们去登高望远且不辞跋涉之劳。

邓小平亲自为新时期的法制建设制定了十六字方针："有法可依，有法必依，执法必严，违法必究。"它科学地阐述了依法治国的全部内涵。

必须逐步建立起一整套完备的社会主义法律体系。

新时期的立法工作有目共睹。短短十余年，国家已制定、颁布一百多部法律，基本上做到了"有法可依"。但是，中国这么大的国家，广袤的疆土，众多的人口，多民族聚居，没有两三百部法律，形成不了一套完备的法律体系。这就清楚地表明，立法工作还须持之以恒、锲而不舍地再奋斗上十年、二十年，甚至几十年。

必须极大地提高全民族的法律意识，使全体公民都养成依法办事的观念和习惯。

显然，要把一个法律观念淡薄的民族，转变成一个法制观念很强的民族，毫无疑问是一个非常艰巨而长期的过程。

在剥削社会，法律成为统治阶级"牧民"的工具，老百姓不知有生杀予夺之力的"法"为何物，统治者奉行"刑（法）不可知，则威不可测"的信条，着力宣扬的就是法的神秘感。

作为社会主义国家意志的法律，同时也充分体现了人民的意志。人民是权利主体，又是义务主体。社会主义法律的实施，一个首要条件就是人民知法、用法、守法——从这个意义上，我们说："法可知，则威不可测。"

要重塑民众心理中"法"的位置。

有一则广为流传的民间故事：某年元宵节，古典名著《水浒传》作者施耐庵上街观灯，路遇一群恶少调戏妇女，他大声训斥道："尔等住手！烛光之下欺辱良家女子，安知王法否？"恶少们嚷嚷道："什么王法、鸟法？大爷们只认得拳头法！"说着，捋袖抡拳蜂拥而上。施耐庵一步步退至一座拱桥顶，用一根长绳一头拴住自己的腿，另一头抛给恶少们："尔等若能把我扯下台阶，甘愿挨拳。"恶少们用力扯绳，施耐庵却岿然不动，里三层外三层围观的路人则哄然大笑——在这则故事里，人们既不求助于法，只崇尚武功，而法的威严也早已荡然无存……

法制观念的形成，更是有待时日。

在国家正式颁布、实施《环境保护法》之后，江南某县城仍出现过这样一桩怪事：一家大型齿轮厂产生的噪音和振荡波严重骚扰了周围居民的正常生活，甚至于震塌了旧房，危及居民的生命财产安全。居民们与之交涉，厂长竟答曰："如果今后继续震塌房子，压死了人，我负责赔偿经济损失！"忍无可忍的居民投诉于当地法院，法院院长竟称工厂的行政级别高于法院，因此法院无权受理此案。告状无门，当地环保局局长则唆使居民冲砸工厂，以期引起上级领导关注而出面解决纷争……

这样一类"有法不依"的怪事，在全国城乡时有发生。

邓小平指出："要讲法制，真正使人人懂法，使越来越多的人不仅不犯法，而且积极地维护法律。"

当时在全国人大常委会主政的彭真委员长则提出一个响亮的口号："把法律交给10亿人民。"

社会主义国家搞法制建设，应该有这样的大气魄。

结合中国的国情，也必须这样做。

1985年11月9日，中共中央、国务院转发了中央宣传部和司法部《关于向全体公民基本普及法律常识的五年规划》。

时隔十三日之后，六届全国人大常委会第十三次会议又作出《关于在公民中基本普及法律常识的决定》：拟从1986年起，争取用五年左右时间，有计划、有步骤地在一切有接受教育能力的公民中，进行一次以宪法为主，包括刑事、民事、国家机构等方面的基本法律常识普及教育活动。

随之，全国各地报纸、电视、电台、广播、书刊、曲艺、音乐、美术、文学、橱窗，乃至大标语等一切宣传机器都高速运转起来。城市、乡村、机关、学校、工厂，上至高层党政领导，下至普通老百姓，人人学法、讲法、用法。

1986年7月3日，在电视屏幕上，中央领导人聚集在一起，商议国家大计，进行重大决策，这样的镜头老百姓看得多了。而今天，他们却是作为学生端坐在台下，专心致志地听取专家们讲授法律知识，确实令广大电视观众耳目一新。

一个拥有10亿多人口的大国，实行全民总动员的普法教育活动，其声势、其规模在中外法制史上，都堪称前所未有之壮举。

这是一个普通女工的故事：十年前，她一个妙龄女郎，却无端遭到邻居青年强暴。双方家长欲息事宁人，撮合婚姻不成，最后派出所出面责成男方赔偿女方1000元了事。（荒唐至极，从执法人员到受害者，都是一群典型的法盲。）十年后，她再次遭到邻居恶语中伤、殴打，身心受到严重伤害。工厂领导又打算私了，但普法教育已使这位女工懂得运用法律武器来维护自己的正当人身权利，毅然向法院提出诉讼——公理，终于站在了受害女工的一边……

这是一个自觉抵制"乱摊派"的故事：黑龙江省佳木斯市政府决定拓宽街道，手头资金不足，有关部门提出搞"摊派集资"，这是沿用已久也是屡试不爽的老办法了。刚刚参加过普法学习的市领导说，查查看，有没有法律依据。由于没有法律依据，市政府最终没有采纳"摊派集资"的建议……

1987年元旦，一桩趣闻轰动了北京城：河南一位农民买下25头大黄牛，雇了火车皮专程运到北京司法部的大门口，每头牛角上都拴着一捆状纸……此举自然惊动了中国最高司法机关。这位农民兄弟有什么冤呢？他是受全村的父老兄弟之托千里迢迢上京告"御状"的。一桩十多万元巨额债款，县化肥厂拖欠了六载拒不偿还，偏居乡野的农民们喊天天不应、叫地地不灵，逼到这一步也算是铤而走险了——最后还是法律帮助他们讨回了全部债款……

"为什么不告，不告白不告！"——通过普法教育，这句开始流行于老百姓中间的口头禅，使人闻之既惊又喜！

截至1990年底，全国7.5亿普法对象（占全国总人口的70%）中，有7亿多人参加了普法学习，占普法对象总数的93%；其中48万县团级以上干部、1亿多全民所有制企业职工、4亿多农民、4000多万城镇居民，1.5亿大、中、小学在校学生参加了普法学习；全国普法工作搞得好的地区和单位约占30%，一般的约占50%，比较差的约占20%。

1990年12月13日，中共中央、国务院下发20号文件批转了《中央宣传部、司法部关于在公民中开展法制宣传教育的第二个五年规划》，指明实施"二·五"普法是一项重大的社会教育工程，法制宣传教育要以宪法为核心，以专业法为重点，各级领导干部，特别是省军级以上领导干部要带头学法，带头用法，为进一步深化改革、扩大开放创造良好的法制环境。

全民法律意识水准，标志着一个国家法制建设的水准。

党中央、国务院开展全民普法的决心是巨大的，措施是有力的。江泽民总书记指示"要坚持不懈地长期搞下去"。他认为仅司法人员懂法不够，仅国家干部懂法也不够，仅部分人懂法不行，必须提高整个民族的法律意识。

山东省章丘县抽调2000多名干部经过培训后派往全县农村，深入到村民小组和农户中进行普法教育，并结合各村实际制定出民主治村条例，把村级各项事务纳入依法管理的轨道，并编成手册一户一本，签字画押，保证执行，全县农村学法、守法蔚然成风。

北京市昌平县提出"依法治县"的战略构想，共制定出涉及农村及农村生产、生活和工作等 37 个方面的 1665 条管理办法，使国家的法律、法规在基层得到有效的延伸和落实。

鞍山钢铁公司党委确立"党内靠纪律，国家靠法律，工厂靠制度"的新观念，把企业的经营活动纳入法制化、规范化、科学化的轨道，走出了一条"依法治厂"的新路子。

上海市第一百货商场依法制定商店经济合同管理办法，建立起一套企业合同管理的机构和网络，合同履约率达到 100%，几年来减少损失达 110 万元。

北京、天津、上海、武汉、广州、沈阳、重庆、哈尔滨、济南、西安等全国 175 个大中城市先后开展了"依法治市"活动，辽宁省则提出了"依法治省"口号……

中国人民解放军将"依法治军"作为一项建军方略。在开展普法教育活动中，全军官兵参加中专以上法律专业学习的共 7 万余人，已结业的有 5 万多人；武警部队取得大专以上法律专业证书的官兵也达 1 万多人……

依法治税、依法治林、依法治路、依法治理行业、依法管理土地……一个点一个点的，一条线一条线的，一块一块的，一片一片的，逐步推开，从而为最终实现依法治国打下坚实的社会基础！

必须建立起一个完整的社会制约机制和健全的法律监督体系。

一部国家大法，它既要保障公民所享有的一切基本权利，告知人们可以做什么；又要规定国家公务员的职责权限，告知官员们不该做什么。——这就是现代法制的涵义：一切国家机关、社会团体、公职人员、公民都必须在法律轨道上行事。

换一种通俗的说法：法是社会生活的基本准则，在法律面前人人平等。

近日，万里委员长特别强调指出："人大常委会要把立法和法律的监督检查放在同等重要的地位。"

所有这一切努力，都标示出一个历史大趋势：国家政治制度必须从"人治"逐步走向"法治"。

可喜的是，中国人已开始身体力行。

1989 年 5 月 17 日，在湖南省军区礼堂，这些出席湖南省七届人大二次会议的 766 名代表，正在行使一项法律所赋予的神圣权利。

事缘起于长沙、湘潭等五个地、市代表团的 177 名代表。日前，他们联名向大会主席团提交了因副省长杨汇泉领导清理、整顿"官倒"公司不力而要求罢免他职务的提案。依据地方人大组织法的有关条款，主席团决定将罢免案提交全体代表大会表决。

下午 5 时 40 分，大会主席团执行主席宣布投票结果：赞成罢免票 506 票，反对罢免票 162 票，弃权票 98 票，罢免案依法获准通过。

仍然端坐在主席台上的杨汇泉，从这一刻起即失去了他的副省长"宝座"。

省人大代表依法罢免了一个副省长，在新中国法制史上是破天荒的。

1991 年 1 月 7 日，《解放日报》登出文章《"法律面前人人平等"不是空话》。这篇新闻报道无疑向全社会传递了一个既新鲜又新奇的信息：一家名不见经传的外地小企业，向上海黄浦区人民法院指控李国机律师事务所见证失实，要求该所承担经济赔偿责任。法院受理了这第一例指控律师的索赔案。于是，久负盛名的一级大律师李国机成了法庭被告。

读者中议论蜂起——

有人感到费解：搞法律的律师怎么也成了法庭被告，少见。

有人担忧：律师是法律行家，且能言善辩，小人物与大律师打官司，能打赢吗？

更多的人则认为：小人物敢与大律师"对簿公堂"，这本身就反映了公民法律意识的增强；在一个法治国家里，不管是老百姓、行政官员还是社会名流，都一样受到法律的保护和约束……

据报载：北京"民告官"诉讼案增多。自《行政诉讼法》实施以来的 1990 年 10 月至 1991 年 9 月期间，北京市各级法院共受理一审行政案件 125 件，比上一年同期上升 92%；二审行政案件 28 件，比上一年同期上升 1 倍多。

三年前，当报刊披露浙江省出现第一例农民状告县长的"民告官"案时，人们是那么惊讶、那么兴奋，争相传阅，奔走相告；而今日，人们对于此一类日渐增多的"民告官"诉讼案已习以为常，认为生活本身就应该是这样的。

多难兴邦，百业待举。

中华民族警醒于百年离乱和十年浩劫，毅然决然踏上改革开放的现代化强国之路，同时努力完善社会主义的民主和法治建设，精神文明与物质文明并举的强盛之国，必将屹立在东方地平线上……

（1991 年 12 月 5 ~ 20 日初稿，1992 年 2 月 12 ~ 15 日定稿。写于中组部招待所）

中国公务员

（字幕：公元 1993 年 10 月 1 日。）

岁月悠悠，生命悠悠。

人民共和国从炮火中诞生到步入辉煌的壮年，已经走过 44 年的风雨历程。

而风起云涌、惊涛拍岸、举世瞩目的中国社会变革运动，也已进入第 15 个年头。

当历史的大镜头对准这个不寻常的日子，全世界都向东方这个泱泱大国投来灼热的注目礼！

——从 1993 年 10 月 1 日起，中国政府正式施行国家公务员制度。

——以不屈的信念和无畏的勇气同世界经济全面接轨的华夏民族，将怎样构建属于自己的今天与明天呢？

马克思在考察人类历史的进步时，有过一段极精辟的论述：社会物质财富的增长与人本身的发展，是两个紧密相连的尺度。

这一"尺度"明白无误地告知人们：经济现代化，必须依存于社会管理机制和运作机制现代化——其核心则是人的现代化。

对于在经济体制改革方面已经取得巨大成功的中国，变革社会管理机制就变得那么紧迫——无疑，这是一篇必须用大手笔挥洒的、高韬宏略的政治体制改革大文章！

一位西方社会学家兼经济学家同一位中国作家在探讨中国的现代化进程时，曾友善地表述了这样的观点："一个国家，尤其是一个人口众多的国家，若想在经济上迅速发展起来，社会成员的职业分工应是这样的——每 1000 人中，最多有 10 个官员就够了，其中包括既是某一方面的专家又是官员的人。"

简言之，中国必须尽快建立起适应社会主义市场经济机制运作的一整套廉洁的、优化的、高效能的政府工作系统。

毋庸讳言，中国所面临的现实却是异常严峻的。

人们形容改革之艰难，犹如移动一座大山。

中国的政府机构和人事行政管理体制的改革，绝对是一项充满风险又势在必行、牵一发而动全身的浩大工程。

全国省（部）级党政机关的厅（局）机构多达 2100 多个。

全国县级以上机关常设机构超限总数达 3 万多个。

全国有 170 万个吃"皇粮"的事业单位和社会团体。

全国党政群机关人员总数突破 3400 万人。

全国行政事业费开支高达 1400 亿元。

显然，中国政府机构患了严重的"肥胖症"。

部长、厅长、处长、科长、股长、站长……带"长"字官员的增长率超过了人口的增长率。

有人调侃说，在北京公共汽车上，不小心一脚踩了仨处长，踩人的恰恰也是官居"处座"哩。

据一则统计数字称：政府大小官员与机关办事人员的比例，日本为 1∶3.6，美国为 1∶1.7，中国则为 1∶0.84。

部门林立，机构重叠，人浮于事直接导致职责不清、程序不清、文山会海、公文旅行、互相扯皮、办事效率低下。

一家工厂申报开办科工贸一体的技术开发公司，总计须闯过440道"官卡"……

一个企业仅立项审批即历时11个月，修改报批文件资料共计300多万字，耗费纸张251.5公斤……

某乡筹办一家小餐馆，54平方米的营业面积盖了54个公章，平均每平方米盖一个章……

某外商来华创办一家合资公司，专门配备两辆小轿车上下左右奔波盖公章，总计盖了201个图章，花费达7万元之巨，手续却还没有办理齐全……

政府衙门的每一道门槛、每一枚图章都象征着权力，都象征着威严，浇筑起高高的樊篱——官冗之患由此可见一斑！

在当代中国改革史上，党的十四大无疑矗立起一块新的里程碑。

江泽民总书记在阐述"确立社会主义市场经济理论"的同时，大声疾呼："目前，党政机关机构臃肿，层次重叠，许多单位人浮于事，效率低下，障碍企业经营机制转换，已经到了非改不可的地步。"他郑重宣布：必须尽快推行公务员制度。

仅仅相隔五个月之后，在八届全国人大一次会议上当表决通过《关于国务院机构改革方案的决定》时，出现了颇耐人寻味的场景：参加表决的2816名代表中，210名代表投了反对票，292名代表投了弃权票，40名代表没按表决器，方案以2274票赞成而通过。

这次表决不啻在全体人大代表心中掀起了"狂涛巨澜"。

它向人们传递了一个信息：1993年的中国，政府机构"精兵拆庙"将全面展开，预计有相当一部分的官员告别官场。

西方观察家则敏感地指出：中国政府为进一步深化经济改革，确保市场经济的顺利运作，国家权力机构向自己举起了"手术刀"。

对于中国民众来说，"公务员"这个名词尚显得陌生而又神秘。

18 世纪中叶,伴随英国工业革命而诞生的"文官制度",可视作现代公务员制度的雏形;尔后,公务员制度历经百年演化而风靡欧美大陆及东方的日本国,为资本主义社会化大生产提供了较为科学和严密的现代行政管理程序。

显然,公务员制度是现代商品经济和市场经济的必然产物!

20 世纪 80 年代中期,当中国人坐上经济发展的快车时,便立即感受到了沉重的负载。

中国现行的行政管理体系:自上而下对口设立经济管理部门,采取行政命令的管理方式,通过指令性计划严格控制工商领域的产、供、销、人、财、物,由政府直接管理国营企业,干预企业内部的机构设置等等,无不打上了计划经济的鲜明烙印。

其表现特征为:管得越死,分工越细,机构越多,干部队伍越庞大,衙门作风越盛行,国家经济越没有活力。

于是,中国的改革才步履蹒跚,一波三折,乃至四处碰壁……

改革开放总设计师邓小平果敢地发动中国这场深刻而又复杂的社会变革运动时,慧眼独具,早在 1980 年 8 月,他就明确地指出:"坚决解放思想,克服重重障碍,打破老框框,勇于改革不合时宜的组织制度、人事制度……关键是要健全干部选举、招考、任免、考核、弹劾、轮换制度……"

1982 年和 1988 年,中国政府部门曾进行过两次重大的"精兵简政"工作;然而,每一次精简和调整之后,接踵而来的却是加倍的膨胀。

全国机关单位数以年均 9000 个(不含非常设机构)的速度增加……

全国干部人数以每年 100 万的速度在增长……

问题的症结究竟在哪里?

必须从国家干部人事管理体制上进行根本性的改革，尽快建立起一整套科学化与法制化的约束、监督、制衡机制。

中国正由计划经济向市场经济急剧转换，市场大潮毫不留情地冲击着所有的陈规陋习，一切都将让位于经济建设这个中心。

国家机构改革蓄势待发，中国政府必须向高效、廉政快速迈进。

于是，当公元1993年8月14日，政府总理签署了国务院第125号令，人们终于捧读到批阅八载千呼万唤始出来的《国家公务员暂行条例》时，才会感悟到：中国，又拓展出一片新天地……

自从人类社会产生了"权力"，它就作为一种特殊形态的商品渗透到了社会生活的方方面面。

当权力履行其管理职能而又受不到相应的制约时，它就与其他商品（包括货币）具有了连续交换的价值。比如公章、批文、条子——就是物化了的权力——用权力同社会做交易，势必成为所向披靡、无本万利、百分之百赚钱的"特种营业"。

这就是人们称之为的"权钱交易"！

在传统的计划经济体制下，政府直接操纵、管理和干预经济活动，从资源配置、资金调拨、投资趋向、生产计划，一直到产品的价格定位和销售方式，一切都必须经过行政部门审核、批准、盖章……从这个层面上讲，"权力"已成为国家一部庞大经济机组运转的润滑剂。

由于体制的弊端，权力就在不知不觉中异化为交换社会财富的最有分量的筹码！

"用我手中的钱，买你手中的权；靠你行方便，我好赚大钱"。社会上不法分子中流行的这些顺口溜，并非空穴来风。

高居党政部门的某些官员，以权谋私，侵占公物、公款的事例已不鲜见。

——原首都钢铁公司总经理助理兼北京钢铁公司党委书记管志城，贪污、受贿人民币 150 多万元、港币 2 万元；

——湖北省襄樊市原副市长李正洪，弄虚作假、化公为私，公然用公款支付女婿、儿媳的学习费用；

——国家计委生产调度局原副局长王秀英索贿达 1.5 万美元；

——原北京市对外经济贸易委员会委员蒋珠凤，利用审批外汇额度收受价值 13 万多元的贿赂款和贿赂物，并贪污公款 1.5 万元……

身处经济管理部门的某些官员，利用手中的经济管理权限营私舞弊、鲸吞公款可谓"近水楼台先得月"。

——中信实业银行深圳分行原行长高森祥，因收受巨额贿赂被司法机关判处死刑；

——中国海洋石油测井公司所属实力实业公司总经济师李大昌伙同他人，贪污公款达 200 万元；

——广东省新会县侨区经济发展公司经理豪杰等人贪污、挪用公款竟达千万元……

供职于司法机关的某些官员，贪赃枉法，执法犯法，乃至以身试法。

——原全国法院系统"先进工作者"、原郑州市中原区人民法院院长刘士容，因犯有受贿罪、挪用公款罪、投机倒把罪被押上审判台；

——广东省惠州市原公安局局长洪永林收受他人贿赂上百万元，被处以极刑；

——原北京市公安局五处干部钟兴华，利用手中掌握办理公民出境手续的权力，公然伪造公文、倒卖签证卡，共收受贿赂款 3.6 万元，被处有期徒刑 14 年……

从哲学意义上说：缺乏制约的权力是一种危险的权力。

从社会学意义上说：缺乏制约的权力必然导致腐败。

中国，正由计划经济体制向市场经济体制转轨——这无异于惊险的一跃！

市场经济呼唤公正与平等，倡导公开、公平、合法的竞争。

一旦权力进入市场，它必然造成垄断，行政垄断——这恰恰是计划经济体制所拖曳的"一条长长的尾巴"。

1993 年 8 月 20 日《发展导报》刊载了一篇"读了未必轻松"的文章：《行业歪风为什么越刮越邪乎？》。

文章列举了"企业给银行奖金""执法部门乱罚、乱收""医生'炒卖病人'""电视台大发横财"等种种怪事之后，痛心疾首地指出问题的症结：有一批为官者不愿法比权大；一些垄断行业和权力机关"天马行空"独霸一方；新闻舆论不能真正履行社会监督职能。

在现实生活中，普通群众购买火车票、安装电话、分配住房、配给煤气、子女上学……往往都须交纳数目可观的"买路钱"；一些被群众痛斥为"电老虎""气老虎""路老虎"的国家机关部门和公用事业单位，不惜凭借手中垄断的权力鱼肉百姓，严重败坏了社会风气。

垄断则意味着取消竞争。

取消竞争必然窒息商品经济。

权力之下无市场！

市场经济说到底是一种法制经济。

纵观一部世界经济发展史，发展中国家向现代化迈进的全部艰辛，就表现在它必须迈入规范市场秩序和制约国家权力这两道高高的历史门槛。

一度闹得全国沸沸扬扬的"开发区热""房地产热"、"炒地皮热",明显就是缺乏法律规范的非市场经济行为。

深圳作为中国改革开放的试验场,早在1987年就开创了遵循市场经济规律、公开向社会拍卖土地使用权的成功实践。

今天,凡是"地皮越炒越邪乎"的地方,其政府主管部门的官员在出让土地使用权时都拒绝公开招标投标或公开拍卖,而是热衷于采用批租的形式,好让"权力"成为不断增值的"魔杖"。

国人切齿痛恨的"公款吃喝风",屡禁不止,愈演愈烈。据报载:全国公费吃喝每年达800多亿元,相当于一年"吃"掉10次奥运会(北京为申请举办2000年奥运会的预算支出约为10.2亿美元);加上公费出国、公费旅游、公费观光、公费娱乐,累计每年耗资达1500亿元之巨。

一方面,国家干部正常的工资收入普遍低于社会各阶层的平均收入水平,某些干部不多吃、多占、多拿,心理就不能平衡。

另一方面,社会缺乏行之有效的制衡机制,官员多吃、多占、多拿,不足以由此而摇撼其头顶的"乌纱帽"。

有识之士纷纷进言:高薪养廉。

显然,中国不可能一下子大幅度提高官员的俸禄。但是,目前必须去做的,而且能够做到的:一是大量裁减冗员,以组建一个高效、优化的政府;二是在裁员和精简机构的基础上,较大幅度地提高官员的正常收入;三是同步制订官员廉洁奉公的行为规范条例,并接受社会和公众的监督。

150年前,英国"文官制度"的诞生,先是对结党分肥、用人徇私、滥施恩宠、贪污腐败的封建旧官吏制度的彻底否定,以维护新兴资产阶级的政治利益和经济利益。

20世纪70年代,香港地区掀起"廉政风暴",创建"廉正公署",毫无疑问为确保港岛这个国际金融中心、贸易中心和国际自由港资本主义经济的有序运行，促进香港经济的繁荣，奠定了坚实的社会基础。

无论是日本、新加坡、韩国，当这些国家的商品经济在高速推进时，政府也同步出台一系列制约和规范市场秩序的法律、法规。

显而易见，一个成熟社会的标志：必须建立起一整套严密的科学的民主的社会制衡体系。公务员——英国译为"文官"，美国译为"政府雇员"，马克思则称之为"社会公仆"。中国实行的公务员制度显然有别于西方国家的公务员制度，但西方国家公务员制度的一些共同属性，却是可供借鉴的，这就是：制度化、等级化、考试制、轮换调转机制、事务官职务常任制及相应的道德规范。

公务员制度实质上是一种"社会契约"。

《国家公务员暂行条例》作为一部总法规，对于官员的产生、管理、监督，直至辞别官场，都作了制度化、法制化的阐述，从而确保国家权力架构步入一种健康的新陈代谢程序。

——确立一条"公开、平等、竞争、择优"的原则，实施公开考试和严格考核制度，以此作为公务员"进口"的关卡，保证进入国家机关的公务员具有良好素质。

——形成激励竞争机制，明确公务员的义务、权利、纪律、回避、申诉、控告等行为规范准则，奖掖勤政，惩治腐败，促进公务员依法从政，廉洁奉公。

——实行降职、免职、辞职、辞退、退职、退休制度，以此疏通公务员的"出口"渠道，坚决打破"机关能进不能出，当官能上不能下"的官场僵化格局。

邓小平指出，机构改革是"一次革命"。

既是"革命"——要冲决旧传统，要打破旧观念，要走出新格局，要建立新秩序。

无疑，法制是一柄社会制衡的利剑。

制度的建立，远胜于口号的宣传和道德的教化。

经济体制改革与政治体制改革，是驱动社会进步和现代化运转的两个车轮。

中国政府实施公务员制度，必将保障中国这列"经济快车"在社会主义市场经济轨道上飞速奔驰……

（1993 年 9 月 10 日于北京）

探秘

——鄂尔多斯高原

序 曲

史称：鄂尔多斯高原是一部形象生动的地质发育史。

从 36 亿年前地球上最原始的古陆地，到 1 万年前形成的苍苍茫茫的深沟大壑，再到 15 世纪中叶，汉族、匈奴、鲜卑、突厥、党项、蒙古等众多华夏民族汇聚于此，繁衍生息，孕育了著名的"河套文化"……时序演进，沧海桑田，其间历经水清草美，尔后又饱尝漫漫黄沙，于是乎，大量的煤炭、天然气、天然碱、芒硝、食盐、泥炭、炮磺、石灰石、石英砂等矿产资源便深埋于地下。

向历史纵深处走去，鄂尔多斯与一代天骄成吉思汗有着如婴儿与脐带般难以割舍的关联。公元 13 世纪初叶，成吉思汗征讨西夏国，途经鄂尔多斯伊金霍洛旗时，惊叹于天似苍穹、地如绿茵、松柏苍翠的美景，竟将手中的马鞭失落于地……于是，大汗当即留下遗言：我死后葬身于此！

向地理平面横向延伸，鄂尔多斯又同华夏民族的母亲河黄河相依相随，黄河在艰难地穿越黄土高坡后，潇洒地用一个

"几"字形图案，标出一片奇谲的土地，这片土地便世世代代吸吮着大地母亲的乳汁。南面，则以巍巍古长城为界。

施特劳斯·休普曾给世人留下一句名言："地理大致决定在何处制造历史。"

鄂尔多斯——历史注定她要演绎一部壮怀激烈、神奇瑰丽的人间神话……

第一集　神话：狂奔的财富

"世界增速最快的是中国，中国增速最快的是内蒙古，内蒙古增速最快的是鄂尔多斯"——正是这句话，曾让鄂尔多斯被称作："狂奔的财富。"

中国社会科学院权威发布的《中国城市竞争力蓝皮书》：到2007年底，鄂尔多斯的经济增长竞争力名列中国第一，人均GDP达到1.0451万美元，超过北京、上海；效益竞争力名列第三，超过香港。

三年以后，到2010年底，鄂尔多斯人均GDP又上了一个新台阶，达到2.0954万美元，增长率远远高于全国平均增长水平，保持着强劲的发展势头。

然而，2010年4月5日，中国经济增速的"新科状元"鄂尔多斯，却突然间陷入了全球舆论的风暴眼。

美国《时代周刊》刊发一篇文章《鬼城》，故弄玄虚地设问道：没有比这个问题更让众多的经济学家、投资者和银行家们夜不能寐的了——中国房地产市场是泡沫吗？

这篇颇吸引人们眼球的文章，直指鄂尔多斯康巴什新区是一座"鬼城""诡城"，极尽描摹之能事："偶尔出现的行人，看起来就像幻觉，拖着沉重的脚步沿着人行道走着，仿佛恐怖电影中大灾难过后一名孤独的幸存者……"——结论：康巴什耗资 52.88 亿元，竟建成一座空城。

显然，问题的提出有着错综复杂的时空背景。

始于 2007 年美国次贷泡沫而引发的全球金融危机，已压迫得西方世界惶惶然不可终日。而经济率先回暖、向好的中国，也刚刚经历了北京一年一度的"两会"舆论轰炸：从共和国总理到人大代表、政协委员们，群言汹汹争说着因高房价而引申的"中国房地产存不存在泡沫"的话题！

太平洋彼岸的美国人此言一出，犹如在一锅沸水里撒下一把盐，中外记者们似乎听到了一声"集结号"，各自携带着长枪短炮赶场似地蜂拥而至，一时间，"政府的一意孤行和自作多情，催生了豪华版鬼城""康巴什——房地产泡沫最佳展示品"等新闻字眼成了某些媒体最时髦的兴奋剂。

康巴什，康巴什到底怎么啦？

康巴什，蒙古语意为"老师"——"老师"将给予人们怎样的解答呢？

康巴什位于鄂尔多斯中南部，地势一马平川，开阔平坦，三面环河，一面临山，浩浩然大气而雄奇。

康巴什新区规划控制面积 155 平方公里，规划建设面积 32 平方公里。地处航空、铁路、高速公路等立体交汇的枢纽位置：北起 109 国道，东至 210 高速公路，距鄂尔多斯机场 15 公里，包西和东乌铁路绕城而过；距成吉思汗陵旅游区 28 公里，人口 2.86 万人。

康巴什人文环境优雅，民族文化浓郁，各类文化场馆齐全，绿色率高，宜居宜业，被批准为首个中国环境艺术示范试点城市。全球 CEO 中心和中国·鄂尔多斯低碳谷亦设于此。康巴什新区作为鄂尔多斯城市中心区域，当之无愧地成为鄂尔多斯新的政治中心、文化中心、金融中心、科研教育中心和轿车制造业基地。

逼视康巴什：中心位置是鄂尔多斯市党政大楼、三栋外形一致的 12 层楼房。朝南正对着的是这个新区的南北中轴线——成吉思汗广场。从广场的北端到南端是 2400 米，从广场的东端到西端是 200 米。广场北部，则矗立着几座总表面积 4800 平方米、用 480 吨铜铸成的群雕，群雕以成吉思汗挥戈西征为主题，一代天骄成吉思汗统帅着他的将领们，金戈铁马，气吞山河，横扫千军如卷席。

宽宽的马路，鳞次栉比的屋宇，犹如奏响一组曼妙的草原之城晨曲：巍峨雄奇的国际会展中心、神韵流泻的文化艺术中心、空灵俊美的新闻大厦、雍容华贵的图书馆、外形特异的博物馆、飘逸多姿的大剧院，以及一栋栋蓝色屋顶的联体别墅。同时，向四面八方延伸着 49 条城市道路，总长度 129 公里，面积达 479.6 万平方米……一座现代化城市就这样神话般地于大漠息壤中腾空而起。超过 50% 的绿化率，似一块量身定做的绿色模板，把康巴什装扮得犹如欧洲某个宁静古镇的一幅风情油画。

一个仅 150 多万人口的地级市，凭借着"羊、煤、土、气"的优势资源，锐意改革，开拓进取，人均 GDP 连年攀升，全市国民生产总值从 2000 年的 150 亿元飘升到 2000 多亿元，在国家开发大西北的战略中闯出了一条超常规发展的新路子，创造了一套新模式，提供了一个新典范。

回望上世纪 80 年代，鄂尔多斯的 GDP 位居内蒙古各盟市的倒数第二，经济主要是以农牧业为主，经济社会状况用"穷"字就可完全概括。鄂尔多斯长期是整个内蒙古的扶贫对象，8 个旗县中，5 个属国家扶持贫困县。今日终于告别贫穷——何等可喜可贺！何等欢欣鼓舞的改革成果呵！

以 2001 年 9 月国务院正式批准撤盟建市为分界线——之前

称伊克昭盟，之后称鄂尔多斯市。

伊克昭盟蒙语意为"大庙"，鄂尔多斯蒙语则意为"众多的宫殿"——纵观一部鄂尔多斯命运史与发展史，在远古曾经的辉煌之后，留下一个广袤的荒凉、沙漠、贫瘠、穷困与落后；新世纪又神话般地崛起，道上奔驰着质感厚重的名车，路边林立着装饰一新的高楼，骤然间举世瞩目，美丽的称谓纷至沓来，诸如"小香港""东方迪拜"……冥冥之中似乎也暗含着某种神秘的启示。

事情缘起于 2003 年 6 月，鄂尔多斯市第一届人民代表大会第四次会议制定经济发展战略：建市之后，要构筑康巴什新区、东胜区、伊旗阿镇"一市三区"百万人口的城市核心区。同时，大会审议通过了市政府从东胜老城区迁往康巴什新区的决议。

其时，作为鄂尔多斯市首府的东胜老城区，面积只有 23 平方公里，城市人口 30 万人，人均居住用地、水资源等指标低于全国平均水平。显而易见，东胜老城区已难以承载鄂尔多斯经济增长和城市进一步发展的需求。康巴什新区规划人口到 2020 年达到 30 万人，远期目标则达到 100 万人口规模。

当地人言之凿凿，建设康巴什新城的初衷，还因为东胜老城区缺水。"不仅缺水，而且水质非常差，我们经常喝矿泉水，烧水碱太多。这里卖得最好的就是小家电，为什么呢？因为水里杂质太多，小家电经常坏"。由于地下水超采，东胜地下水位逐年降低。而康巴什新区三面环水的地理位置，为新城区提供了充足的水资源，这也成为鄂尔多斯人趋之若鹜前往置业的原动力。

"经营城市"——曾经是很超前的管理理念。

鄂尔多斯决策者的眼光是高远的：立足全局，体现内涵，展示个性，着眼未来。

鄂尔多斯领导人的眼光是深邃的：现在的经典，未来的文物，永恒的精品。

一位记者笔下的"康巴什风情"引发人们无限的遐思：科学的大尺丈量着小城的三围和经络，通达流畅的功能区划，完成着百年无忧的大愿，顶级建筑设计师找到了天马行空的创作自由，康巴什的主人则授予大师们不许平庸的创意权……于是，"有蒙古舞也有拉丁舞，有长调也有歌剧，有穹庐也有小洋楼，有手把肉也有鸡尾酒"。

毋庸置疑，鄂尔多斯是一个资源型城市，被称作大草原上的"能源走廊"。公开资料表明：煤炭储量1676亿吨，占全国的1/6；稀土储量65亿吨；天然气储量8000多亿立方米，占全国的1/3。

于是，一场大规模的"沙地造城"运动如火如荼地拉开了帷幕——一部正在书写中的鄂尔多斯闯入现代城市社会的活的历史。

当初，"经营城市"中的土地增值还是一个很陌生的概念。

尽管家底殷实，康巴什新区的建设仍属于"白手起家"。在新城区启动之初，曾尝试由民企与国企合作组建城投公司融资开发，由于融资不易，预期收益不确定，民企中途退出合作。此后，以国有的700亩土地作为注册资本成立了国有独资的城投公司。2004年，该融资平台完成投资近6亿元。2005年，城投公司依托本级财政信用，向国家开发银行融资11.5亿元。

同时向境外融资——2005年11月8日，鄂尔多斯市人民政府与美国罗斯福资本有限公司签订康巴什新区融资项目合作协议，按照协议，罗斯福资本有限公司负责融资4亿美元或按甲乙双方议定的金额融资用于康巴什新区基础设施建设。

同时向区外融资——2006年5月29日，香江华研资源有限公司100万吨甲醇项目在康巴什新区奠基，这是鄂尔多斯与区外知名大企业香江集团共同合作、实现优势互补的成功实例。

康巴什原本只是一片荒漠之地。康巴什村和寨子塔村的原住民祖祖辈辈生活在这里，饱受风沙和贫寒之苦。

按照当年的拆迁方案，政府承诺将为征地农民提供每人 2 亩的水浇地、50 平方米的砖混结构凉房和 200 平方米宅基地、240 平方米养殖地和 0.5 亩大棚，同时为移民提供集体商业用地 60 亩。因此，很顺利就完成了仅有的 1300 多农牧民的搬迁任务。

在这张白纸上将会描绘出怎样一幅图画呢？

康巴什新区总体规划设计方案通过国际公开招标，新加坡公司的方案在激烈的竞争中脱颖而出——"草原上升起不落的太阳"：城市格局从中心向四周辐射，状似一轮光芒四射的太阳，彰显地域特色、民族风貌、草原文化和人与自然和谐——奇思妙想，气魄慑人，设计理念非常严丝合缝地契合了大草原人们心中充盈着的美妙憧憬！

打造"服务内蒙古、连接晋陕宁"的现代化区域性中心城市的战略构想，带动起来的不仅仅是康巴什、东胜、伊旗……整个鄂尔多斯就像一个"大工地"，日复一日，月复一月，年复一年，不断变幻着的是建筑脚手架和刚刚完工的高楼大厦。

无疑，"造城"的速度是惊人的——建设者们在大沙漠上挥洒着无穷的聪明智慧与滚烫汗水，仅仅三年时间，平地起高楼，至 2006 年 7 月 31 日，鄂尔多斯市党政机关已从东胜老城区正式搬迁至康巴什新区。

无须讳言，医院、学校、商店等一些社区配套工程尚在建设中，且很多公务员的家还在 25 公里外的东胜区，于是，"两头跑"便成为人们上下班的常态。

鄂尔多斯人却对这座新城充满自豪感，把康巴什誉为"千年荒漠、创业热土"。新区党工委季刊《康巴什》2009 年第 1 期上，署名蔺怀恩的一篇文章描述得活灵活现："眼前这条舒畅伸展的大道，便是人们惊呼的'上班大道'了……因为市政府机关刚搬迁不久，商业的经营尚属空白，几乎是机关人员的来回跑道。现在是早上 8 点多钟，赶班点的汽车们轰轰烈烈……我乘坐的这辆沃尔沃轿车身前身后是一片车的涌流""奔驰、保时捷、宾利、法拉利们跑得气喘咻咻，一个个志在超越；后边的宝马、福特野马、兰博基尼、凯迪拉克们你追我赶，使着绝不甘于居后的情绪；就是那享有豪族尊位的劳斯莱斯、阿斯顿马丁也是那种飞翔的姿影，正在望风绝尘、不可一世地冲来……"

似乎没有什么可以阻挡康巴什新区向城市化大道上迅跑的冲刺速度。"北边与清华大学合作的低碳谷已经快建好了"。康巴什新区管委会工作人员不无骄傲地说，并表示："城市化进程需要一个过程，修配套设施也需要时间，在配套设施没完善之前，空城现象是正常的。"

2011 年，康巴什新区将继续加大对科教文卫事业的投资力度，实施建设科教文卫类项目 29 项，计划投入 18.7 亿元。

在 29 项续建和新建的项目中，包括国际赛车场、北岸文化公园、鄂尔多斯市妇幼保健院大楼、鄂尔多斯医院、康巴什新区医疗急救中心，以及内蒙古大学鄂尔多斯学院、世界女子干部学院、市委党校、蒙校、鄂尔多斯市职业学院等。

2011 年，新区党工委管委会确立康巴什精神为："尊重科学，艰苦创业，追求卓越。"并制定"十二五"战略预期目标：经济总量翻四番，到"十二五"末，高端产业框架体系基本建立，成为引领全市产业转型升级的重要引擎，成为高新科技产业和现代服务业的集中发展区。同时，进一步把康巴什新区打造成高品位的魅力之城，其预期生态格局十分明确：城在绿中，水在园中，人在景中。

一句话，走自己的路让别人说去吧——康巴什新区将坚定不移地沿着建设"科学新区、魅力新区、和谐新区"的既定目标逆风前行。

有趣的是，鄂尔多斯市原规划中 32 平方公里的新区一期建设已不能满足各方需求，二期 70 平方公里建设也已迅即铺开了架势。

一方面，康巴什确乎是"一夜之城"，从苍凉的无人裸地上快速生长出来的。媒体批评之声不绝于耳：康巴什是一座空城，缺少人气，房屋大量空置。另一方面，又完全有别于当年的海南烂尾楼、沈阳荷兰村，康巴什最大的特点是房子都已经"有主"了。"几乎所有盖好的房子都卖出去了，我们这里没有烂尾楼"。一位售楼小姐如是说。新的消费需求还在一直刺激着新的建设。

众说纷纭，莫衷一是。这似乎"说不清、道不明"的经济现象，实在很值得中外经济学家们沉下去细细考察并认真探索、梳理一番啊。

其实，上世纪 90 年代，当上海浦东开发建设成"东方曼哈顿"时——浦东与浦西一江之隔，也同样经历了极为相似的一个必然的"历史空白时期"。

突然空降的康巴什，恰好印证了一场剧烈的经济崛起运动的迅猛异常。

共和国"改革长子"、中国改革开放的排头兵深圳市——上世纪 80 年代快速崛起于南海边陲小渔村，曾在世人质疑、惊讶的目光中，被称誉为"深圳速度"和"深圳模式"。

新世纪领跑于中国的开局之作——当属裹挟着开发大西北的越来越猛烈的欢乐飓风、大手笔描画北国隆起的鄂尔多斯高原。

康巴什——这位被蒙语称作的"老师"，它的"华丽转身"，它的吸引眼球，再一次无可辩驳地告知国人，"鄂尔多斯现象"即证明：说一千道一万，发展才是硬道理！

第二集　起步：从生存开始

"大漠孤烟直，长河落日圆"——千百年来，那么凄美的诗句，一直作为大西北荒凉而悲怆的绝唱。

大西北地处亚欧大陆腹地，既是我国主要河流的上流地区，更是国家巨大的战略纵深依托之所在。

无疑，大西北贫瘠太久了，长此以往，必将导致中国东、西部经济发展区域不合理化进一步拉大，构建和谐社会与实现小康都将成为纸上画饼。

开发大西北，生态文明建设理所当然地被摆上了首选战略考量的位置。

鄂尔多斯草原南端，有一条蜿蜒曲折的河流，在地表松散的毛乌素沙漠汨汨流淌，年深日久便冲刷出一条宽阔幽深的"U"字形河谷，被称作萨拉乌苏河。萨拉乌苏河水终年浑黄浑浊，河的两岸却长满了摇曳多姿的红柳，人们又给这条河取了个美丽的名字："红柳河"。

1922年，法国天主教神父、地质生物学家桑志华来到萨拉乌苏河流域考察，惊喜地发现了一颗"河套人"的门齿化石；此后，经我国考古学家发掘出的大量文物证明，早在35000年前，"河套人"就在萨拉乌苏河流域繁衍生息，迈开了人类文明的蹒跚脚步。因而，"河套人"所创造的远古文化，被命名为"萨拉乌苏文化"。经过对地质、动物化石和石器的综合分析研究，萨拉乌苏文化被认定为旧石器时代晚期文化。

已发现萨拉乌苏动物群化石至少有45种以上，堪称名副其实的"化石之乡"。萨拉乌苏文化遗物和共存的动物群表明，萨拉乌苏河一带，曾经有很多的淡水湖，水草丰茂，古木参天，成群的动物蹦突其间。生活在河湖两岸的"河套人"与大自然和谐相处，创造了自己的文明——萨拉乌苏河流域，成为古老而灿烂的鄂尔多斯文明的发祥地。

时序演绎，红尘滚滚。汉武帝沿秦直道布略巡查，王昭君怀抱琵琶出塞，赫连勃勃建都立国，隋炀帝索辫赋诗，党项族创立西夏基业，成吉思汗在此走完叱咤风云的人生之旅，明朝天顺年间，蒙古族鄂尔多斯部驻牧河套，清朝顺治六年，各旗会盟王爱召，形成伊克昭盟……直至 2001 年，经中华人民共和国国务院正式批准，才撤盟设立鄂尔多斯市。

显然，鄂尔多斯曾经的繁华、富庶，"天苍苍，野茫茫，风吹草低见牛羊"的草原美景，早已一去不复返。

气候变迁、连年战乱、大规模放垦等，使这里的生态环境遭受到了毁灭性的破坏，一片荒凉、满目疮痍，一次大风沙就是一场浩劫。新中国成立后，虽经几代人不懈奋斗，但直到 2000 年时，全市植被覆盖率仍不足 30%。

"蓝蓝的天空不再蓝蓝/不变的是我的祝福/风沙吹不散祖先的梦/干枯赶不走耕耘的人"——鄂尔多斯汉子腾格尔，一曲粗犷雄浑的《家园》、高亢入云的吟唱，迸发出的不正是草原人生生不息的愿景……

鄂尔多斯"三面黄河一面城（即万里长城）"——既是内陆黄土高坡与黄河河套平原的接合点，又是半荒漠草原向荒漠草原的过渡带。总计 8.7 万多平方公里的土地上，从不同角度可称作鄂尔多斯高原、鄂尔多斯草原、鄂尔多斯盆地……丘陵沟壑、山川河流、海淖湖泊，以及一望无际的漫漫黄沙。

库布其、毛乌素两大沙漠，均位于鄂尔多斯中部。库布其沙漠北临黄河平原，呈东西带状分布；毛乌素沙漠则延伸至鄂尔多斯腹地，分布于鄂托克旗、鄂托克前旗、伊金霍洛旗部分和乌审旗。两大沙区总面积约 3.5 万平方公里，占全市总面积的 40% 左右，其中库布其沙漠面积为 1 万多平方公里、毛乌素沙漠 2.5 万平方公里。这一地区大多为固定半固定沙丘，库布其多为细、中沙，毛乌素则以中、粗沙为主……一旦狂风骤起，飞沙走石，天昏地暗，视野所及，一片浑黄，其情其状其恐怖，堪称"惊天地，泣鬼神"……进而，成为环京、津北主要风沙策源地之一。

一场沙尘暴袭来，往往许多躲避不及的羊群被沙活活压死；曾经有一个牧民从一只被压得半死的羊身上抖出 20 多斤沙子……

当行驶中的汽车从沙尘暴里钻出来时，漆皮全被打光而露出一身白铁，因而当年的司机们都会携带一个布套子，一遇沙尘暴即把整辆车罩起来……

大旱之年，干裂的土地似乎在"吱吱"冒烟，羊儿用蹄子狠劲地刨着沙地里的草根，连草根上粘着的湿沙子也一道吞进了肚子里……

一首苦涩的"爬山调"，唱出了农牧们的辛酸——

羊刨那个沙子哟，哎嘿那个牛呀上树，

紫红那个儿马哟嘛，一眼眼的瞅。

裹紧白茬子羊皮袄哟，那个蒙倒头走，

伤心的那个泪蛋蛋呀，止不住地流……

显然，千百年延续下来的传统的农牧业道路已经走向绝境……鄂尔多斯的出路在哪里？

犹如一道电光火石般的思想闪过人们的脑海：自我修复，以求人类与自然和谐相处，相伴相生！

鄂尔多斯人以破釜沉舟的决心，要干一番惊天动地的大事业：沙漠造绿洲！

"沙漠造绿洲"何等艰难事——这是比移山填海、上天揽月、下海捉鳖，更为艰难的系统工程呵。

这是一次堪称弥天大勇和充满智慧的决策：从农牧业生产区域布局、种养结构、饲养方式，到人口布局、产业化发展、政府资金投向等，实行全方位、大规模、根本性调整。

鄂尔多斯掀起了一场前无古人、自西向东恢复自然生态的庞大工程，改变千百年来农牧民传统生产方式的革命——"草原革命"。

其时，正值国家启动西部大开发战略，环京津北风沙源治理、"三北"三期防护林工程、黄河堤岸水保林工程等多项生态重点项目陆续实施。

适逢其时，千载难逢，鄂尔多斯人奋力出击，借东风而大展宏图。

（鄂尔多斯市主要领导现场图像、录音，重点介绍建设"绿色大市"的总体构想：五个坚定不移，三大模式。时间2分钟。）

显然，鄂尔多斯对生存环境的治理，完全是建立在对市情与民情的深入了解和准确把握之上的——务实、理性、观念、科学，四位一体，构成了强大的意志力、创造力、表现力和可操作力。

当一幅事关未来命运的生存蓝图展现在鄂尔多斯面前时，对于希望、富庶、安康由来已久的憧憬与向往，迅速唤醒积蓄已久的意志和力量：两区、七旗群起响应，从实际出发，因地制宜，制订规划，发动群众，采取多种形式，开始大规模地重建家园。

一场争夺生存权利的前所未有的"绿色风暴"，迅速席卷了鄂尔多斯大地。

（现场访问市林业局局长：介绍当时艰苦奋斗的情况，尤其是三年大旱时的情况，最后一句落在"用老百姓的话讲，因为生存比天大。"）

早在上世纪 50 年代，鄂尔多斯就开始了对荒漠化的治理。由于缺乏必需的资金、技术的支撑和生产规模的狭小，限制了人们的眼界，效果十分有限，加之治理与破坏几乎同时进行，局部地区风沙反而愈演愈烈。

如何走出这样一个怪圈：草原生态恶化阻碍着畜牧业的发展，而一味追求牲畜头数的增长，又使草原生态更加恶化——周而复始形成毁灭性的恶性循环？

敢不敢改千百年来习以为常的"放牧"为"圈养"？

鄂尔多斯市人民政府专门制定并颁布了《鄂尔多斯市禁牧休牧划区轮牧及草畜平衡暂行规定》。

完全可以想见：刚开始推行全面禁牧、休牧时，立刻遭遇到了顽强的超乎预想的强力抵制。

鄂托克前旗精心规划，科学设计，广泛发动群众，全面实施"生态立旗"战略，把林、草纳入人类文明的进程，与荒漠化在生命的层面上进行较量，"划、禁、移、造、引"五字并举。自 2001 年开始全面实施禁牧、休牧、划区轮牧及以草定畜以来，实行领导包片、部门包村、干部包户，农口项目区实行包片管理、集中执法，88% 的草牧场实行了以草定畜、划区牧轮，12% 的草牧场实行了禁牧；建成配套灌溉机电井 2000 多眼，有效灌溉面积达到 11 万亩；同时，协调加快饲草料调购，最终使禁牧、休牧政策得到认真贯彻落实。目前，全旗的草原植被覆盖度由 2001 年的不足 35% 提高到 81%，森林覆盖率达到 15.74%，草原沙化、退化、盐碱化、石漠化势头得到有效遏制。在"中国县镇绿色论坛"上获得"中国绿色名旗"称号。

（鄂托克前旗领导实地图像、录音，解释"划、禁、移、造、引"五字方针及效果。时间 1 分钟。）

　　顺应自然规律，创新发展思路，鄂尔多斯建立起一整套农牧业可持续发展的长效机制，草牧场得到休养生息，生态环境大为改观。一句生动形象的比喻：禁牧禁出羊千万，"砍林"砍出绿万顷。

　　回望漫漫艰辛路，人们始终铭记着一个人——全国著名劳动模范、植树治沙第一代领军人物宝日勒岱。早在 50 多年前，她就带领乡亲们在自己担任党支部书记的嘎查沙地上亲自栽下了第一棵沙蒿。此后，被称之为"死亡之地"的乌审召旗迅速掀起了治沙热潮。在她退休以后，还担任了很长一段时间内蒙古防沙治沙协会副会长，沙产业、草产业协会副会长，潜心研究沙漠的治理之路。

　　每一年，宝日勒岱都要回到毛乌素沙地种树。有一次，一些年轻人看到宝日勒岱在种树，很好奇地说："这个老太太，她是不是有病啊？这么大年纪了，怎么还来种树呢？"宝日勒岱听了，当即回答说："是啊，我是得病了，得的是职业病，种树就是我的职业啊！"

　　今天，鄂尔多斯走着的路，就是当年宝日勒岱亲自开辟出来的那条路的继续和延伸，而且规模更大，范围更广，效益更充分。对此，宝日勒岱倍感欣慰。

　　（现场访问宝日勒岱，简要介绍当年，评价现在。时间 2 分钟。）

　　毫不夸张地说，这是一种精神，一种从宝日勒岱等老一代人身上凸显出来的饱含着热爱、进取、顽强、远见，并已融入血脉之中的中华民族特有的崇高义理和风范。它不仅激励着一代又一代鄂尔多斯人，而且感动着中国与世界。

　　上世纪 90 年代，日本鸟取大学名誉教授、农学博士、沙漠绿化实践协会会长远山正瑛先生以耄耋之年，带领他的协力队风尘仆仆来到库布其沙漠的恩格贝沙地植树造林，日复一日年复一年，连续十几年，总共栽下了 300 多万棵树……如今郁郁葱葱的一片森林，似乎在风中永远诉说着这一美丽动人的故事。

王明照的回忆是令人感动的：1990 年，应当时担任内蒙古自治区政府主席布赫的邀请，远山正瑛先生曾经到恩格贝考察过。当时，我以鄂尔多斯绒山羊集团副总裁的身份，正带领一群人在那里造林。看到我们艰苦奋斗的情景，远山正瑛先生被深深地感动了，他决定在恩格贝留下来，出任恩格贝沙漠开发示范区总指导。

远山正瑛先生回国后，立即把老家的多处祖传家产变卖，用以筹集治沙资金；同时，陪着王明照在日本四处讲演，最终筹集到了恩格贝开发示范区最初一集装箱劳动工具和基础设备所需资金。在日本影响最大的大众传媒 NHK 电视演播厅，远山正瑛先生声泪俱下地向同胞们讲述绿化黄河两岸的意义。事后，远山正瑛先生以豪迈的气概，发起了恩格贝"百万株植树工程"活动，为此，他向日本同胞发出"每人每周省下一顿饭"的号召，以支援恩格贝。在他的感召下，包括日本前大藏大臣武村正义在内的 7000 名志愿者参加了"中国沙漠日本绿化协力队"，到中国开展沙漠绿化。

其时，已 80 多岁高龄的远山正瑛先生每天工作时间都在 10 个小时以上，在恩格贝沙区留下了一行行感人的足迹，硬是用血汗浇灌出一片绿洲。因为有了这片绿色，原先荒无人烟的恩格贝目前已经形成有 300 多人居住的村落。

远山正瑛早已离我们远去，但先生耗尽心力、带领"中国沙漠日本绿化协力队"种下的 340 多万棵白杨，依然生机盎然地护卫着一尊绿色使者铜像，挺立在浩瀚的库布其沙漠上。铜像基座上赫然写着这样一段文字："远山先生视治沙为通向世界和平之路，虽九十高龄，仍孜孜以求，矢志不渝，其情可佩，其志可鉴，其功可彰"——这是鄂尔多斯人对远山正瑛先生最诚挚的纪念……

　　鄂尔多斯撼天动地的壮举，无疑牵动着来自北京及全国的目光。王震、万里、薄一波、张平化等老一辈无产阶级革命家心心念念牵挂着鄂尔多斯，尤其牵挂着恩格贝沙区治理、开发情况；原中共中央政治局委员、中组部部长宋平还亲自来到这里考察、植树。从 2000 年开始，国家向鄂尔多斯投入的治沙、种草、种树资金达到 26.6 亿元。

　　鄂尔多斯举全市之力，持之以恒，到 2010 年，全市植被覆盖率上升到 75%、森林覆盖率达到 22.21%，平均每年以 1.17 个百分点递增，九年，累计增加森林覆盖率 10.05 个百分点，超过前 51 年建设的总和。其中，毛乌素沙地和库布其沙漠治理面积分别达到了 67% 和 17%。良好的植被盖度，有效地遏制了水土流失。现在，每年输入黄河的泥沙量比 2000 年以前减少了 2000 万吨。

　　昔日满目荒凉的鄂尔多斯高原，如今，水草肥美，瓜果飘香，雀射鹰翔，一派生机盎然。

　　鄂尔多斯决策者牢固树立民本、民生理念，始终把增加农牧民收入与提高人民群众的生活水平和幸福指数放在第一位。

　　精心构筑林业、草业，以及沙产业体系，努力做到治理、巩固、提高、利用一体化，同时着力向加工业延伸。其结果：既改善了生态环境，又有效地提升了人民群众的经济收益。

　　显而易见，鄂尔多斯破解了一道世界性难题：要么，听任环境恶化，最终失去家园；要么，以牺牲人民群众的利益为代价，换取生态的恢复。但是，聪明的鄂尔多斯人却创造性地将恢复生态与治理沙漠化发展成为一种新型经济产业，并且取得了空前的成功——既带动了经济的增长，又进一步推动了治沙工程的延伸。

这是一种模式，"鄂尔多斯生态模式"；这是一个创意，一个具有划时代意义的创意。中国西部乃至世界荒漠化治理，从此找到了一条行之有效的新路子——这条路是鄂尔多斯人在经历了巨大的痛苦和无数反复之后，用智慧和汗水探索出来的。

（现场演示：中国社会科学院教授和鄂尔多斯领导研讨西部荒漠化治理的图像、录音，具体介绍将生态治理与提高群众生活水平统筹运作的方式、途径与效果。时间2分钟。）

机遇，永远是给远见卓识者准备着的——在鄂尔多斯，一批智者从一开始就看到了这次规模宏大的"绿色风暴"的最终走向，所以，他们表现出前所未有的活力。结果，全市涌现出一大批通过造林、种草、治沙而脱贫致富的典型，他们用自己辛勤的劳动和卓有成效的实践，为自己赢得了财富，并身体力行地引领着人们，将改变生存环境的活动不断向纵深推进。

（现场访问：二个林草沙产业致富典型。时间2分钟）

在中国·林业生态可持续发展高层论证会上，高朋满座，议论风生。来自中国科学院、中国工程院专家们的赞赏口吻是令人欣慰的：鄂尔多斯关于生态分区治理的模式、林牧一体化模式、生态畜牧业模式、以非公有制投入为主体的建设模式等相互结合，互为促进，使荒漠化得到全面逆转，生态步入良性循环，林、草、沙产业从无到有，实现了规模经营，人民生活水平不断提高，经济、社会、生态和谐共赢，为中国干旱、半干旱地区实现经济、社会与生态环境协调、持续发展提供了典型范例。

世界的目光迅速投向鄂尔多斯。

2007年8月26日，"2007库布其沙漠国际论坛"在鄂尔多斯市杭锦旗七星湖举行。论坛以"沙漠·生态·新能源"为主题，旨在为中国、国际组织和相关国家的政府要员、商界领袖以及专家、学者提供一个对话平台，进而唤起各国政府和民众对保护生态、防治荒漠化、开发利用新能源的重视。论坛上，来自国内外的 150 多位专家、学者就中国沙漠与沙漠化治理、荒漠化与生物能源利用等问题进行了广泛的学术交流——《2007 库布其国际沙漠论坛宣言》则是这次会议的宝贵收获。

8 月 27 ~ 29 日，"2007·国际生态卫生大会"紧接着在鄂尔多斯市隆重举行。来自全球 40 多个国家的数百名政要和知名专家、学者，以"生态卫生环境友好型社会建设"为主题，结合鄂尔多斯治理沙漠和荒漠化的成功实践，就生态卫生在城镇和乡村应用的可行性、关键技术、政策需求、发展状况及趋势进行了深入的探讨和分析，会后向全世界发表了《鄂尔多斯宣言》。

生态环境是一个地域的生存基石，推而广之，则标志着一个民族的生存状态。

2008 年 1 月 19 日，国家主席胡锦涛在看望钱学森先生时，满怀深情地对这位倡导发展沙产业的著名科学家说："前不久，我到内蒙古自治区鄂尔多斯市考察，看到那里沙产业发展得很好，沙生植物加工搞起来了，生态正在得到恢复，人民生活水平也有了明显提高。钱老，您的设想正在变成现实呵。"

鄂尔多斯高原，正迎来"千年未遇之大变局"。

显然，生存环境治理与生态文明建设，无疑是这片古老土地的一次深刻的生命重铸……希望，犹如一轮喷薄而出的朝阳，必将带给鄂尔多斯无限的生机！

第三集　发现：启动与腾飞

发现，人类最为宝贵的智慧升华与思想财富。

显然，这是一则颇具启迪意义的故事。

漫赖——一个默默无闻的小村庄，却在那场席卷鄂尔多斯的"绿色风暴中"，以闪亮登场的身姿走入了人们的视野。

漫赖及其周边地区的农牧民为响应政府治沙号召，种下了数万亩沙柳。但每年平茬季节割下的沙柳枝条堆积在那里，就像一座座小山，为此而浪费了许多时间和精力。如何让这些沙柳残枝变废为宝呢？经过多方调查研究，发现沙柳是制作人造板的上好材料，种植沙柳原来是一条致富之道。随即，漫赖刨花板厂应运而生。随后，刨花板厂又与香港定佳科技发展有限公司，合资创办了年产量1万立方米普通刨花板的内蒙古胜佳人造板有限公司。再往后，一座年产1.5万立方米木纤维石膏生产线也在东胜城北郊区建成投产。

生活就这样充满了戏剧性：为求生存而含辛茹苦地治沙，为治沙而大面积地种植沙柳，为寻求大量沙柳残枝的出路却发现了一条致富之路——老百姓富起来了！

经济学家给这一新经济模式定位为：沙地种植业—产业化—大跨度横向经济联合模式。这种经济模式，通过沙地资源就地转化、延伸沙地资源产业链的同时，有力地激发了人们的逆向思维，引导他们继续不断地扩充、提高生态建设的水平、标准和质量，进而形成一种生态、生存、生活与生产的良性循环。

显然，这是一种美妙前景，登高望远，豁然开朗，前方更是一片旖旎风光……鄂尔多斯人的视域与境界逐渐宽阔起来了。

羊绒因其稀缺而被西方人称为"软黄金"。

东胜羊绒衫厂的成功创办，标志着鄂尔多斯人的理念实现了一次跨越式的飞跃。

王祥林——这个在鄂尔多斯家喻户晓的人物。提起火遍全球的广告语"温暖全世界"，就会联想到鄂尔多斯羊绒衫，同时就会联想到鄂尔多斯集团总裁王祥林。

上世纪 70 年代末，那个乍暖还寒的岁月——其实，当王祥林一只脚跨出监狱门槛时，他的另一只脚却同时跨入了一个新时代的门槛。

1979 年，鄂尔多斯立足于当地阿尔巴斯绒山羊这一宝贵资源，以补偿贸易的方式，从日本引进设备、技术、管理，建起了东胜羊绒衫厂。

阿尔巴斯绒山羊是世界上稀缺的驯化动物，全身绒毛洁白，光泽良好，综合品质上乘：最高个体产绒量达到 1500 ~ 1980 克；细度在 14 微米左右，净绒率为 65%，在国际市场上享有"纤维宝石"的美誉。凭借一流的生产线，先进的管理水平，高质量、高品位的产品，以及几乎没有任何风险的对外贸易市场，建厂一年以后，羊绒衫厂便取得了厂房及全部固定资产的所有权和生产经营权——用鄂尔多斯人的话说，仅仅一年的时间，我们就干净利落地赚了一个厂子。

（王林祥现场图像、录音：介绍当年创业情况，侧重于困境中的理念。时间 2 分钟。）

鄂尔多斯人的眼睛为之一亮。

毋庸置疑，东胜羊绒衫厂开辟的是另外一种经济模式：补偿贸易式的外向型经济模式。

这种经济模式，立足当地资源，资金、技术、设备则从国外引进，产品从一开始即瞄准国际市场。一头在国内，一头在国外，起点高，跨度大，信息广，市场空间充盈；企业从创建起，整体素质、设备，以及工艺流程便具备了一定的技术含量，而且管理先进。

此后，一批依托当地资源的绒毛、煤炭、建材、水泥等企业陆续投产，并且不断向纵深拓展，很快形成了一定的生产规模，开始引领鄂尔多斯经济的主要走向——确切地说，从那时起，鄂尔多斯便步入了工业化的快车道。

两个企业提供了两种经济模式，像两道金色的曙光，托起了鄂尔多斯高原的黎明。

（鄂尔多斯市分管领导现场图像、录音：简要介绍当时的情况。时间2分钟。）

中国改革从东部沿海地区率先启动、珠江三角洲热浪奔涌，到开发开放浦东、以长江三角洲带动中部腾飞，再到环渤海经济圈崛起，以及国家确立开发大西北战略、建设小康社会——中国改革开放运动呈现波浪式推进的强劲态势。

鄂尔多斯的改革与发展适逢其时。

正当急切呼唤开辟一条新的路径，全面提升产业水平与企业整体素质，加速转化潜在的资源优势为经济优势，培养新的经济增长极，进而使地区经济从规模、质量和效益等多个方面实现质的飞跃之时——开发大西北的飓风正激荡着鄂尔多斯大地！

大门旋即敞开，高原热情地张开双臂，迎揽八面来风。

得天独厚的资源储备和已有的产业基础，举目可见的发展前景与利益空间，以及潜在的后发优势，犹如一个硕大的磁场，吸引着来自国内和全球各地的急匆匆的脚步——

2003年1月7日，广州中科信集团与亿利资源集团（采访亿利集团领导）合作投资建设100万吨PVC及配套项目签字仪式在呼和浩特举行。与此同时，中国银行内蒙古自治区分行与亿利化学工业股份有限公司，签署了关于支持建设100万吨PVC及配套项目投资意向书；内蒙古三维铁合金有限责任公司与鄂尔多斯市亿德资源有限公司，签署了100万吨电石项目合作协议书。鄂尔多斯将一跃而成为中国最大的PVC生产基地。

2003年11月，全国化工百强企业伊化集团年产18万吨甲醇项目投产。这是内蒙古自治区第一个年产18万吨甲醇的天然气化工项目，总投资3.7亿元，主体设备从日本引进，工艺和装备水平在国内同行业居于前列。

2004年5月，鄂尔多斯市博源投资管理有限公司和美国西格玛集团投资有限公司、包头香江置业集团合资经营的100万吨甲醇项目签字仪式在东胜举行。这个项目以鄂尔多斯丰富的天然气和煤炭为资源，引进美国最先进的生产设备，到2008年甲醇达到100万吨，之后再以甲醇为原料，向甲醇下游产品开发。投资总额为25亿元人民币。

2005年8月，国际500强企业之一的神华集团，将年产108万吨的世界上第一条煤直接液化生产线放在了距离世界八大煤田之一神府东胜煤田不远的乌兰木伦镇。

2005年9月，由香港中溢集团投资有限公司投资兴建的鄂尔多斯蒙华能源有限公司，年产200万吨煤制甲醇及后续转化60万吨烯烃产品项目，在东胜区哈巴格希乡煤化工基地开工奠基。

2007年9月，美国维蒙特工业公司总裁莫恩斯·白一行前来鄂尔多斯考察，并就该公司在鄂尔多斯建立喷灌设备生产培训基地等合作内容举行签字仪式。

摩肩接踵、应接不暇，来自全国20多个省、市、区，中国港、台以及10多个国家的投资，渗透了当时几乎所有国家准入的经济领域或行业门类。

令人欣喜的是，在这一波投资热潮中，尤以沙地资源产业成为一个令人瞩目的亮点：沙柳造板和造纸为主的林沙产业如雨后春笋般涌现，全市共建成林沙产品加工和饲草料加工企业30家，年生产人造板17万立方米、饲草料50万吨、麻黄素50

吨、饮品、保健品 1125 吨，打造沙漠生态旅游景点 20 处，年产值达到 6.9 亿元，年创利税 1.38 亿元，农牧民依靠林沙产业人均增收 800 元。

由当年的漫赖刨花板厂发展起来的鄂尔多斯宏业人造板有限公司，十年来累计生产人造板 40 万立方米，创利税 6500 万元，带动了多个旗（县）区 200 多个自然村 3000 多户农牧民脱贫致富。看得见摸得着的经济效益，大大激发了农牧民种植沙柳的积极性，沙柳种植面积每年成倍增长。与此同时，东达蒙古王、天骄人造板、亿利速生丰产林、天骄饮品、通九饲草加工、碧森种业等一大批企业也纷纷加入进来，构建沙地产业基地，逐步形成沙产业体系。

古老的鄂尔多斯高原，以其厚重而宽广的胸襟拥抱现代化的大潮：着眼于当地资源的开发利用，转变千百年来沿袭承继下来的思维定式和陈旧观念，采取多种形式，求取效益，为鄂尔多斯插上腾飞的翅膀！

昔日握着锄头、镰刀，挥舞着套马杆的农牧民们，走出了庄院，离开了畜群，汇入一股激越澎湃的时代洪流，在这股洪流的洗涤下，他们的思想、观念、行为、举止，以及他们的目光都发生了脱胎换骨的变迁——这就是新世纪鄂尔多斯蓬勃生长的新气象！

（内蒙古自治区政协副主席、原鄂尔多斯市委书记云峰现场图像、录音："当时，形势的确很好……但是……"接着引出集团组建理念。时间 3 分钟。）

在鄂尔多斯，内蒙古伊泰集团总裁、全国劳动模范张双旺被称作第一个吃螃蟹的人。

1988 年春天，张双旺毅然辞去伊克昭盟乡镇企业处副处长职务，带着 21 名行政超编人员走出政府机关，用这些人全年仅有的 5 万元工资创办起一家主营煤炭的企业；2001 年，伊泰集团退出国有资本，通过创建具有国际竞争力的新企业文化，使企业获得了持久的发展动力。如今，伊泰集团总资产已达百亿元，成为一个集煤炭生产、铁路运输、生物制药多元互补的产、运、销体系化运营的大型企业集团，直接和间接控股公司达到22家，"伊泰"商标为煤炭行业第一枚"中国驰名商标"。

更为难能可贵的是，伊泰集团赢得巨大经济利益的同时，投资近2亿元，把矿区群众迁到生态环境好的地方安置落户，并对适龄人员全部安排就业。张双旺由此被誉为"最具中国风骨与东方智慧"的企业家。如今，67岁的张双旺，依然为打造5000万乃至亿吨级煤炭航母、500万吨煤制油项目而奋斗着。

（张双旺现场图像、录音：介绍组建集团情况和奋斗过程。时间2分钟。）

一个集团就是一个企业集群的组合，是经济、技术或者经营联系的代名词，是规模、资源、优势互补、多元应对，以及竞争能力综合效应展示——它的内部管理及其运作的中心与外围、控制与被控制、联合性与相对独立性、集权与分权、统一决策与分层管理、市场开辟与利益分配，无不构成一门高深的学问，并上升为现代管理科学。

在鄂尔多斯，一批来自农村、牧区的泥腿子、驯马手，正是改革开放的浪潮将他们推向激流漩涡，并在波涛汹涌的长河中踏波驭浪，一路俯拾，不断地撷取着"浪花"，最终成为一个又一个新时代的弄潮儿。

五家尧乡农民企业家李美就是他们的优秀代表。2003年，李美按照市场需求，以科技为支撑，以创立优质品牌、打造样板企业为目标，抓住准格尔旗推进农牧业产业化的良好机遇，独资创办了鑫源种养有限责任公司，并亲自出任总经理。经过三年多的努力，形成了种、养、加工一条龙，贸、工、商一体化，以种促养、以工养农的规模化产业链条，生产出饲料、有机混合肥、中高档纸、纤维板、蓄水沙砖等许多环保绿色产品。并且将种植、养殖，工与农、城与乡有机结合起来，实现了可持续发展。

近年来，李美又把龙头带动、科技兴农、以工促农、协调发展、村、企共建新农村的经验扩大到全乡各村，在五家尧建起了一块高科技"绿色油田"，被中华全国工商联合会、中国经济科技开发国际交流协会、世界华商促进协会共同授予"爱国华商"称号；鑫源种养有限责任公司，也被内蒙古自治区评为"内蒙古优秀经济企业""中国新农村建设示范企业"。

（李美现场图像、录音：介绍掌握运用现代管理知识、拼搏进取的情况。）

中国的现代化，至为关键的是人的现代化，人的全面素质提升的现代化。

鄂尔多斯最引以为骄傲的，是农牧民的现代化。且不说这个群体如何庞大，仅就其目前一批数量可观的农牧民企业家的涌现，就足以让我们看到另一种希望：人才是可以通过开辟新的经济途径而造就的——因而这是一种具有普遍人文意义的大希望。

在鄂尔多斯广袤的土地上，这种希望正在急剧地生长：当年以普通劳动者身份进入企业的农牧民们，已经独自撑起一片天空，并昭示着更加美好的未来。

无疑，鄂尔多斯人于艰难奋发之中创造着奇迹——这是时代的荣耀，也是中华民族的荣耀！

第四集　奇迹：循环经济魔方

上世纪60年代初，蕾切尔·卡逊的《寂静的春天》一书在美国发行，随即在整个欧美地区引发一场风暴般的争议。但无可辩驳的是，正是这样一位瘦弱、身患癌症的女学者，以其不可动摇的执着和惊世骇俗的预言，终于为人类环境意识的启蒙点燃了一盏明亮的灯。

大西北的开发开放，显然不同于发达的东部沿海地区，同时也有别于内陆富庶地区——因为，环境与生态，永远是横亘在他们面前的一座大山。

春天鲜花盛开、万紫千红、百鸟齐鸣……春天里不应寂静无声。

鄂尔多斯能否走出"寂静的春天"？

无疑，鄂尔多斯的发展，是一种时空巨大的跨越式发展。

毋庸讳言，在这块土地上，一批批数量可观的企业几乎是在同一个时间段里集中上马的，其建设、生产过程中的占有、消耗、排放，就像它们突然整齐划一地来到这个世界上一样，同样是令人猝不及防的。

巨大的经济利益掩盖了一切。全方位开发、集团林立所造成的资源浪费、生态破坏、环境污染等社会问题已凸显出来，局部地区甚至有愈演愈烈之势。尤其是一些企业对土地、草场的过度占用和在生产、运输过程中造成的新的荒漠化，简直让人触目惊心。

科学发展观至为关键的主旨：统筹人与自然的和谐发展，重点处理好经济发展、人口增长与资源利用和环境保护的关系。

严酷的现实，使鄂尔多斯决策者们清醒地意识到了这一点。于是，他们以科学发展观统揽改革全局，果断地摒弃旧的、传统的工业理念和思维方式，大力促进经济发展方式的转变，努力探索一条科技含量高、经济效益好、资源消耗低、环境污染少、人力资源优势得以充分发挥的新型工业化道路。

鄂尔多斯以浴火重生的精神，开始在更高层次上运作，从而使地区工业攀登上了新型工业化和知识经济的新台阶——鄂尔多斯高度！

（鄂尔多斯市历届领导录音：介绍发展、变革中抓住机遇，今天的工业园区、园区内部经济联系、污染治理情况……鄂尔多斯市可持续发展和循环经济的大网络。）

显而易见，这是站在一个历史制高点，眺望更开阔的前方，大胆谋篇、缜密布局的一场新的变革——微观经济领域企业组织形式、内部运作方式与效益理念的变革——园区，循环，环境，三位一体，体现着经济运行的更深层次和更高质量，以及人、自然与环境的协调一致。这当中，园区是主要载体，循环是内在联系，环境是基本落脚点，而目标则是经济的又好又快发展。

循环经济基本内涵：人、自然资源和科学技术为一大系统，在资源投入、企业生产、产品消费及其废弃处置的全过程中，把传统的、依赖资源消耗的线形增长经济，即资源—产品—废弃物的单向直线过程，转变为依靠生态型资源循环加以发展的经济，即资源—产品—再生资源的反馈式流程。

循环经济的要点可概括为：资源的高效利用，依靠科技进步和制度创新，提高资源的利用水平和单位生产要素的产出率；资源的循环利用，通过构筑企业内部或企业之间资源有效循环利用的产业链条，生产和生活中可再生利用资源的循环利用通道，最大限度地减少向自然资源的索取；废弃物的无害化排放，通过综合利用，减少生产与生活对生态环境的影响。

号称全世界最大羊绒制品联合加工企业的鄂尔多斯集团，在积极拓展硅铁业务、依托拥有的3亿吨煤田、构筑煤—电—硅合金及其废物循环利用产业链条，雄心勃勃地进军世界级硅合金之都时，显然已经扛起了循环经济的大旗，并卓有成效地创造出三种模式：

——煤炭—选洗—发电—特色冶金产业链；该产业链已形

成生产原煤 200 万吨、洗煤 240 万吨、电力装机 106 万千瓦、硅铁 55 万吨、硅锰 7.5 万吨、工业硅 3 万吨的产能。

——煤炭—选洗—半焦联产活性石灰石—电石—化工产晶产业链,该产业链已形成生产半焦 30 万吨、活性石灰石 20 万吨、电石 30 万吨的产能。

——天然气—合成氨—尿素产业链,该产业链系一条天然气化工产业链,其 60/104 万吨大化肥项目已于 2008 年 9 月投产。

循环经济的特征:低开采,高利用,低排放。本质上是一种生态经济,要求运用生态学规律来指导人类社会的经济活动。

毋庸讳言,发展循环经济,需要政府的强力推动,并有赖于全社会的广泛参与。

鄂尔多斯循环经济的运行,重点是在企业集团内部和工业园区实施的,并以此来带动起整个社会的大循环。

坐落在鄂托克前旗的棋盘井工业园区最具有代表性,我们从对这个园区的简要剖析中,已经清晰地看到鄂尔多斯循环经济的基本运行状态,以及推进循环经济的全部社会效益。

棋盘井工业园区是由鄂尔多斯山羊绒集团开辟的一个高载能工业园区,主要依托煤炭以及硅石、石灰石、铁矿石等矿产资源,发展大煤电、大化工两大经济产业;建设能源、重化工两个基地、形成煤—电—冶金—化工、煤—焦—油(气)—化工、天然气—化工三条产业链。园区建成不久,就开始全面和提升企业产业层次,治理生产环境。其间,经历了一个十分曲折复杂的过程。

(现场访问园区负责人:介绍整治、提升情况。时间 2 ~ 3 分钟。)

如前所述,循环经济是一种全新的经济观、生产观、价值观、系统观和消费观；是对传统经济运行方式的一种带有根本性质的叛逆。因而同样是一场变革。其中生产方式的转变，生产环境的净化，需要一定的物质支撑。所以，这场变革首先体现在人的思维方式和财富理念的变革上。

全国工商联第十届执行委员会副主席王文彪堪称循环经济的领头羊。

王文彪和他的亿利集团率先走出了可贵的第一步。他们坚持"资源节约、环境友好"的发展宗旨，依托鄂尔多斯地区丰富的资源，按照"节能减排，集约利用，一体化建设，多元化投资，循环式链接"的模式，科学规划构筑了投资 1000 亿元的清洁能源循环经济产业链条；秉承"绿色、循环"的发展宗旨，致力于库布其沙漠的生态建设，着力发展沙漠生态经济、生态旅游、沙漠生物制气、制油、制炭等产业；按照"绿色、环保、新能源"的理念，和"城乡统筹、绿色智能"的开发模式发展房地产业。实现了"生态与生计兼顾、治沙与致富并举，绿起来和富起来结合"的多赢格局。

（现场采访王文彪：介绍开展循环经济的情况。侧重观念的改变，着重讲小利益与大利益的关系。时间 2~3 分钟。）

无疑，王文彪们站在时代的巅峰上，践行坚持科学发展观，以宽阔的胸怀和豪迈的气概，统筹考虑当下与未来、财富与环境、人与自然，正确处理眼前利益与长远利益的关系，经济发展与社会进步的关系，大刀阔斧地进行改造、整顿、清理、组合，进而将地区工业文明的演进赋予全新的内容和最佳的组织形式，在大力促进经济发展的同时，也将生存环境的改善和社会整体进步提升到了一个新的水平。

（中国科学院科学家对鄂尔多斯现象及循环经济模式进行理论评述。时间 3 分钟左右。）

2010 年 11 月 18 日，由著名民营企业家刘永行创办的东方希望集团，大手笔投资鄂尔多斯的 40 万吨 PVC、36 万吨烧碱循环经济项目在达拉特旗树林召镇三垧梁工业园开工奠基。

时任鄂尔多斯市市长的云光中兴奋地指出：这是转变发展方式、推进产业转型升级的又一突破。煤电化一体化联动化发展是能源化工产业基地化、集群化、高端化发展的必然趋势，也是鄂尔多斯依托资源优势打造国家新型能源化工基地的主攻方向。

循环经济，人类经济史上的新概念。它首先由美国经济学家 K. 波尔丁于 20 世纪后期提出，被美国政府所采纳；到世纪末，迅速波及西方世界。

值得注意的是，K. 波尔丁提出的循环经济理论的基石，可视作对蕾切尔·卡逊的《寂静的春天》进行科学抽象以后的理论概述。

显而易见，科学发展观与循环经济有异曲同工之妙。

2007 年 11 月，党的十七大刚刚落下帷幕，中共中央总书记、国家主席、中央军委主席胡锦涛便兴致勃勃前来鄂尔多斯市考察。

胡锦涛总书记面露喜色，对鄂尔多斯市在开放引进、生态环境建设、资源转换增值，以及循环经济发展等方面大加赞赏。在亿利园区，总书记高兴地对园区负责人说："你们的循环经济好啊，节能减排、变废为宝，资源综合利用，实现了经济效益最大化，一举几得。希望你们把这个园区建设成为科学发展示范园区。"同时，要求鄂尔多斯市要认真总结自己的发展模式和发展经验，扎实工作，加倍努力，把科学发展观更好地落到实处，把鄂尔多斯建设得更加美好。

总书记的嘱托，科学发展与可持续发展的理念，犹如一阵越来越猛烈的欢乐的风，吹拂过萨拉乌苏河畔，捎给鄂尔多斯高原无限美妙的春天的信息……

第五集　延伸：在更高层次上

早在 100 多年前，卡尔·马克思就精辟地指出："现代化的历史，就是乡村城镇化的历史。"

欧美乃至亚洲的一些发达国家，都从自身的经历中体会到，从社会发育的角度讲，农业革命，是以城市诞生的时间为标志的，而工业革命则以城市崛起的时间为标志——城市产生与发展的基本动力，就是社会生产力。

显而易见，推进城镇化的过程，就是由传统、落后的农业社会向现代、文明的工业社会演进的过程。在这个工程中，生产力和社会整体文化水平不断得到培育、升华，人类社会的生产方式和生活方式都将同步发生质的飞跃。

众所周知，鄂尔多斯地广人稀，土地贫瘠，千百年来，农牧民散居在广袤的荒漠上，世世代代一直都是处于半游牧、半部落式的悲苦生存状态的。

"忽如一夜春风来，千树万树梨花开。"

随着工业园区、经济开发区、高新技术产业区、企业集团等如野蘑菇般遍地疯长，以及由经济为纽带而集合工业、商业、交通、教育、医疗等社会事业如雨后春笋般涌现，更以长河决堤一泻千里的澎湃气势，迅猛地锐不可挡地刷新着古老的土地——对于鄂尔多斯来说，我们分明听到铿锵有力的历史前进的脚步声。

于是，"家园"这个温馨的字眼，凝聚着情结、传承、人文、地理、历史，以及心理素质趋同等众多元素的概念，已经离开沿袭已久的轨迹，左顾左盼，亦步亦趋，最终走进了现代文明的门槛。

　　城镇化，这个历史演进过程中必然出现的驿站，作为人类群居生活的高级形式，毫无例外地为它注入了全新的意蕴，并且迅速扩展着它的内涵与外延。

　　（分别演示鄂尔多斯2000年与2010年行政区划图。）

　　德国哲学家海德格尔曾说过："人，希望诗意地生活在这个地球上。"

　　只要稍微有一点社会常识的人就知道，这不是两组普通的数字对比，而是一把社会进步、文明程度的标尺，它丈量着一个地区的贫穷或富足，人民群众幸福指数的降低或提升，人居与生存环境的粗劣或优化，人文质量的低劣或厚重——体现着人类世代相袭的追求，具有非同寻常的意义。

　　城镇，具有一定人口规模、以非农业人口为主的居民点；周边地区的政治、经济、文化中心，各种要素市场——住房、劳动力、土地、资金、交通运输等等——相互交织在一起的网状系统。它的出现，是人类走向成熟和文明的标志，也是人类群居生活的理想追求。城镇化则是以上述元素为先导而不断扩大城镇比例的人类社会的进化活动。

　　因而，推进城镇化的根本目的，并不仅仅在于城镇本身，而是为了逐步转移和妥善安置农村剩余劳动力与转移农村人口到城市，同时也为城镇待业、失业人员提供更多的就业机会，进而使工农差别、城乡差别和地区差别逐步得到扭转。一言以蔽之，化解城乡二元结构矛盾。

　　鄂尔多斯推进城镇化的过程，再一次生动地证明——

　　较之于目前我们已经达到的"小康"而言，其文明程度和社会形态层次要更高，其内涵要更丰富，其意象要更深刻。

　　（现场推出一个镇主要领导的图像、录音，介绍撤乡并镇后的发展情况，侧重生活水平、文化、服务指数等诸方面的提高。

时间 2 分钟左右。）

　　从一个镇、视野扩大到一个旗（县）、再延伸至一个市，我们可以从近十年的发展变化中看到，推进城镇化建设，既能持续培育新的经济增长极，促进地区产业结构调整、升级，有效扩大内需，推动经济又好又快发展；又能改善城镇居民的生存环境与生活条件，加快城乡一体化进程，推动和谐社会建设；更能推进节能减排、生态环境保护、实现可持续发展，促进人与自然的和谐共存。

　　鄂尔多斯的决策者们是具有远见卓识的，他们始终清醒地认识到：要从根本上解决长期固定化的城乡二元结构所造成的产业结构不合理、地区发展不平衡、农民和部分城镇居民增收缓慢等制约经济发展的"瓶颈"问题，加快推进城镇化步伐是唯一出路。

　　（现场推出鄂尔多斯市统计局局长的图像、录音，具体说明上面一段解说文字。注重实例和用数字对比予以说明。时间 1 分钟。）

　　一部人类文明史，从某种角度说，就是一部人类经济发展史。

　　纵观全球和国内发达地区推进城镇化的过程，从城乡关系变化的视角出发，大体有三种模式：第一种是"城市瓦解农村模式"，这是一种吞并式的城镇化，推进过程很快，但造成的社会遗留问题相当多；第二种是"城市馈补农村模式"，这是一种逐渐进入式的城镇化，不会引发过多社会矛盾，但进程缓慢，需要经过较长时间的培育，而且容易滋长主体的惰性；第三种是"农村转变城市模式"，这是一种相对集中人口或者实行农村人口转移式的城镇化，是哲学上"否定之否定"的基本规律在城镇化实践中的运用，只要注意妥善安置，设法为转入的农村劳动力创设充分就业岗位，一般不会引起大的社会震荡，反而有利于恢复已经严重退化的农村、牧区生态环境，同时对城镇而言，在不太长的时间里，就会形成人口聚集效应。

显而易见，鄂尔多斯的"城镇化模式"，无论在理论价值上还是现实生活中都具有重要示范意义——因为，鄂尔多斯实施城乡一体化的目标十分明确，就是把农村、牧区"化"为城或镇，其实质，在于解决城乡之间诸多方面的对接和融合，即经济、社会、文化利益在各个社会结构之间均等化的问题，最终实现城乡经济、社会整体素质的少差别，甚至没有差别。

（原鄂尔多斯市计划局长现场图像、录音，介绍推进城镇化的总体构想和具体途径。）

鄂尔多斯的城镇化几乎是和生态环境治理同步推进的：

（一）结合生态建设转移农村、牧区人口进城；

（二）大力发展城镇二、三产业，提供充分就业岗位；

（三）以撤乡并镇为契机，加快小城镇建设；

（四）大力拓展工业园区、各种类型开发区。

从上述介绍中，我们可以清晰地看到，鄂尔多斯城镇化的一个重要途径，就是采取多种形式，努力减少农村、牧区人口，有序增加城镇人口在全市人口总量中的比例。而裁减一部分乡、苏木合并为镇，则为这项工作提供了一个极好的契机与平台。

（选择一位由乡、苏木合并为镇或者经过撤乡并镇后进一步扩大的镇负责人现场采访：重点是社会、经济、文化资源的重组和吸引力的增强。时间1分钟左右。）

实践让我们获知：推动城镇化进程的根本动力是工业化，唯有大工业能够吸纳众多劳动力以及相关的非劳动力人口进入城镇，进而拉动城镇许多建设项目的启动和扩充，尤其是流通、餐饮、通信、家政等服务业与其他社会事业的启动与扩充，逐步积累城市所必须具备的各种功能；而这样的启动与扩充，反过来又为农村、牧区进入城市的劳动力提供许多就业岗位，形成一种良性循环。

与此同时，城镇化则是工业化的重要载体，它以密集的劳动力资源和发达的流通、信息等服务业与社会事业承载起工业化所必须具备的经济、文化和社会条件。

二者相辅相成，相得益彰，这就是鄂尔多斯推进城镇化和工业化的基本理念——这一理念完全符合鄂尔多斯的市情，具有鲜明的地区特色与时代特色，因而表现出了强大的生命力和不可阻竭的爆发力。

毫无疑问，鄂尔多斯的决策者和建设者们，站在社会与历史发展的制高点上，统筹规划，合理布局，以非凡的意志、决心和魄力，开拓进取，快速而卓有成效地将地区经济和社会发展推向了一个新阶段。

——全市城镇林立，形成了巨大的经济社会聚集效应和辐射能力。

——中心城市与小城镇紧密联动，形成良好的城乡互补态势，具有浓厚的人本氛围和鲜明的个性特征。

——无论城镇还是农村、牧区，都注重科学发展、集约高效、功能完善、环境优美、个性独特、城乡一体，和谐协调。

2009年11月，由国务院发展研究中心县域经济专家委员会、中国社会科学院当代城市发展规划院、中国管理科学研究院城市研究中心、商务时报社等联合主办的"辉煌60年中国特色魅力城市战略发展高峰论坛暨形象调研发布"大型公益活动中，根据城市规划现状、经济发展水平、基础设施建设、投资环境、生态环保、宜居程度、发展潜力、影响力、竞争力，以及旅游品牌等现行状况，经专家调研、媒体介绍、网上投票、综合审核评选，鄂尔多斯市荣获"中国最佳生态旅游城市"荣誉称号，鄂尔多斯市市长云光中荣获"中国城市建设优秀市长"荣誉称号。

　　（市长云中光现场图像、录音：介绍高峰论坛的情况，以及论坛对鄂尔多斯的评价。时间 1 分钟。）

　　人类工业文明进程的全部含义：城镇化既包括城镇经济的进一步现代化、集约化；也包含着人类社会的进一步现代化、集约化。

　　现代社会，城市作为市场中心、信息中心、服务中心和管理中心，其直接表现为城市的竞争力、辐射力和开放度。

　　因而，它的每一个方面的进步，都无不凝聚着人类的聪明才智和艰辛付出。人的卓有成效的活动，始终贯穿在它的形成、扩张和形态塑造中：即深刻地改变着人类社会的组织方式、生产方式和生活方式——人的全面发展的递进过程。

　　（现场采访一个由农村牧区进入城市的市民：介绍进城后在物质、精神、文化方面的切身感受。）

　　2007 年 9 月 12 日，由 SOHO 中国有限公司、内蒙古日报社主办的"2007 城市发展论坛"在鄂尔多斯市开幕。时任鄂尔多斯市委书记、市人大常委会主任的云峰，在论坛上作主题演讲，受到各方专家、学者的一致赞赏，并且对其形成进行了深入的探究和剖析。

　　现代化经济，现代化社会，现代化的人——鄂尔多斯的改革实践，让我们看到了一幅更为灿烂的前景，一幅不同于以往任何时代的新的前景。

　　于是，当鄂尔多斯一旦启动强劲的"改革发动机"，正如马克思诗意般地指出的："曙光漫上天际时，大地的骚动……"

第六集 基石：是怎样奠定的

一句颇富哲理意味的话：鄂尔多斯高原的隆起，同时也是鄂尔多斯财富的隆起。

一句流传于大江南北的话："羊煤土气"——羊，绒山羊；煤，煤炭资源；土，稀土；气，石油、天然气。

同样另一句稍似不服气的话："沉睡了上亿年的鄂尔多斯煤海一旦苏醒，财富便像井喷一样日夜涌流。"

然而，一个简单得不能再简单的道理：由资源变为财富的过程，却是一个错综复杂的矛盾转化的过程。

鄂尔多斯，作为中国第二大沉积盆地，早在白垩世纪，就形成了以湖、河为主的环境状貌，植物繁茂，动物种群多样，尤其是恐龙、龟鳖类动物，鱼类、水生软体、腔肠动物等十分繁盛。经过多次地质变迁，最终形成一个整体升降、凹陷迁移、构造简单的大型多旋回克拉通盆地，因而也埋藏了非常丰富的矿产和动植物资源。

出示鄂尔多斯地表、地下资源分布图：

——阿尔巴斯白山羊绒，每年所生产的原绒占全国山羊绒总产量的1/2，世界山羊绒总量的四分之一。

——全市现已探明煤炭储量1496亿多吨，占全国总储量的1/6；如果把埋在深1500米处的藏量计算在内，总储量达1.2万亿多吨；全市870%的地表下面埋藏着煤炭资源，储量大，分布面积广，煤质品种齐全，大多埋藏较浅，易于开采。

——全市已探明稀土储量居内蒙古首位，占国内总储量的六分之一。

——石油、天然气主要分布于鄂尔多斯中、西部地区，现已发现20多处油气田，其中光鄂托克旗境内的储量就多达11亿立方米。

——除此以外，还有油页岩、天然碱、芒硝、食盐、泥炭资源，以及石膏、石灰岩、石英砂岩、石英岩、白云岩、黄土、大理石、花岗岩、石墨等多种建材资源，可谓整个鄂尔多斯高原就是一座天然大宝藏。

一个值得关注的问题是：除了绒山羊以外，其他多数资源都属于不可再生资源，依据其生成机理，大约经历了几亿年、十几亿年甚至几十亿年的时间；另外，有些资源在许多年前就已经被人类发现和利用，而不是近年来才发现转化的，但当时的经济效益却并不明显——这其中的原因又何在呢？

（鄂尔多斯地矿局负责人现场图像、录音：介绍过去资源利用的情况和效益。突出强调规模小、科技含量低、基础设施建设跟不上、滥采严重，最终归结到人。时间2分钟。）

关键是人，以及人的理念。

改革开放的时代大潮把鄂尔多斯人推上了风口浪尖。当众多经济触角纷纷伸向鄂尔多斯，众多的机遇蜂拥而至、接踵而来，鄂尔多斯的决策者们眼光是高远的、布局是大气的、谋划是周密的，并不仅仅着眼于短线的资金和项目，而是把很大的精力投放到了基础设施建设上——他们深深懂得，要推进工业化、城镇化，一个很重要的先决条件，无疑是基础设施建设的完备程度。

崛起，必须站在前人的肩膀上——许多发达国家与国内经济发达地区走过的路早已证明了这一点。

时不我待，一场规模浩大的基础设施建设全方位铺开了。

（现场采访鄂尔多斯市分管领导：从最初的电力设施建设和一条沙漠路说起，简要介绍全市进行基础设施建设的情况，包括电力、交通、水利、公共服务设施等。时间3分钟左右。）

鄂尔多斯的基础设施建设大体经历了改造、创建、拓展三个阶段。改造，始于初期，主要围绕入住企业进行，工作着重点是对原有的环境进行改善；创建，集中在中期，重点是为园区的兴建创造条件，以便使企业一进入园区，就能够有序、高效地运转；拓展，主要在近期；重点是扩大园区和城镇，以及中心城市的区域面积，进一步完善其功能。

"十一五"期间，鄂尔多斯市的基础设施建设高潮迭起，尤其是中心城市的基础设施体系，快速趋于完备。

（鄂尔多斯分管领导现场图像、录音：阐述"按照统筹规划、适度超前的原则，以增加总量、提高质量、完善功能为主要目标，着力构建布局合理、结构优化、设施先进、相互衔接，适应经济社会发展要求的城镇，特别是中心城市的基础设施体系"的内涵。时间3分钟。）

鄂尔多斯率先在交通领域实现了网络化。

全市以构筑安全、舒适、便捷、高效、现代化的综合交通运输网络为目标，根据大交通流量、高运输密度、高等级标准的要求，进行交通架构，基本形成了以国、省干线为主骨架、以沿河、沿边工业带、城市带、农牧业经济带为主线的、干支结合、内畅外连、四通八达的公路交通格局；形成以旗区政府所在地为枢纽，重点苏木乡镇、工业园区、经济开发区、移民新村、主要旅游景点相互联系，适应现代物流和快速客运发展需要的客货运输基础保障网络。

与此同时，构建起了周边交通大网络：包—兰、包—神、大—准、准—东、呼—准、东—乌、三—新、蒙—西工业园专线、酸刺沟煤矿专线、乌审召生态化工园区专线、点南支线、包西北段等铁路12条，其中复线里程234公里，电气化里程1350公里，路网密度达到了117.7公里/万平方公里，基本形成了北京—包头、包头—兰州线围绕周边，大—准、准—东、东

—乌铁路横穿东西，包—神、包—西铁路纵贯南北的铁路十字
形主骨架。

作为"十一五"期间重大基础设施工程，鄂尔多斯机场已
于 2007 年建成投入运营。目前已开通至北京、上海、广州等 16
个城市的航线，年旅客吞吐量达到 47 万多人次，货邮吞吐量达
到 1823.2 吨。

电力事业同步迅速发展。到 2003 年底，总投资 4205.5 万元
的二期农村、牧区用电网改造工程已经全部完成。此后，坚持
适度超前、输变电工程相结合的原则，全市开始重点加强外送
通道、区域网架、城镇网、工业园区和矿区输变电网建设和改
造，初步形成以 500 千伏为支撑、220 千伏为骨干、110 千伏为
辐射的供电网络格局——为鄂尔多斯市的经济和各项事业发展
提供了强有力的动力资源。

适应经济社会和人民生活的要求，重大水利基础设施建设
成效显著。坚持开源与节流并重，统筹规划水资源的开发利用，
着力解决资源性、结构性和工程性缺水问题。黄河防御工程、
中心城市和工业园区供水工程、中小河流疏浚治理、农村、牧
区饮水安全工程等一批水利工程建设均取得成效——为全市经
济社会的快速发展提供了有力的水资源支撑。

作为现代社会空中通道的信息化建设也在快速推进。全市
通过加强通信网络和农村、牧区电信、广播电视、远程教育等
信息网络建设，实施电话、电视"村村通"，加快数字电视整体
转换，以及高速宽带网络等重点工程，信息网络宽带化、综合
化、智能化，着力构筑鄂尔多斯信息高速公路。到 2010 年，
"数字鄂尔多斯"建设的总体规划和局部设计安排全部完成，初
步实现了数据资源的科学、有效管理。

（全景推出"数字鄂尔多斯"建设的总体规划，相关负责人
进行介绍。时间 2 分钟。）

一个地上、空中、河道，城镇、乡村、园区……纵横交错，运转便捷，全方位，多侧面，立体式的基础设施网路已经出现在鄂尔多斯高原上。

毋庸置疑，这是一块基石，一块坚实的基石——它不仅为鄂尔多斯新型工业化、城镇化奠定了坚实的基础，而且也从根本上刷新着人们的精神面貌和社会风貌。

（现场采访一个中心城市的市民：介绍基础设施建设带来的物质与精神变化。）

荣获全国劳动模范、全国第二届道德模范诚实守信提名奖、中华慈善事业突出贡献人物奖、"全国关爱员工优秀民营企业家"等众多荣誉称号的丁新民，带领东方路桥集团逢山开路、遇水架桥，在如火如荼的基础设施建设中，一往直前，勇当开路先锋。他们发扬"敢想敢干，争创一流"的企业精神，将质量信誉视为生命，先后承建了东康线、阿大线、省道215项目、准格尔旗大路新区市政道路、康巴什新区纬三路桥、鄂尔多斯2号桥、康巴什新区人工湖亲水平台、新西线、杭锦旗沿黄公路、东胜区民族街改造工程、阿康物流园区、鄂尔多斯市机场路等重点工程。

显然，这是一支特别能战斗的队伍。

丁新民，在金钱拜物教盛行的今天，义无反顾地把自己和东方路桥集团的名字，与良知、道义、关爱紧密地连接在一起，书写着生命的意义，当之无愧地成为新时期鄂尔多斯人格力量的象征！

（现场采访东方路桥集团一名员工：重点介绍丁新民奋力拼搏的精神和白进彬、毛达茂的故事。时间2分钟左右。）

毋庸讳言，如此规模宏大的基础设施建设，需要大量的资金投入与支撑。那么，这滚滚如黄河水的真金白银从何而来呢？

鄂尔多斯今非昔比，自身已形成一个巨大的改革磁场，加之领导者熟练驾驭和运作市场经济条件下的投资体系——一时间，众多商家、大款、实业家、金融家、银行家、投资家纷至沓来，如过江之鲫，随之财富便在鄂尔多斯8.7万平方公里大地上奔逐涌流——奇迹就这样发生了！

（鄂尔多斯市财政局长现场图像、录音：介绍资金筹措渠道。讲思维，讲理念，讲效果。）

改革，就这样被鄂尔多斯决策者与建设者们演绎得如此高蹈宏阔、风生水起、美妙神奇——正如古希腊力学之父阿基米德所言："给我一个支点，我可以撬动整个地球！"

第七集　辐射："洼地的效应"

邓小平曾精辟地论述："科学技术是第一生产力。"

经济学家们则将鄂尔多斯现象称之为：硅谷式的"洼地效应"。

所谓"洼地效应"，实际上是从"水往低处流"这种自然现象引申出来的一个现代经济学概念——利用地区比较优势，创造理想的经济、社会和人文发展环境，以增强对各类生产要素的吸纳能力，吸引外来资本向本地区汇聚、流动，以弥补本地区生产力系统结构上的先天缺憾。

"硅谷"一词则最先出现在美国。处于美国加利福尼亚州北部、旧金山湾以南一带，早期以硅芯片的设计与制造著称，于是便有了"硅谷"这一称谓。"二战"以后，硅谷成为美国高科技人才的集聚地，更是信息产业人才的集聚地。

用"硅谷式的'洼地效应'"来诠释鄂尔多斯的经济现象，是何等的贴切与精妙呵！

按照经济学的基本观点，生产力系统中各种生产力要素的聚集与合理配置，以及有效利用，是一个需要顶层设计与高端运作的问题。否则，无论多么丰富的资源，都只能当作劳动对象闲置在那里，而不能最终转化为财富。对于那些极端贫困的地区来说，这一点尤为重要。

显而易见，鄂尔多斯推进工业化的过程，同时也是一个生产力要素聚集的过程。而且产业愈是需要提升，产品愈是需要升级换代，其重要性就愈是明显——鄂尔多斯为此付出了艰辛的努力，也获得了巨大的成功。

其实，活生生的事实已经回答了这样一种言论："鄂尔多斯主要是依靠丰富的地下资源，尤其是煤炭资源发展起来的。如果没有这些资源作为支撑，它就绝对不会有今天的繁荣、富庶。而一旦资源枯竭以后，子孙后代将何以安身立命？"

同时，高速运行的经济社会又回答了另一种言论："鄂尔多斯已经出现'荷兰病'征兆：致力于某一初级产品的繁荣而导致其他行业的衰落。当年，荷兰就是以石油、天然气等资源的异常繁荣，引发通货膨胀，致使其他产业走向衰落的。"

工业化，尤其是新型工业化的不断推进，与城镇化的急剧发展，客观上呼唤着巨大的资金和技术支撑。而可持续发展的内在要求，迫使单一的资源型经济必须尽快在经济结构和产品结构上作出调整——鄂尔多斯"硅谷式"的"洼地效应"，就是在这样一个背景下提出并形成的。

显然，鄂尔多斯决策者一开始就已清醒地意识到：单一的资源型经济总有枯竭的一天；立足于当地资源的经济，最终必须走出一条由出卖资源——就地转化——初级产品——中间产品，到终端高精尖产品的路子；只有解决好这两个方面的问题，才能实现地区经济的可持续发展——这就需要引进资金、技术、人才、原料、设备等生产要素，在引进的基础上，走出一条经济结构不断优化、产品逐步升级换代、核心技术自主创新、完全新型的工业化新路子。

　　鄂尔多斯"洼地"有何优势呢？

　　鄂尔多斯打出的旗号是：最大限度地消除企业"进入障碍"！

　　为此，努力打造并夯实"硬"与"软"两个支撑点：硬，即全方位、立体式、功能完备的基础设施；软，即不断优化、日臻完善的投资环境。

　　——按照系统工程原理，结合工业园区建设，一揽子统筹基础设施建设。

　　——改善、优化经济投资环境，首先要求政府转变职能，从市政府到各个旗、区政府，连续制定下发了一系列文件，精简、下放行政审批权力，尽快由行政型政府转变为服务型政府。

　　显然，两个支撑点具有着巨大的吸引力，带来的直接效应是：企业投入成本低，产出效益高。

　　（东胜市领导现场图像、录音：采用对比方法介绍转变政府职能的做法，以及涉及部门利益转移而遇到的阻力及其解决办法。时间 1~2 分钟。）

　　鄂尔多斯应时而变、顺时而动、趁势而为——在转变政府职能的同时，大力精简、撤并办事机构，将原先分散在各个办事机构林林总总的职能或者进行转移，或者予以适度集中，并通过各个机构"联合办公"、实行"流水作业"，最大限度地简化生产要素、生产企业进入及办事程序，缩短承办时间，提高办事效率，有效地降低企业管理费用。

　　（鄂尔多斯人事局长图像、录音：介绍办事机构撤并情况及效果。时间 1~2 分钟。）

环环相扣，循序渐进。随着政府职能的转变和办事机构的裁减合并，中介服务组织应运而生、遍地开花，在各级政府的大力培育、扶持下，迅速发展成为各个生产要素领域独立的市场主体。

原先由行政调控的生产力要素，逐渐变为市场调控；原先由政府配置的资源，开始由市场配置——其结果，发展环境更加宽松，整个经济领域充满了前所未有的活力。

（选择一个生产要素中介服务组织负责人的现场图像、录音：介绍开展中介服务的情况及自身效益。时间1～2分钟。）

鄂尔多斯精心打造一个"开放窗口"。

全市从上到下，努力强化职业道德建设，提倡"文明""微笑"服务，把每一个办事机构、每一个中介组织、每一个工作人员，都塑造成为展示当地社会的"形象大使"。

政府职能的转变，中介组织的培育，办事机构的精简、撤并及程序简化，最终形成了开放开明的政策环境、高效快捷的办事环境、热情周到的人文环境、公平公正的法制环境、规范有序的市场环境——鄂尔多斯理所当然地成为中国西部一块资金、技术、人才和管理的"洼地"。

2007年3月1日，华泰汽车集团鄂尔多斯公司一期5万台整车生产线正式竣工投产上市。

华泰汽车集团是国内柴油动力领域的领军企业，掌握了国际最先进的柴油发动机技术。此次5万台整车生产线正式竣工投产上市，仅仅是华泰汽车集团投资建设鄂尔多斯年产100万台清洁柴油发动机、50万辆柴油乘用车及零部件生产基地的先导工程，该项目建成投产后，将生产1.5L、2.0L、2.5L和2.8L排量的柴油发动机。华泰汽车集团正式落户鄂尔多斯，宣告结束了草原上没有乘用车生产项目的现状，不仅使鄂尔多斯实现了由单一资源型经济向结构型经济的转变，同时也使鄂尔多斯成为连接包头、呼和浩特等周边工业发达地区上游钢铁原材料、部件配套和下游汽车市场的重要环节，在短时间内迅速形成具有一定规模的汽车产业链。

显然，华泰汽车集团慧眼独具，依托鄂尔多斯为基地，力图构建鄂尔多斯、包头、呼和浩特"金三角"经济循环带，打造中国"柴油动力大本营"，其前景极为广阔。

（华泰汽车集团总裁徐恒武现场图像、录音：围绕鄂尔多斯"洼地效应"介绍当年进入情况。时间2分钟。）

鄂尔多斯"洼地效应"正形成扇面形辐射功能。

神华集团投向鄂尔多斯的煤直接液化项目，不仅使地区经济结构得到调整，而且极大地拉长了煤炭资源的产业链，通过一系列精细加工，以煤炭为原料，加工生产出合格的石油、柴油以及其他一系列化工产品，把煤炭由先前的出卖资源或者加工初级产品变成化工产品及产业链条，使鄂尔多斯迅速崛起又一个大的产业——由"煤老大"转变为"煤化工老大"，尔后，信心百倍地打造世界级新型煤炭化工基地。

神华集团项目自2008年底投产以来，取得了很好的效益，从而使我国一跃成为世界上第一个掌握百万吨级直接液化工程关键技术的国家。

（神华集团董事长陈必亭现场图像、录音：介绍煤直接液化情况，侧重工艺流程和效益。时间2分钟。）

堪称与神华集团煤直接液化项目并驾齐驱的，是亿利集团投资500亿元、在达拉特旗建设的能源化工循环经济产业园区——这个园区按照"煤——煤矸石发电——精制盐——离子膜烧碱——PVC——工业废渣制水泥"的一体化循环产业链进行设计布局，使煤炭资源的利用达到了最大化。

（亿利集团达拉特旗能源化工循环经济产业园区负责人现场图像、录音：介绍进入和生产、效益情况。时间2分钟。）

百川入海，有容乃大。

鄂尔多斯"洼地效应"，带来的是地区生产要素的迅速聚集，经济结构、产品结构的大幅度调整、提升，以及十分可观的经济效益——鄂尔多斯创造的这一经济模式，无疑对于整个大西北的开发开放乃至中国的改革与发展，都提供了诸多有益的思考与启迪意义！

第八集　文化：高原的旗帜

（字幕：2011年4月23日。）

这是鄂尔多斯的盛大节日——成陵祭祀活动。

迄今，成吉思汗陵祭祀仪式已延绵780多年的历史。

自13世纪以降，守陵和祭祀一直由蒙古族鄂尔多斯部落及其一个特殊的族群——达尔扈特人世代传承，这使鄂尔多斯得天独厚地成为全世界蒙古民族礼仪保留最完整的地区。

成吉思汗专项祭祀活动一年要举办60多次，其中包括四时大典：春季的查干苏鲁克大典、夏季的淖尔大典、秋季的斯日格大典、冬季的达斯玛大典。

春季的查干苏鲁克大典是一年所有祭祀活动中规模最大、仪式最为隆重的祭祀活动——祭祀的主要内容是表达对长生天、祖先、英雄人物的崇拜，形式上主要有牲祭、火祭、奶祭、酒祭和歌祭等。

众所周知，成吉思汗被蒙古族尊奉为顶天立地的民族英雄：一生征战，叱咤风云，结束了蒙古草原数百年的分裂局面，为中国统一与多民族国家的形成，作出了无与伦比的贡献。

缅怀与祭奠成吉思汗，体现着这样一种文化理念：于困境中奋力拼搏，以及集体主义、英雄主义、宽阔襟怀、文化兼容和人文价值。

显而易见，今日鄂尔多斯的神奇崛起和跨越式发展，可以说占全了"天时、地利、人和"，但鄂尔多斯人则更相信是冥冥之中的一种"神助"——实质就是薪火相传、生生不息的蒙古族文化与精神！

鄂尔多斯地处黄河中上游，其主体文化属于华夏文明的黄河文化系统。

早在公元前 221 年秦始皇统一中国时，鄂尔多斯曾被称为"新秦中""河南地"，形成了源远流长的青铜文化，它以鄂尔多斯为中心广泛流布于中国北方乃至欧洲大陆；明成化年间，鄂尔多斯部落徙居河套地区，受到具有三万五千年历史的"萨拉乌苏文化"（即"河套文化"）的熏染；公元 1649 年（清顺治六年），设立伊克昭盟，其行政区划西、北、东三面被黄河环绕，南以长城为界，与山西、陕西接壤，西与宁夏毗邻，成吉思汗陵寝巍然耸立在甘德利草原上——神秘而雄奇的鄂尔多斯高原，诞生了叙述成吉思汗家族史的《蒙古源流》和《蒙古黄金史》，与《蒙古秘史》一道，共同被称作蒙古族三大古典史诗巨著。

显然，悠久的历史、独特的区位、秦晋文化和草原文化的交融与碰撞，铸造了鄂尔多斯人坚强的民族秉性和豁达的精神品格，对内形成了巨大的凝聚力，对外有着强大的吸引力——改革开放春风鼓荡，鄂尔多斯市与包头市、呼和浩特市联袂组成内蒙古自治区经济最为活跃的"金三角"地区，加上庞大的现代信息流的冲击，鄂尔多斯一跃成为奋蹄狂奔于大草原上的骏马。

作为观念形态的文化一旦延伸为世代相袭，就成为一种无形的血液，浸淫在群体的脉管里汩汩流淌，并最终转化为一种最持久、最坚韧的精神力量，储存在民族的骨骼里，散播出一种永久的理性的思想光辉。

——生存，对于人类来说具有普遍意义的命题，它曾经一度将无穷尽的苦难带给鄂尔多斯，但没有压垮鄂尔多斯人的脊梁，反而使他们迸发出巨大的勇气，去发愤改变自己的命运……那种命运搏击的辉煌，犹如久远的黄河岸边的号子声，嘹亮而悠长。

——拼搏，历史演进过程中的应有之义，时刻与人类如影随形，且极大地消耗着人们的意志与精力，制造着沮丧与颓废，可在鄂尔多斯人身上，更多的却是进取，是失败以后的重新出发……因为萦绕在他们耳畔的，始终是草原文化的原生态符号：途经甘德利草原的铁骑，发出的如疾风呼啸、经久不息、美妙绝伦的蹄音。

——发展，一代接一代永不停止的追求，承载着人类太多的物质与精神奢望，当时代发出召唤的时候，鄂尔多斯人没有犹豫，没有彷徨，更没有退缩，而是一路意气风发地走在时代的最前列，扬起风帆，破浪前行……因为凝结在他们骨子里的，始终是勤劳勇敢、不畏艰辛、奋发有为，具有五千年历史的中华文化的精髓。

鄂尔多斯的改革与发展，带着一种鲜明的文化胎记，它由此而告知人们：从民族人文素质的层面上讲，经济就是文化的载体，文化就是经济的升华。

文化，培育了鄂尔多斯人强烈的历史使命感、责任感和自我认同感，给予他们信心、意志、力量及百折不挠的进取精神——因而使得鄂尔多斯经济现象呈现出与其他地方，尤其是那些经济基础比较丰厚的地方完全不同的另一种面貌。

富裕起来的鄂尔多斯，在奋力推进经济社会发展的过程中，始终坚持把文化当作一面旗帜，当作主要抓手紧紧地握在手上，精心构筑社会主义核心价值体系，努力提高全市人民的文化素养，陶冶他们的情操，并且使其转化为巨大的物质力量。

（鄂尔多斯市分管领导现场图像、录音：介绍鄂尔多斯文化建设总体构想。时间 2 分钟。）

鄂尔多斯进行文化建设首先着眼于挖掘本地区文化底蕴、弘扬当地优秀文化传统，同时大力促进时代文化因素的植入，以此构建具有地域特色、民族特色、时代特色的新的大文化格局。

——"成吉思汗祭祀""鄂尔多斯婚礼""漫瀚调"等 5 个项目被列入国家级非物质文化遗产名录；56 个项目被列入自治区级非物质文化遗产名录。

——鄂托克旗、伊金霍洛旗和乌审旗分别被命名为内蒙古自治区"乃日文化之乡""成吉思汗祭祀文化之乡"和"蒙古族民间诗歌之乡""敖伦胡日胡之乡"；准格尔旗被国家文化部命名为"漫瀚调艺术之乡"。

——《鄂尔多斯婚礼》成功进行了著作权登记，成为内蒙古自治区首例受到法律保护的舞台艺术作品。

——邀请国内外专家对"中国·萨拉乌苏文化""中国·鄂尔多斯青铜文化""中国·阿尔寨石窟文化"等进行深入考察、研究，使这些古老文化的源流更加清晰，内涵更加丰富。

——全市国家级重点文物保护单位已达到 12 处，自治区级文物保护单位 39 处，查明各类古文化遗址多达 1000 多处。

文化，一个民族传承与延续的概念——惟其如此，它才得以源远流长，推陈出新，永葆青春与活力。

鄂尔多斯在继承与发扬传统文化的同时，精心构建具有鲜明时代特色的现代文化：悠扬的长调、清新的短调和地区风格浓郁的蒙汉调，均以各自独特的魅力，奏响绚丽的音符；与成吉思汗有着千丝万缕联系的歌舞艺术《筷子舞》《盅碗舞》等，扬古代风流于当下，融民族神韵于一体，成为中华民族艺术的瑰宝而名扬海内外。

上世纪90年代中叶，大型民族舞剧《森吉德玛》荣获文化部第三届文华新剧目奖和中华20世纪舞蹈作品提名奖；尔后，蒙古剧《蒙根阿依嘎》、大型民族舞蹈诗《鄂尔多斯情愫》先后荣获国家"五个一工程"奖；2006年，大型民族舞蹈诗《鄂尔多斯婚礼》荣获国家舞台艺术精品工程剧目提名奖。

近年来，全市共荣获国家级奖105项、荣获自治区级奖187项——鄂尔多斯携众多的文化精品，身姿矫健地走进了全国文化的先进行列。

鄂尔多斯加强文化建设，特别倾心于基础设施方面给力。为此，从2004年起，每年拿出3000万元，设立文化产业发展专项基金，同时积极争取国家商业银行和政府配套资金支持，用于文化设施建设。

据不完全统计，截至2010年，全市投入文化基础设施建设的资金累计达到70多亿元，先后建成了鄂尔多斯博物馆、鄂尔多斯大剧院、鄂尔多斯图书馆、鄂尔多斯文化艺术中心等七大民族特色浓郁的文化工程；八个旗（区）也相继建成了一批高标准、高质量、高规格的文化中心、文化大院、文化馆站。目前，全市59个苏木乡镇普遍建起了文化站，744个嘎查村都建起了文化室，全市公共文化活动设施总建筑面积达到77.6万平方米，公共图书馆图书总藏量达到118.05万册。

一个以标志性城市文化建筑设施为龙头，基层文化基础设施为骨干，覆盖全市城乡的公共文化服务设施新格局已然形成。

（鄂尔多斯市文化局长现场图像、录音：说明文化基础设施建设的意义。时间1~2分钟。）

在市场经济条件下，观念形态的文化，除了具有社会公益性的事业属性以外，还具有明确的市场产业属性，从而孕育着地区经济的又一个新的增长极。

鄂尔多斯在大力推进公益性文化事业的同时，积极培育经营性的文化市场主体，优化文化产业结构，提升文化产业创新能力，完善现代文化市场体系——一方面，对传统文化产业进行改造、提升；另一方面，大力发展新型文化产业，培育著名文化品牌，使文化产业从规模、内容、形式、质量和效益上实现新的突破。

鄂尔多斯倾力打造具有一定文化品位的旅游业，成绩骄人。截至2010年底，全市旅游固定资产累计投资34.42亿元，建设提升了响沙湾、恩格贝、库布其沙漠度假村、西鄂尔多斯珍稀植物自然保护区、秦直道、万家寨水利枢纽工程、阿尔寨石窟、七星湖、九城宫生态园等数十处旅游景区。这些景区，风光独特，文化内涵丰富，在国内外享有很高的知名度。"十一五"时期，全市旅游收入累计达到240.66亿元，极大地提升了鄂尔多斯的知名度和美誉度。

（一个效益比较好的旅游景区负责人的现场图像、录音：介绍景区建设过程和效益情况。时间2分钟。）

鄂尔多斯推进文化产业建设，园区是一个独具特色的载体。其基本理念与运作方式等同于工业园区，尤以鄂尔多斯市文化创意产业园区最具代表性。

这是一个令人目不暇接、眼花缭乱的文化创意产业园区。它位于鄂尔多斯市东胜区哈巴格希街道办事处达尔汗壕四社、考考什纳水库附近，整体位置为一块状如半岛形的独立区域，东、南、西三面环水，南面与康巴什新区隔水相望，总规划面积200公顷，规划总建筑面积146万平方米。距东胜25公里，距阿镇仅 3 公里，距鄂尔多斯机场仅 15 公里，景观独特，区位优越，交通便捷。园区以政府扶持为主导，以企业为主体，按照市场经济的规律整合人才、资金、信息、社交网络等有形和无形资源，通过合作投资或者参与园区投资等方式，推动企业与园区之间、企业与企业之间的深层次合作，达到共同发展的目的。让园区创意者、创意企业共同建设创意产业园，共同分享相关利润，从而打造出又一个财富平台。

鄂尔多斯文化创意产业园区的理念颇具想象力且新颖大胆：建设创意带动文化经济发展，进而构筑文化新地标。

立意高远，目光如炬——鄂尔多斯寻求国内、国际著名建筑师事务所为合作伙伴，聘请国际著名大师及专业团队进行规划设计，着力打造成一个以创意建筑艺术为载体，集创意企业孵化、产品设计制作、文化人才培养、文化产品展示、交易、服务及文化旅游为一体的创意产业发展平台。

美国、德国、瑞士等众多国家的设计师们展开了智慧与才华的大比拼，纷纷奉献出各自最心仪的建筑设计作品。

于是乎，美轮美奂、流光溢彩的音乐厅、露天音乐广场、建筑艺术博物馆、美术馆、艺术家工作室、国画院、艺术酒店，以及创意企业孵化区、文化产业教育基地、配套公寓、水岸公园、游乐场及商住等建筑，把鄂尔多斯装扮成了一个春天的大花园。

结合城市总体规划，文化创意产业园区以创意建筑为核心产业类型，衍生出创意产业展示、创意产业交流、创意产业服务、创意产业交易、创意产业孵化、创意 SOHO 办公、现代艺术基地、创意产业教育、创意休闲旅游等九种形态——一句话："创意"是整个园区的灵魂和全部张力！

文化，从整体上改变了鄂尔多斯人的精神风貌。

多元文化的交融，造就了鄂尔多斯人宽阔的胸襟和对异文化的包容，以及积极主动学习世界优秀文化成果的可贵品质。

　　鄂尔多斯在发扬中华民族传统文化、精心创设新时代文化的同时，始终以远大的目光，观察周边，审视世界，广泛开展与国际社会的文化对话——各级艺术团队先后出访美国、韩国等 20 多个国家和地区；引进俄罗斯、朝鲜等 20 多个国外艺术团体来当地演出；鄂尔多斯有关领导与相关国家的文化政要频繁互访。

　　这是一次异彩纷呈的盛会。

　　2010 年 8 月 11～18 日，国际那达慕大会与内蒙古自治区第七届少数民族传统体育运动会同时在鄂尔多斯市举办。这次盛会的主办方与承办方均阵容豪华：国家体育总局、文化部、国家民族事务委员会、内蒙古自治区人民政府主办；鄂尔多斯市人民政府、内蒙古自治区体育局、文化厅、民族事务委员会承办。大会项目涵盖经贸、文化、体育、旅游等多个领域。俄罗斯、蒙古、日本、菲律宾、马来西亚、韩国、科威特、埃及、越南、朝鲜、印度等国家和中国香港、台湾地区的 20 多个代表团参加。大会通过民族传统特色歌舞、体育竞技等表演方式，集中展示草原文化的神奇与魅力，以及鄂尔多斯市经济社会发展所取得的丰硕成果。

　　欢乐与惊喜一场连着一场。

　　2010 年 8 月 18～26 日，第十一届亚洲艺术节紧接着在鄂尔多斯市举行。来自亚洲 16 个国家、由文化部长率领的国家级艺术代表团，28 个国家的驻华使团，18 个国家的政府文艺团体应邀参加。艺术节期间，中国、日本、越南、新加坡等亚洲 17 个国家的艺术家们共同发表了《鄂尔多斯倡议》，宣告亚洲国家将努力守护并加强文化多样性，维护亚洲共同的精神家园。

　　与此同时，还连续举办了三届鄂尔多斯国际文化节。从而使地区文化在保持地域性、民族性、时代性的同时，闪耀着世界性的光彩。

中国的改革开放——一个书写"神话"的大时代。

鄂尔多斯——一颗中国西北高原上的明珠，正冉冉升起在东方地平线上……

（2010 年 12 月 30 日一稿于北京，2011 年 6 月 30 日定稿于鄂尔多斯；与木子合作）

崛起的海峡西岸经济区

21 世纪中国经济风生水起、万千气象,成为全球瞩目的热点话题之一。

海峡西岸经济区——无疑是绚烂多姿的中国经济又一道亮丽的风景线。

地处中国大陆东南沿海的福建,北承长江三角洲,背接珠江三角洲,北靠赣、皖、湘广阔内陆腹地,又连接港、澳,与台湾仅隔一衣带水。这一片神奇的土地哟,森林覆盖率居全国之首、海岸线长为全国第一、人均水产品产量列全国之冠。

发轫于上个世纪 70 年代末期的中国社会变革运动,已高蹈宏阔地推进了 20 多个年头。福建,领改革开放风气之先,延揽八面来风,一路欢歌庄严的历程,追逐时代的潮头。1978 ~ 2004 年,全省经济年均增长 12.9%,GDP 总量从全国第 22 位飙升到第 11 位,人均 GDP 从 23 位跃升至第 7 位,民营经济年均增长 20% 以上,民营经济综合竞争力居全国第 7 位。

大河奔流,万木争荣。

改革呼唤大手笔,开放需要大智慧,发展企盼大格局。

2004 年，岁月春风催动南国荡漾的春意。中共福建省委、省人民政府审时度势，把握机遇，果断提出建设对外开放、协调发展、全面繁荣的海峡西岸经济区战略构想。

海峡西岸经济区以福建为主体，涵盖周边区域，对应台湾海峡，是一个具有自身特点和独特优势，自然聚合、互相依存的区域经济综合体。

这一战略构想，立足于全国发展大局，推动省际协作，延伸腹地空间，密切与长三角、珠三角的关系，提升开放层次，以期实现经济区域资源整合和优化配置。

这一战略构想，立足于祖国统一大业，全力推动福建以及周边地区作为一个充满活力的经济板块加速崛起，把海峡西岸经济区建设成为促进祖国和平统一的前沿平台、台港澳两岸四地交流合作的重要地区、区域制造业中心、现代物流中心、科技教育文化中心，最终成为中国经济的重要增长带。

这一战略构想，得到中央领导的高度赞许，胡锦涛总书记作重要批示，江泽民同志题词勉励，八闽大地形成共识，海内外乡亲共襄盛举。

坚守"人民唯重、人民唯先、人民唯大"，着眼"发展为重、发展为先、发展为大"，求真务实，真抓实干。2005 年，中共福建省委、省人民政府制定并推出《海峡西岸经济区建设纲要》，决心趁势而上，开创新局面，跃上新台阶。

建设海峡西岸经济区，大有作为，大有可为。

建设海峡西岸经济区六大举措：推进项目带动、发展县域经济、加快产业集群、壮大中心城市、提升民营经济、转变政府职能。建设海峡西岸经济区九大支撑体系：竞争力强的产业支撑体系、现代化的基础设施支撑体系、统筹协调的城镇支持体系、以人为本的社会发展支撑体系、外向带动的开放支撑体系、互利共赢的协作支撑体系、可持续的生态支撑体系、安全可靠的防灾减灾支撑体系、和谐社会的管理协调服务支撑体系。

福建正从容有序地落子布局，六大重要举措有条不紊地付诸实施，九大支撑体系逐一构建全面展开。

行重于言，一个行动往往胜过一打宣言。

构建现代化基础设施工程，是建设海峡西岸经济区的先决条件。举全省之力推进海港与空港、电源与水源，以及铁路网、高速公路网、信息网、电网、供排水网、燃气管网的发展，尽速形成水、陆、空立体交叉、功能齐全、协调配套、高效优质的现代化基础设施环境。延伸两翼，对接两洲；拓展一线，两岸四地；纵深推进，连片发展；对外开放，服务全局。

构建竞争力强的现代产业结构，是建设海峡西岸经济区的重要依托。始终坚持以市场为导向、以高新技术为支撑、以产业转型升级为重点，全力培育产业集群，以形成主导产业、支柱产业、基础产业互为配套、紧密协作的海峡西岸制造业基地。

大海扬波，潮涨潮落，涌流着几多骨肉同胞相思情谊。海峡西岸经济区将凭借对台优势，不断扩大闽台合作与交流。以台商投资区为载体，扩大机械装备制造业、电子信息产业的对接；以两岸农业合作实验区为窗口，提升农业合作水平；以旅游、物流、金融为重点，加强服务业合作；以"两门""两马"为通道，扩大直接往来和闽、台试点直航成果，促进两岸直接全面"三通"；以闽南文化、妈祖文化、客家文化和民俗文化为纽带，不断深化两岸交流，吸引更多台湾民众来闽寻根访祖、联谊考察。

围绕发展外向型经济的需要，加快"大通关"建设，将直接授予 2000 多家企业外贸经营权，厦门象屿成为全国"区港联动"试点。与此同时，闽、港共同打造的"八大合作平台"，闽、澳"四大合作领域"也将向世人展现崭新风貌。全省累计批准外商投资企业近 36000 家，实际外资近 530 亿美元，多年来外贸进出口总值居全国第六位；闽、港八大合作平台：联合招商、基础设施与公用事业发展、金融、贸易、中小企业发展、旅游、物流、人才；闽、澳四大合作领域：商务、中小企业、旅游、服务业。

风正才能气顺，气顺才能人和，人和才能业兴。充分展现福建人"平静之中的满腔热情、平凡之中的伟大追求、平常之中的极强责任感"的精神风貌；努力建设"平安福建"，保障公共安全，维护社会稳定，发展文化、教育、卫生事业，构建以人为本、祥和康乐的和谐社会。

"海峡西岸正春风"，一个促进祖国统一大业前沿平台正在夯实，新一轮良性经济增长周期正在开始，一个风正、气顺、人和、业兴的趋势正在形成。2004 年，福建省地区生产总值突破 6000 亿元，增幅超过 12%，连续三年以两位数速度增长，人均 GDP 突破 2000 美元，财政收入突破 600 亿元。

2017 年，福建将比全国提前三年实现全面建设小康社会的奋斗目标，率先迈入现代化的门槛。闽江口将矗立起一座现代化省会中心城市，厦门的区域龙头作用将更为凸显，泉州湾城市群落将交相辉映，实力倍增；全省各设区市及周边地区将联结成片、浑然一体，与两大三角洲的合作将更为密切，内陆腹地将更加纵深开阔。

山不在高，在于隆起平丘；水不在深，在于养育沃土。海峡西岸，闽山闽水，见证了多少历史的传奇。

上溯 5000 年，福建先民就在这片沃土、水域繁衍生息，创造了堪与仰韶文化、河姆渡文化相媲美的昙石山文化。大海的宽阔胸襟，大山的厚重情怀，造就了闽人"善观时变、顺势有为、敢冒风险、爱拼会赢、合群团结、豪爽义气、恋祖爱乡、回馈桑梓"的独特品格。

福建简称"闽"，闽者龙也。福建人破门而出成冲天巨龙，冲门而入又成翔海蛟龙。

太阳东升，花开花谢，星换斗移。

历史的诉说如此激动人心：海峡西岸经济区，正如一只巨大的展翅鲲鹏，扶摇直上，遨游南天；3500 多万八闽儿女，肩负使命，敞开胸襟，挥洒汗水，开拓进取，正创造着无与伦比、无限曼妙的美好未来……

（原载《中国经济导报》2005 年 6 月 16 日，《新华文摘》2005 年第 18 期转载；海峡电视台播映）

海沧：中国热土

这是一方神奇的土地。

海沧位于厦门岛和鼓浪屿的西面。三面临海，山水相连，水天相接，碧波涌雪，绿荫匝地，宛如一颗明珠镶嵌在浩浩淼淼的东海之滨。

她的丰腴，她的神秘，她的种种传说与绰约风姿，更引逗人们急切地要撩开她悠长的历史面纱……

时间上溯三百余年。

海沧已然领略过舟楫如云、追风踏浪的壮阔景观，迎纳八方，商贾际会，继泉州刺桐港和漳州月港衰败之后，成为福建南部拓海贸易的重要港口。

清末民初，海沧独特的地缘优势更成为政治家、实业家们所关注的热点。

孙中山先生慧眼独具，在他著名的《建国方略》一书中，对开海沧予以特殊的战略地位：

> 应在厦门港以西的海沧嵩屿建立新式商埠，以便江西、福建南部物产的出口……应把嵩屿作为厦门至建昌（江西）

和厦门至广州铁路的起点。

福建有史以来的第一条铁路便诞生于海沧的嵩屿至江东桥之间，全长 28 公里，并投入了运营。

英国"亚细亚"和美国"美孚"两大国际石油财团捷足先登，曾租借嵩屿兴建码头和油库，作为向中国内陆输送石油的中转站和船舶加油基地。

显然，20 世纪初叶，工业革命与现代文明的重锤，已开始撞击海沧的大门。

其后，20 世纪的 20 年代和 30 年代，两度大规模开发海沧的实施方略，又在朝野上下搅得沸沸扬扬，惜因抗战烽火四起，遂被搁置。

于是，海沧昔日的辉煌，随着历史风烟的逝去而归于沉寂……

勃兴于 20 世纪 80 年代的中国改革大潮，其锋芒其气势雷霆万钧锐不可当，给予东方古老民族演绎了全新的哲学模式和人生内涵。

这是泱泱大国一次历史性机遇的抉择。

这是 11 亿中国人对世界充满信念的对话。

厦门——这个被誉为"东方瑞士"的花园式海港城市，占天时地利之便，领风气之先，成为中国最早的四大经济特区之一而率先崛起于东南前沿。

随着世界经济实力东移，环太平洋经济圈日益成为全球经济重心。

改革开放总设计师邓小平适时提出把厦门办成中国最大自由港之一的战略构想，无疑预示了厦门向国际性港口大都市转化的宏伟前景。

厦门城市要上水平。

厦门经济总量要上规模。

厦门要建成大城市的框架，产业布局要更趋合理。

厦门要成为闽南金三角、福建省乃至东南沿海经济带腾飞的龙头。

一个新的思路变得呼之欲出！

开发开放海沧成为历史的必然！

倘若我们从空中鸟瞰海沧，呈现在眼前的是这样一幅图景——

海沧位于东经 118°0′53″、北纬 24°30′10″，九龙江取其南端为出海口，东与厦门岛隔海相望，西通道直线距离仅 870 米；

海沧隶属于闽南漳（州）、泉（州）、厦（门）金三角地区，腹地广阔，对外交通便捷，西距鹰厦铁路角美站 18 公里，东抵厦门高崎国际机场 10 公里，区内有嵩屿至角美和海沧至杏林两条公路与厦（门）漳（州）公路干线相接；

海沧深水岸线总长达 5 公里，水深均在 10 米以上，港湾水域辽阔，由青屿水道与台湾海峡相连，东距台湾高雄港 165 海里，南距香港岛 287 海里，北距上海港 564 海里，海运航道畅通。

显而易见，开发开放海沧，内可依托厦门特区、杏林及闽南金三角地区雄厚的经济实力，并激活和驱动地域经济的起飞；外可扬帆出海，假东南亚水道与国际市场接轨，参与世界区域化、集团化经济的竞争。

历史不容等待。

开发开放海沧从孕育到筹谋到启动，每一步都牵动着共和国的中枢神经——

1989 年 5 月 20 日，国务院正式下文批准厦门特区及杏林、海沧为台商投资区，投资区享受经济特区的优惠政策；

1990 年 2 月 2 日，李瑞环同志视察海沧，十分赞赏海沧的优越条件，提出行政区划要服务于经济建设；

1990 年 2 月 24 日，李鹏总理冒雨考察海沧，指示海沧开发要"打破常规，特事特办"，并当即拍板由国家安排若干贷款作为启动资金；

1991 年 9 月 16～20 日，乔石同志视察海沧并听取工作汇报；

1991 年 11 月 19 日，万里委员长巡视海沧台商投资区；

1992 年 3～7 月，朱镕基副总理两度专程飞抵海沧，研究海沧开发开放建设事宜，要求有关部门切实抓紧各项工作，为大规模的开发创造条件；

邓小平、江泽民、杨尚昆、姚依林、宋平、丁关根、邹家华、谷牧、王兆国等党和国家领导人，频频会见海外实业界富商巨贾，为开发开放海沧运筹帷幄、决策谋划……

一时间，海内外新闻媒体纷纷将关注、揣测的目光投向海沧。

和平与发展是当今世界的主题。

随着经济关系国际化的大走势，超越地域、超越民族、超越国界、超越意识形态的经济交往日趋频仍，互惠互利、共享人类文明成果成为现代社会的时尚。

对外开放敞开国门，中国正一步步走向世界。

同宗同根的海峡两岸，由长期对峙而趋向祥和，厦门与台湾特有的地缘、血缘和语言联系，理所当然地使厦门经济特区成为台湾工商界及海外有识之士的投资热点。

如果我们把目光越过历史峰峦，还会发现一个奥秘：早在明末清初，海沧就是民族英雄郑成功的屯兵地之一，郑成功从厦门挥师收复台湾时，不少海沧人随军入台；现台湾各地供奉的"保生大帝"，其祖庙即设于海沧青礁村。悠悠三百载，每年农历三月十五日，两岸族人都从未间断过举行谒祖祭典仪式。可以想象，随着海沧的进一步开发开放，台商、侨商越洋跨海前来投资设厂，必有如归桑梓、如沐春风之感。

历经改革开放洗礼的中国人，敢于表宣，却更注重于行动，脚踏实地去开拓进取——

1990 年 5 月 15 日，厦门海沧地区开发建设管理委员会正式对外挂牌办公，全面负责项目引进，处理、协调海沧开发日常事务。

1990 年 9 月 1 日，随着第一声海沧主干线海新公路动工炮响，揭开了海沧台商投资区基础设施工程的建设序幕。

海沧——这片沉寂半个多世纪的土地被唤醒了……

1992 年，中国和中国人无疑经历了一个极不寻常的春天。

88 岁高龄的改革开放总设计师邓小平，驱车万里巡视大江南北发表一系列重要讲话，从而掀起了中国新一轮改革开放热潮。

海沧的开发开放，也随之确立了一个全新的思路：率先建立社会主义市场经济运行机制；率先实现与国际市场全面接轨；率先建立新的管理体制，通过体制创新和机制转换来赢得开发建设的新优势。

1993 年 4 月 15 日，福建省委、省政府专程赴厦门举行现场办公会议，果断对海沧开发区 100 平方公里土地布局实行了调整：南部临海 20 平方公里为"901"项目预留地，80 平方公里由厦门市政府全面开发，并打破产业限制，不论石化、钢铁、汽车、电子、机械、纺织、贸易、金融、房地产等支柱产业或第三产业，均属欢迎之列；尤其鼓励投资建设能源、交通等基础设施工程。

省委书记陈光毅指出：海沧的开发开放要推出大举措，造成大气候，立足大厦门，发挥整体启动效应，尽快使海沧这块宝地沸腾起来。

省长贾庆林则提出：要按照建设 21 世纪新城区和建立市场经济运行机制的总体要求，来设计规划海沧开发的发展战略。

无疑，开发海沧的总体构想是恢宏的，工程是浩大的，目标是高远的，前景是美妙的，因而也是异常艰辛而充满挑战性的。

——沿东北海岸，拟建国际一流标准的大型东方高尔夫球场，配套工程计有 280 幢高楼别墅，占地面积 2.4 平方公里，第一期投资金额为 3900 万美元，平整土地工程已经完成。

——北部新阳工业区，规划面积 12.15 平方公里，将囊括电子、机械、汽车、化工、纺织等高新技术产业，以形成产业优势。

——西部嵩屿火电厂，第一期工程总投资近 20 亿元人民币，装机容量达 60 万千瓦，预计 1995 年建成发电，最终装机容量可扩建到 180 万~240 万千瓦。

——南部石化城，占地 20 平方公里，它建成后的规模和效益将推动国家整个石油化工工业的发展。

——西南部港区，拟建万吨级码头泊位 10 余座，其中嵩屿码头可达 15 万吨级位，港区总体设计年吞吐量将超过 4000 万吨，届时当与厦门港成掎角之势，雄踞东南沿海最重要的出海口地位。

——东南部新城区，占地面积 12.5 平方公里，整体设计体现外向型高标准高密度多功能多层次特点，拟包容文化教育中心、体育中心、旅游中心、商业中心、金融中心、贸易中心、购物中心等现代化生活设施，建筑布局高低错落有序，呈扇面形阶梯式一直伸延至海滨。

——横贯中部的蔡尖尾山，拟环山建造别墅区及娱乐场，造成充满山野情趣风光宜人的游乐休憩景点。

——海沧大桥，连接厦门岛与海沧的跨海长桥，目前已开始前期设计工作，力争明年正式动工；可以预期，大桥落成之日，长虹飞渡，从厦门去海沧将如履平地；再开通海沧南部至鼓浪屿的轮渡，则厦门、海沧、鼓浪屿既隔海相望，又连成一片，堪称东方"威尼斯水城"。

——路，高等级一级公路内环线全长约 60 公里已基本开通，此公路可贯通厦门岛、集美、杏林和海沧；衔接 324 国道的海莲线已部分通车，可望于今年 9 月全线通车；规划中的铁路将直通港区码头；开发后的海沧，将形成陆、海、空立体式现代化交通网络。

显而易见，海沧开发是一项跨世纪的宏伟工程，投资规模大，资金需求多，筹资时间紧，必须走国内和海外联合开发的路子。

厦门市人民政府专门制定和颁发了《海沧台商投资区暂行管理办法》，对海外财团、跨国公司及内联企业实行一系列特殊、优惠政策，尤其鼓励、扶持股份制经济和民营经济的发展，并授权海沧投资区管理委员会在投资区范围内行使厦门市一级政府的经济管理职能和经济管理权限。

一个多层次、多方位、多形式、多角度的投资热潮即将在海沧掀起。

把握机遇，迎接挑战。

20 世纪 90 年代的中国，正以沿海、沿边、沿江、沿线全方位开放的雄健身姿，阔步迈向新世纪的黎明。

西方经济学家预测：50 年后，厦门将崛起于太平洋西海岸，成为中国的"西雅图"。

海沧继海南洋浦开发区、上海浦东新区之后，作为最大的台商投资区，必然跃升为中国改革开放前沿的又一块热土。

历史，就这样翻开了辉煌的一页！

海沧，中国最大台商投资区！
海沧，正在升温！
海沧，向全世界开放！

（1993 年 5 月 25～31 日写于厦门宾馆；原载《中外电
视月刊》1993 年第 8 期；厦门电视台播映）

海之恋：厦门 25 年大跨越

序　曲

大海无垠，水也滔滔，浪也滔滔……

海之一隅，绿树婆娑如翡翠，屋宇错落如花园，琴声悠扬如仙阁……这就是相传远古时代为白鹭栖息之地——厦门岛。

群山翘盼，海不扬波。

今日，厦门"鹭江号"承载着历史的重托，轻缓地犁开如雪的浪花环鼓浪屿行驶——她注定要见证史家们将大书特书的创造奇迹的一幕！

伟人永远站在时代的潮头。八十高龄的邓小平一路仆仆风尘从深圳、珠海走来，第一次踏上厦门这片热土。他老人家年轻的思绪飞越历史的峰岚……正是在厦门，意味深长地挥毫写下了著名的题词："把经济特区办得更快些更好些。"

上　篇

"更快更好"——毋庸置疑，开拓创新是关键。

1981 年 10 月 15 日，人们将永远记住这一个历史性的日子——厦门经济特区随着湖里工业区 2.5 平方公里土地上的第一声开工炮响，掀开了改变厦门命运的崭新一页。

遵循邓小平关于创办深圳、珠海、汕头、厦门经济特区，要"杀出一条血路来"的教导，多少个"第一"在这片神奇的土地上应运而生。

"杀出一条血路来"——既悲壮也无奈。厦门经济特区建设遭遇的第一个棘手问题就是资金：中央只给了 5000 万元。

万里快人快语："没有机场，你们办什么特区？"

天上不会掉馅饼。拓荒者们大胆探索：借钱办特区！

机场，向科威特贷款；港口，向世界银行借钱；通讯，向日本融资；湖里工业区建设，向香港中银集团筹集……集中有限资金"筑巢引凤"，基础设施工程全面铺开。

第一个敲开厦门经济特区大门的外资企业——印华地砖厂……

中国烟草行业第一家中外合资企业——中美合资华美卷烟有限公司……

中国第一家以出口为导向的电子企业——厦华电子公司……

中国第一家中外合资银行——厦门国际银行……

中国第一家股份制地方性航空公司——厦门航空有限公司……

众多的"全国第一"令世人刮目相看，一时间，厦门经济特区被传为美谈、声播海内外。

显而易见，办特区就是为了创新，为改革开放争当排头兵。

谋划需要大智慧，行动需要大勇气，冲破传统计划经济体制旧模式，努力为全国探索出一条社会主义市场经济的新路子。

1988年1月，国营工业企业率先在全国实行税利分流，降低所得税，取消调节税，改税前还贷为税后还贷。

1988年，率先在全国进行机构改革，撤销物资、农业、轻工、建工、化工、电子、机械冶金和水利电力等八大局，并成建制转为企业。

1998年6月，厦门港在全国率先改革实现政企分开。

1998年9月，成立全国首家民办职业乐团厦门爱乐交响乐团，对文化体制改革进行先行探索。

1998年11月经审议通过，厦门市在全国率先建立起社会主义市场经济体制的基本框架。

厦门最早提出建设中国保税区构想（象屿保税区、生产资料保税市场、保税工厂、保税仓库相继建成），成为"特区中的特区"……

与此同时，外汇调剂、离岸金融、咨询评估、信托、租赁、投资、期货、证券等一个个新经济增长点如雨后野蘑菇般疯长……

厦门特区人始终牢记"胆子要更大一些，步子要更快一些"，敢想敢闯敢干敢为天下先！

"更快更好"——毋庸置疑，速度效益是根本。

创办厦门经济特区之初，即确立了"以港立市，港口经济带动区域经济"的发展战略，提出要搞大港口、大交通、大腹地。

港口是厦门最重要的资源。数十公里长的天然深水岸线，可吸纳五大洲四大洋10万吨级轮船前来靠泊，高标准建造的东渡港与海沧港，正跻身于中国内地十大港口之列。

构建立体交通网。厦门国际机场已成为中国东部的主要航空枢纽，密如蛛网的60多条国内外航线相继开通，客、货运输量快速跃居中国空港前列。

让南方航空入股厦航，引出厦门人的开阔胸怀，带来了今日空港的繁荣。

铁路、高速公路、国道纵横交错，直接贯通广东、江西、湖南、浙江及周边省份，并连接中国内地南北运输干线，厦门经济特区腹地不断向广阔内陆延伸。

注重效益，注重质量。厦门经济特区一直坚持以工业为主，生产型、技术先进型、出口创汇型的"一主三型"产业发展方向。

ABB 电器、翔鹭化纤、柯达胶卷、戴尔电脑、通用、波音、沃尔玛等一批跨国大公司相继前来厦门落户，世界 500 强企业已有 36 家在厦门投资创办 64 个项目。

大力引进光电子、软件、精细化工、生物医药、新材料等一批新兴产业……从而跨越式实现了从劳动密集型——资本密集型——技术资本密集型——知识密集型这样不断升级换代的高效益发展。

厦门经济特区不断提升对外开放水准，声名日隆的"九·八中国投资贸易洽谈会"，已然成为国际资本同中国内地经济对接、世界观察中国投资方向和投资政策的不可替代的亮丽窗口。

与此同时，一批自主创办的工程技术中心、产业产品检测中心，以及博士后流动站、留学生创业园、高科技孵化园等相继诞生，研究开发出了一批专利技术、核心技术和品牌产品。

厦门经济特区，抓住机遇抢占先机插上了科技与知识的双翼，在浩瀚的东海之滨美丽地翱翔……

"更快更好"——毋庸置疑，协调发展是目标。

厦门经济特区建设，十分强调统筹城乡之间、区域之间、经济与社会、物质文明与精神文明、人与自然的协调、和谐发展，始终以改革统揽全局推进社会全面进步。

这是一个在厦门传为佳话的故事：白鹭女神像边，一群老外流连于湖光山色间，并不时跷起大拇指啧啧赞叹……这是全球环境基金、联合国开发计划署及国际海事组织官员专程来厦考察筼筜湖。昔日污染严重、水体恶化、鱼虾绝迹、蚊蝇滋生的死湖、臭湖，经过特区政府综合治理，已成一处"海在城中、城在海上"的厦门"绿色心脏"……考察官员们一致认为："在国际环境保护方面有极大的示范作用！"

改革的立足点：以人为本。

改革的成本尽量不让人民群众承担。

改革的成果最大限度让人民群众分享。

最为世人所津津乐道的，是厦门经济特区成功实施的"金包银"示范工程：在征用土地过程中，让失地农民同时获得住房、出租房及店面，并提供养老保险、免费组织职业培训，从而实现生产方式顺利转型，确保农民变市民，"就业非农化、居住社区化、农村现代化"。

在厦门特区，值得经济学家与社会学家潜心探究并大笔书写的是："征地难"变成"征地乐"，经济建设"让百姓得到了实惠，让发展体现了和谐"。

协调发展，不仅仅只是一句口号。

在厦门特区，为推进国有企业改制，最先建立起一整套较为完善的社会保障体系；对外来务工人员，最早制定最低工资制度；规划修建环岛路，将最美丽的蓝天、大海、沙滩预留给市民作观赏公用；医疗保险制度改革，居全国领先水准……

经济社会协调发展相互促进，社会事业成为经济发展的智力支持，经济又成为社会事业发展的巨大动力。

路漫漫其修远兮。

目标明确，思路清晰，路子对头，推进有力。厦门经济特区建设 25 年终于走出了经济开放型——速度效益型——资源低耗型——科技先导型——发展环保型——社会温馨型——区域协调型这样一条可持续发展的新路子。

"更快更好"——是那么博大精深与玄机无穷。当初，厦门特区人猜度它、解读它、领悟它，曾经得出各不相同的众说纷纭的诸多答案。

而今天，当厦门经济特区建设正高蹈宏阔地走过 20 多个年头，蓦然回首，人们更为惊叹作为中国改革开放总设计师的邓小平，他老人家当年高瞻远瞩与远见卓识的题词，无疑是一把金钥匙——它开启了厦门经济特区的智慧之门、财富之门、希望之门。

25 年，弹指一挥间。

毫无疑问，令人炫目的 GDP 增长数据（建议可考虑使用体现厦门人均高产值、低能耗的相关数据），以及拔地而起的巍峨楼群、如海潮般涌流的社会财富，都让厦门引以为自豪。

然而，当人们放眼天风海涛："一城如花半倚石，万点青山拥海来。"再亲临其境细细体察这座国际性海港城市，对于她的婀娜多姿、温婉曼妙、玲珑秀美，无不心为之震颤而惊讶不已、赞叹不已。

厦门，无处不飞花，无处不绿茵，无处不优雅……

"温馨厦门"——成为厦门经济特区耀眼的名片。

大海是厦门的底色，诗意是厦门的音符。

"国家卫生城市""国家园林城市""国家环境保护模范城市""中国优秀旅游城市""全国文明城市""国际花园城市"

"联合国人居奖"……一项项桂冠，如梦幻般地组合起一支恢宏的"厦门交响曲"，奏响于浩浩东海之滨，回荡于特区街巷山水间……

厦门特区人既为生于斯长于斯、与"蓝天、碧水、绿色、宁静、洁净"相依相存而炫耀，更心悦诚服于"开明、守信、开拓、竞争、奉献"为核心理念的特区精神。

厦门特区人既身体力行、全民投身于"政务环境、法治环境、市场环境、人文环境、生活环境、生态环境"的治理与建设，在"公共场所道德""市民交通行为""人际互助""见义勇为"等诸多日出日落的生活场景中从我做起争当表率，更对于市委、市政府"以科学发展为主题、以造福人民为根本、以公平公正为内涵、以构建和谐为目标"的施政理念，慨然回赠予"95％的市民支持率"。

"和谐厦门"——成为厦门经济特区的形象与品牌。

江山代有才人出。

以胡锦涛总书记为首的党中央审时度势，适时提出："以人为本""科学发展观"以及"构建和谐社会"的战略新思维。

中国现代化伟业正以接力棒式一波又一波迅猛推进……

下　篇

2006年1月14日，乙酉年末，新岁将临。有朋自远方来，不亦乐乎。

胡锦涛总书记来到厦门海沧台商投资区考察并亲切会见台商代表，他强调，欢迎更多的台胞来大陆发展，通过开展合作，造福两岸同胞……几多勉励，几多期望，几多托付，胞波情谊溢于言表。

回望1980年1月1日，这是一次名副其实的破冰之旅、开拓之旅。

拥有 2000 个床位的"鼓浪屿号"客轮在开通"厦门——香港"航线时，仅载着五名乘客首航台湾海峡——穿越金（门）厦（门）之间 30 多年来构筑成的充满恐惧与死亡的炮火走廊……大海无言，群山寂静。

历史，也许就在这一刻选择了厦门：海峡两岸正从对抗走向对话。

厦门，注定要肩负起她神圣的使命与重任。

孙中山先生早在著名的《建国方略》中就写道："厦门有深广且良好之港面，管有相当之腹地……与南洋之间载客业之极盛……吾意须由此港面之西方，建新式商埠……"

1984 年 2 月 24 日，刚从厦门视察返京的邓小平在一次谈话中说："要把整个厦门岛搞成特区，这样就能吸引大批华侨资金、港台资金，许多外国人也会来投资，而且可以把周边地区带动起来，使整个福建省的经济繁荣起来。"

1985 年国务院《关于厦门经济特区实施方案的批复》中，明确指出："厦门经济特区扩大到全岛，逐步实行自由港某些政策，是为了发展我国东南地区的经济，加强对台工作，完成祖国统一大业作出的重要部署。"

1991 年 12 月，在厦门经济特区十周年庆典会上，江泽民同志曾说了句意味深长的话："中央在厦门办特区，重要的一条是从对台关系考虑的。"

党的十六大更明确作出了"寄希望于台湾人民"和"以经济促政治"的对台工作方针，殷切希望厦门经济特区发挥区位优势，积极开拓对台合作与交流，做好台湾人民工作，为促进祖国和平统一多作贡献。

历史，义无反顾地把厦门推到了一个新时代的前列……

重任在肩，责无旁贷。

厦门经济特区创立之初，即提出了"以港引台、以外引台、以台引台"和"港台侨外都欢迎，大中小并举"的招商引资谋略。

一时间，台商、港商、侨商、外商纷至沓来，厦门经济特区商贾云集，市井繁华，一派升平祥和气象。

1989 年 5 月，国务院正式批准设立厦门海沧台商投资区。

沉寂百年、被孙中山先生慧眼识为"东方大港"的海沧，沸腾起来了，中央领导、各路政要前脚踩后脚地前来海沧视察，现场办公，当即拍板，要求"打破常规，特事特办"……一座新兴城市正以其前所未有的憧憬快速生长。

这是中国大陆专设的面积最大的台商投资区。无疑，海沧是"厦门"概念的延伸，是"厦门"空间的拓展——为骨肉同胞计，为统一大业计，拳拳之心，天地殷鉴。

为加大对台招商引资力度，切实贯彻全国人大通过的《台湾同胞投资保护法》，本着"同等优先，适当放宽"的原则，厦门特区政府专门制订了《厦门市台商投资保障条例》；与此同时，着力完善投资软环境：简化投资审批手续，设立台商接待日、台胞投诉受理中心，领导定点联系、定期走访、释疑解难……一切为了方便台商，一切为了服务台商。

随后，中央又相继批准设立杏林台商投资区、集美台商投资区，至此，全国四个国家级台商投资区，厦门即占了三个。

厦门经济特区已然成为台湾产业外移的重要承接地。

古人云："近水楼台先得月。"厦门与台湾岛隔海相望，相距不过 160 海里；跟金门、大担诸岛更是近在咫尺，相隔仅1800 米。

又曰："远亲不如近邻。"

　　特区政府充分发挥国家把厦门口岸作为两岸直航试点口岸的区位优势，下大力气发展对台贸易，千方百计扩大对台出口，出版全国第一本扩大对台出口政策白皮书，出台 10 条扩大对台贸易政策措施。1993 年 6 月，我国首家台商独资企业完成股份制改造，闽灿坤 B 股在深圳证券交易所亮牌上市。

　　1997 年，成功举办首届厦门对台出口商品交易会。此后，十届"台交会"年年火爆，迄今对台进出口贸易总额累计超出百亿美元；厦门—高雄集装箱运输量累计占到整个大陆对台直航集装箱运输量的 70% 以上。

　　2005 年 5 月 24 日，首批 1000 多吨"零关税"台湾水果（包括菠萝、番荔枝、木瓜、阳桃、芒果、番石榴、莲雾、槟榔、柚）直航运抵厦门，这是一条台湾水果登陆大陆的"黄金路线"：台湾水果采摘后 20 小时就能抵达厦门，且运费可节省近 80%、价格则便宜 30% 以上。

　　厦门，理所当然地成为台湾农副产品免税进入大陆的"特快通道"和集散中心。

　　正是应了中国的一句古语：和气生财。

　　厦门与台湾、金门一衣带水，同宗同根，地缘相通，文化相融，同胞情谊，血浓于水。

　　1987 年 11 月，民意迫使台湾当局正式开放台湾民众回大陆探亲事宜。真可谓"其势也汹汹，其情也切切"，台胞们跨海踏浪，纷纷前来厦门寻根谒祖、探亲访友、温故叙旧，继而旅游观光、上学、求医乃至定居……据不完全统计，进出厦门口岸的台胞人次约占台胞进出祖国大陆总数的六分之一多。

　　2001 年 1 月 2 日，恰巧距"鼓浪屿号"首航香港整 21 年之后，另一艘"太武号"客轮驶离金门岛，满载着 180 多位金门各界同胞直奔厦门而来……大海扬波，群山雀跃，鼓乐喧天——这是半个多世纪以来，首度获得两岸官方认可的厦（门）

金（门）直航。

坚冰已经打破，航道已经开通——

首届海峡两岸图书交贸会……

首届海峡两岸大学校园歌手邀请赛……

第四届海峡两岸大学生"闽南文化研习"夏令营……

"闽南风·海峡情"两岸青少年夏令营……

海峡两岸闽南文化大观园……

"厦金情深"青少年夏令营及中小学篮球、舞蹈、民乐、唐诗联谊活动……

厦门高甲戏、歌仔戏剧团应邀赴金门演出……

首开与中国国民党台中市党部基层党际交流……

欢迎接待宋楚瑜、郁慕明、萧万长等台湾政要来厦访问……

显而易见，厦门经济特区不辱使命——已成为台商投资最密集、人员往来最密切、各项交流与合作最频繁、连接祖国大陆与台湾最顺畅的重要口岸与桥梁。

上世纪 80 年代改革开放之初，福建曾提出"大念山海经"，八闽山水为之起舞，经济社会各项事业发展蔚为大观。

纵观今日，"海峡西岸经济区"战略构想的提出与实施，令海内外尤为瞩目，无疑是福建省委、省政府拓宽发展思路、破解发展难题、把改革开放事业导向更高层次更为壮阔的一幅宏伟蓝图。

建设海峡西岸经济区的构想，台海考量当推首位。厦门被定位为海峡西岸经济区的重要中心城市，既当之无愧，又肩负起了更好地发挥经济特区龙头带动作用的重任。

这是大手笔书写的一篇大文章。

这是积极推进祖国和平统一的一次壮行。

时不我待。厦门市委、市政府遵循科学发展观，确立"建设现代化港口及风景旅游城市"的新思路，强调要在"特、港、创、建、带"上下大功夫，力图实现新一轮跨越式发展。

集中连片开发四大工业区、建设十个万吨级码头、东渡现代物流园区及两大营运中心、五个旅游基地。

这是站在一个高起点，绘制一片新天地，开创一番大事业。

大有举金戈铁马之力，夺狂飙突进之势！

进一步发挥"地缘近、血缘亲、文缘深、商缘广、法缘久"的"五缘"优势，求紧密经贸联系，求两岸直接三通，求旅游双向对接，求农业全面合作，求文化深入交流，求载体平台建设……概而言之，求 13 亿中华炎黄子孙的心愿——祖国统一大业早日完成！

紧紧咬住台湾新一轮产业外移的契机，吸引台湾大企业、大财团来厦投资或设立分支机构；并实施产业链招商，促使台商投资向产业配套型与整体关联型发展。

进一步发挥火炬高新区和台商投资区的整合功能，鼓励台商组合式投资，促进产业升级、产业协作，提升参与国际竞争实力，以确保厦门为台商在大陆投资"神经中枢"的无可替代的地位。

组织开展闽南歌仔戏、高甲戏、南音等独具地域特色的文化交流活动，不断增进两岸文化同根同源的认同感与向心力。

积极推进厦门—金门"两门对开"，努力促成大陆—台湾"两岸三通"……

历史已在昭告：中华民族伟大复兴的大任担在肩上，前路正长，前景更为美好……

（2006 年 3 月 3～26 日于厦门宾馆，原载《光明日报》2007 年 5 月 14 日；中央电视台播映）

闽江·映象

　　一幅何其神幻的人间仙境。

　　一幅挥之不去的山水画卷。

　　闽、赣交界，如涛如涌的武夷山脉与戴云山脉，奇峰怪石，茂林修竹，涓涓流泉或飞瀑而泻，或穿峡走谷，呼隆隆冲出垭口，汇流为北源建溪、中源富屯溪和正源沙溪，三溪蜿蜒前行，似奔似突，于南平合流，浩浩荡荡，始称闽江也！

　　闽江之水天上来。

　　闽江清流，一碧如练。著名作家郁达夫为她的秀美飘逸而叹为观止："水色的清，水流的急……扬子江没有她的绿，富春江不及她的曲，珠江比不上她的静……"并比喻为"中国的莱茵河"。

　　闽江大气，有容乃大。福州籍的文学大师冰心，特赋诗《繁星》而赞美曰："我只知道有蔚蓝的海，却原来还有碧绿的江，这是我的父母之乡！"

　　先贤曰："上善若水！"

　　啊！闽江，福建母亲河……

　　福建福州，福天福地。

上溯5000年，先秦闽人于这片沃土、水域繁衍生息，开基立业，创造了堪与仰韶文化、河姆渡文化相媲美的昙石山文化。地处闽江下游北岸的昙石山遗址博物馆，展出的独木凿舟、扇贝磨砺、烧窑筑壕、陶罐成行等文物，既形象又鲜活地重现了闽人的生活场景。

2010年7月27日，一艘仿古独木舟从太平洋上的大溪地出发，在浩浩森森的大海漂流近4个月后，反向航行回到起源地福建的"寻根之路"活动，极具轰动效应地揭示了"南岛语族迁徙路线图"。南岛语族系西起马达加斯加、东至复活节岛，北自台湾岛和夏威夷群岛、南抵新西兰广阔海域内岛屿上的语系。乡土解密证实：以福建为起点，南岛语族向太平洋跨越5000年的迁徙是历史存在的。

时序演进，沧海桑田，潮汐摩擦，大陆漂移，水退而城现。

"逝者如斯夫，不舍昼夜"——闽江恰是历史的见证。

闽江踽踽而行，流经福州城西郊时，陡然一分为二：北者，白龙江，南者，乌龙江，环抱南台岛，恰似黑白二龙戏珠；又与城中一条条纵横交错的内河互为贯通，造成"城中有水，水中有城"的水韵格局。尔后，欢欢喜喜绕着新老城区流注而去，直奔东海。

福州，千年历史文化名城——"有福之州，福达天下"之美誉，为她平添了无限美景与魅力。

汉初，闽越王无诸在屏山脚下筑城，此后由北往南三次大规模拓城：三坊七巷初始于隋唐，宋代进入鼎盛时期；明末清初资本主义萌芽，在闽江边又崛起一片上下杭商业街；至清末，城区已跨江直抵仓山岛，福州"五口通商"口岸初具规模。

福州又名榕城。始自北宋治平三年太守张伯玉，在衙门前亲自栽下榕树两棵，百姓群起而效仿之。榕树盘根显露，气根触地，老干嫩枝，牵手联袂，树冠秀茂，独树成林，便满城绿荫蔽日，暑不张盖，不失为一大奇观也。

福州城内屏山、乌山、于山鼎足而立，别称"三山"。而最负盛名且为天下人所啧啧称道者，却另有一处风景名胜地：鼓山。鼓山耸立于福州东郊、闽江北岸，因山巅有巨石如鼓、风雨大作时颠簸激荡有声而得名。林壑幽美，古柏参天，胜迹甚众，尤以古刹闻名遐迩，涌泉寺、回龙阁、灵源洞等均引人入胜。郭沫若的著名诗句："考亭遗址在，人迹却萧然"，引发游人无尽遐思。鼓山盖因花岗岩长期剥蚀、风化、崩塌、堆积，而成此千姿百态、奇异风光。

游览福州，让人们流连忘返的莫过于"三坊七巷"了。三坊七巷踞福州核心区域，是南后街由北往南依次排列的十条坊巷的简称：向西三片称"坊"，向东七条称"巷"，占地总面积600余亩。光看"衣锦坊""文儒坊""光禄坊"等坊名，便知其卧虎藏龙，蕴含的历史文化非比寻常，无愧于"中国十大历史文化名街"之称谓。

三坊七巷彪炳于中国近代史册，是与一长串闪光的名字紧密相联的：林则徐、沈葆桢、左宗棠、严复、林纾、林旭、林觉民、冰心、邓拓、林徽因以及陈宝琛等，他们或为官或谪居于此。而在诸如虎门销烟、洋务运动、中法海战、戊戌变法、五四运动、"一二·九"运动、卢沟桥事变等一系列关乎国家、民族命运的历史发展关节点上，他们纷纷走出三坊七巷，或登高一呼，或抛洒一腔热血，各自扮演了无可替代的时代推手之角色。

严复故居位于郎官巷西段，这位从西方世界寻求真理的"盗火者"，译《天演论》，呼吁变法，救亡图存。

林纾，称号"狂生"，工诗古文辞，译著甚丰，被誉为"译界之王"，为闽人所津津乐道。

林则徐被称为"睁开眼睛看世界第一人"，他题写于老宅书室的一副自勉楹联："海纳百川，有容乃大；壁立千仞，无欲则刚。"经世代传承，已升华为福州人引以为骄傲的城市精神。

我们徜徉在仄仄石板路上，细细观赏、品味一座座厚砖瓦屋、客舍厅堂、古井榭台，犹如穿行于美轮美奂的"明清古建筑博物馆"长廊。

福州，还是一座充盈着温馨情调的江南名城。

显然，当白龙江和乌龙江相映嬉闹着穿城而过，彰显水光山色别具情趣时，满城"嘟嘟嘟"的温泉声犹如一曲优美曼妙的交响乐。

福州温泉已逾上千年的历史，地下温泉带贯穿福州城区，携带周边区域。福州凭借"埋藏浅，水温高，水质好"的独特优势，"一幅山水画，满眼温泉城"，荣膺国土资源部命名的"中国温泉之都"称号。

温泉招揽八方游客。伴随温泉资源的开发利用、温泉博物馆的建设，以及一批老澡堂的提升——"泡在温泉里的福州"，无疑变成了一座更具诱惑力的宜居城市。

夜闽江火树银花，装扮得分外瑰丽多姿。

游船始发于台江第一码头，途经中洲岛、解放大桥、闽江公园、泛船浦天主教堂，从洪山桥折返至陈靖姑祈雨处、仓山西洋建筑群、台江金外滩、鳌峰洲大桥，整个游程约两小时，灯影憧憧，波光粼粼，两岸文化古迹和自然景观尽收眼底。

在民间，陈靖姑是福州妇幼皆知的信仰女神，她降妖伏魔、扶危济难、祈雨抗旱、庇佑生灵，被尊奉为"临水夫人""顺天圣母"等。自唐以降，人们为其立碑、修庙、建造宫殿，影响力远播于福建、浙江、台湾岛及东南亚各国，信众达8000多万人。

时序越千年，早在宋元祐八年（1093年），福州太守王祖道就在闽江上架起一座浮桥。南宋著名诗人陆游前来福州观光，诗兴大发："九轨徐行怒涛上，千船横系大江心。"可见当年闽江之盛景。

"九里何用三桥"是福州民间流传甚广的典故。据《福州府志》载：宋代，闽江北港九里水路上，曾先后建起洪一桥、洪二桥，以便于百姓行走和货物集散，然两桥皆毁于水患；至明万历八年（1580年），择址重建洪三桥，并改"三"为"山"，寓意坚固如山也。

今日之福州，作为海峡西岸经济发展战略龙头城市，闽江上已架起十七八座气势恢宏的大桥，百业兴旺，振翅腾飞。

闽江总长2959公里，干流长577公里，流域面积6.09万平方公里，环山而下的河流，孕育出丰沛的水资源，流速湍急，流域面积虽不及黄河的十分之一，水量却是黄河的1.2倍，从武夷山一路奔腾而来，浩荡东去，气势非凡，万古不息。

马尾，乃福州重要入海口。相传有石形如马，马头朝向千年古塔罗星塔，故名"马尾"。群山拥抱，峰峦夹峙，二水回环，为闽江两江合流处、闽江通往东海的门户，天造地设形成天然淡水良港——马尾港。

苍苍鼓山，泱泱闽水。

历史选择了依山傍水的福州马尾港——中国近代工业的发祥地和中国海军的摇篮，谱写了中华民族"天行健，君子以自强不息"的壮丽篇章。

1866年（清同治五年），闽浙总督左宗棠首倡福建船政，在马尾建船厂、造飞机、办学堂、引人才、选派学童留洋，高擎"富国强兵"大旗。其后，沈葆桢、李鸿章、曾国藩、邓世

216

昌、严复等一批近代叱咤风云的人物，在这片闽山闽水展现了一幕幕威武雄壮的历史长卷。

闽江黄金水道映照着历史的辉煌。百舸争流，千帆竞渡，一船船木材源源不断从武夷山运抵马尾港，用作造船原料。福建船政一度成为远东规模最大、影响最广、设备最完整的造船基地，堪称开启中国现代化征程的一座里程碑。

闽江口沿岸留存的古炮台、昭宗祠等遗址是历史的见证，向人们默默地诉说着1884年那场屈辱而悲壮的中法马尾海战。

闽江口呈喇叭状，主航道沿琅岐岛西侧过长门，绕开粗芦岛阻隔，流向川石岛东南侧水道，经过如此曲折穿行，汇入浩瀚东海。

闽江口见证了中国航海史上最为辉煌的一幕大戏。

从明永乐三年（1405年）至宣德八年（1433年），在前后长达29年的时间里，"三保太监"郑和率领声势浩大的船队七下西洋，游历30余国，远达红海与非洲东海岸，均启航于闽江口。

毋庸置疑，福州成了远航船队的"补给站"。

郑和船队留驻闽江口期间，大量福建货物装载上船，武夷山茶叶、福州脱胎漆器和寿山石、建阳瓷器等，由此而源源不断运往海外，流布全球，开启世界贸易之先河。

古称温麻的连江，南扼闽江出海口，东与台湾、马祖列岛一衣带水，两岸同俗，民间亲情和商贸往来频繁，成为名副其实的"黄金口岸"。

闽江口临海的长乐十洋街，自然而然成为"贸易如云"的著名街市，以及茶叶、木材等货物集散地。

沿闽江两岸的人们，则"富家以财，贫人以躯，输中华之声，驰异域之邦"，呈现一派商业繁华景象。

闽江——拓展了"海上丝绸之路"。

闽江——无愧于中华文明联结世界的绿色纽带。

闽江——孕育了有福之州，福州人乃有福之人。

  （原载《人民日报·海外版》2011年3月1日。福州电视台播映；入选《新课外语文（高中）》第二辑，上海科学技术文献出版社，2011）

中国有个三都澳

过往的历史与当下的时空

如果说有着某种联系意义

那么，一片沉寂的港湾

就是大海赋予人类的财富与嘱托

在这样的意义上

福建三都澳是一块无价的瑰宝

如果当下的人们

必须选择以责任的方式

将这块瑰宝传递予未来

那么，期待已久的三都澳

终于迎来了崛起的今天

因为——属于她的时代已经来临……

古往今来，多少文人墨客，赞美山的雄奇，歌吟海的壮阔，留下无数华彩辞章。

然而，环三都澳正在上演的山海交响战略，是那么的美轮美奂，那么的激情飞越，那么的气势雄浑。

早在上世纪初叶，孙中山先生慧眼独具，就将三都澳载入他的《建国方略》，称誉为"世界不多，中国仅有"。

有一位哲人说过：历史总是选择一个特殊地理位置创造奇迹的。

我们欣喜地看到：注定会有这么一天，中国的三都澳开发，既是福建海西战略又是国家沿海战略的重大举措——必将撼动太平洋的滚滚风涛，而令世人眼花缭乱叹为观止……

三都澳，位于中国福建省宁德市。

宁德者，地处东经118°32′~120°44′、北纬26°18′~27°4′之间，居欧亚板块之东南边缘，经岛弧、海沟与太平洋板块神奇地连接成一体。

古《山海经》云："闽在海中"。南中国福建，逶迤延伸了长达3752公里的陆地海岸线。而雄踞闽东北一翼的宁德，独占海岸线长1046公里，拥地1.34万平方公里，领海4.46万平方公里，人口335万。在这一方水土，凭海临风唱大歌，书写着一幕幕英雄传奇。

宁德，坐山面海，扼洞宫山脉南麓、鹫峰山脉东侧，西北高东南低走势，中部隆起，呈"门"形梯状，山峰连绵，岭岭衔接，山风与海涛昼夜吟唱，让人产生无限遐思与神秘莫测的猜想。

宁德，还是多彩多姿的畲族聚居地，全国约占四分之一的畲族人口（约17万人）繁衍生息在这块风水宝地。

世世代代"结庐山谷，诛茅为瓦，编竹为篱，伐荻为户牖"聚族而居的畲族，生性喜好山歌，以歌代言，吟唱本民族的神话传说，尤以围拥着火笼、火塘对歌成婚的习俗，堪称一道亮丽的风景线。畲族诚实、俭朴、善良，与当地汉人和睦相处，共同编织了一幅其乐融融的农耕风俗画。

这是一片血与火浸染过的红色土地。

上世纪30年代，莽莽群山、密林沟壑中行进着一支闽东独立师英雄部队，陶铸、陈毅、邓子恢、叶飞、粟裕、曾志等老一代共产党人在支提山、天湖山等崇山峻岭间留下了战斗的足迹；国家、民族危亡之际，这支铁军又整编为新四军第六团，雄赳赳开赴抗日前线，浴血沙场，屡建殊勋。国人耳熟能详的京剧《沙家浜》中36位新四军伤病员，其中的34人即为闽东籍人……为托起人民共和国的巍峨大厦，在这片红土地上，每一平方公里都长眠着一位红军烈士和四位苏区群众的英灵。

这是一个人杰地灵、文脉鼎盛的精神家园。

被誉为"开闽第一进士"的薛令之，于公元706年长安应试及第。他在《全唐诗》中曾留下这样的佳句："草堂栖在灵山谷/勤读诗书向灯烛/柴门半掩寂无人/惟有白云相伴宿。"薛令之一生为官清正廉洁，死后唐肃宗特敕命其家乡为"廉村"、溪流为"廉溪"，长此青史留名。

南宋著名哲学家、教育家朱熹，一生有60余年游踪于福建山水，设堂讲学，著书立说，创立其博大精深的朱子理学体系"道学"，后人又称之为"闽学"。"昨夜扁舟雨一蓑/满江风浪夜如何/今朝试，孤篷看/依旧青山绿树多。"宁德古田溪碧水清流，于水口汇入浩浩闽江。朱熹吟成的这首《水口行舟》，惟妙惟肖地记述了朱熹忘情于宁德奇山秀水的情状。

因著述《喻世明言》《警世通言》和《醒世恒言》（统称"三言"）而声名远播的明代大文学家、戏曲家冯梦龙，以花甲之年出任寿宁县令，倡导"险其走集，可使无寇；宽其赋役，可使无饥；省其谳牍，可使无讼"。冯梦龙与民休养，亲历亲为，筑城楼，驱虎患，禁溺婴，除陋习，修志书，刊书籍……因冯梦龙主政寿宁四年"政简刑清，首尚文学"而开一代新风，其"官声"为民所津津乐道流传至今。

历朝历代，宁德名人雅士辈出。这里有隋朝谏议大夫、开拓闽东的先祖黄菊；素有"南宋翘楚""宋末诗人之冠"称谓的谢翱；有曾在闽东沿海一线屡创倭寇的明代大将军戚继光；有出任台湾总兵的清朝名将甘国宝，以及创立上海圆明讲堂、新中国佛学协会首任会长圆瑛……显然，他们都为宁德这块热土增添了荣光。

这是一处令人神往的风景名胜地。

碧波无涯的海面，绿荫匝地的海岛，渔歌唱晚的港湾，重峦叠嶂的怪石……无不活画出一幅好山好水的风光长卷。

上山游览奇幻太姥山，水在山涧流淌，雾在林中飘洒；下水戏弄泱泱白水洋，伫立于8万平方米的平滑巨石，感叹天工之奇巧宇宙之造化；更值得称道的是，千年古刹支提寺，素有"不到支提枉为僧"之说，暮鼓晨钟，青灯古佛，香火鼎盛延绵不绝矣。游走在九龙漈瀑布、杨家溪、鸳鸯溪、嵛山岛、翠屏湖、"闽东小九寨""江南第一漂"……领略无污染无喧嚣的恬静，神思飞越身心怡然超凡脱俗，何其快乐乎！

这又是一块最早由农耕文明融入海洋文明的热土。

追根溯源，自晋太康三年（公元282年）置县以来，宁德已穿越1800多年历史风雨。

早在明代，三都澳已开辟运粮航线。1452年（明景泰三年），明王朝在此设河泊所管理渔课。

1684年（清康熙二十三年），清政府在三都澳设宁德税务总口，下辖九个口岸，每年税银达12000两。

1898 年（清光绪二十四年），正式开放三都澳为对外贸易港口，意大利在此设领事馆，英国修建了杂货码头和油码头，美国也修了油码头。随后，英国、美国、德国、日本、俄国、荷兰、瑞典、葡萄牙等多达 24 个国家，相继修建泊位、设立办事处或代表处，并有 4 个国家设立了钱庄。

1899 年 5 月，三都澳正式设立福海关，这是继漳州海关、闽海关、厦门海关之后，福建设立的第四个海关。

1905 年，三都岛铺设了海底电缆，成立了大清国电报局，一个设施完备的商港应运而生。当年的三都澳港，年进出口税银已高达 16 万两。

其后的日子里，三都澳驳船竞渡，舟樯蔽日，商贾云集，商号林立，繁华忙碌胜似"小上海"与"小青岛"……

历史无奈，无情的战火中断了一切！

抗日战争期间，日军飞机几番狂轰滥炸，三都澳被夷为平地……

随后，海峡两岸严重的军事对峙，令三都澳彻底沉寂下去……

改革开放春风鼓荡，为宁德经济社会发展插上了腾飞的翅膀。

——宁德素为产茶之乡，满山遍野茶树绿绿葱葱，茶香飘万里。早在 1915 年，福安坦洋工夫红茶即在巴拿马万国博览会荣获金奖。今日之宁德，更是响亮地打出"海峡大茶都"旗号，全市茶叶种植面积扩展至 88 万亩，茶农 110 万人，受益人口超过 200 万人，年产茶叶 6.65 万吨，年产值达 34 亿元，无论种植面积、产量均已占到福建全省的三分之一。中国六大驰名茶类，宁德拥有四大类：坦洋工夫红茶、福鼎大白茶、天山绿茶和寿宁高山乌龙茶。各类茶叶品牌推陈出新，远销海内外市场。

——宁德核电站横空出世。这是国家第一个建在海岛上的核电站。面临浩瀚东海的福鼎晴川湾三个荒无人烟的岛屿,今日机器声轰鸣人声鼎沸,移山填海推岛负挖气势如虹。总投资达 900 多亿元、装机容量 600 万千瓦的宁德核电站工程,预计 2012 年第一期 4 台机组即可陆续建成投产运营。届时,年上网电量约 300 亿千瓦时,年减少电煤消耗约 1800 万吨,减少温室气体排放量约 2700 万吨。显而易见,对优化福建乃至华东地区的能源结构,推进整个海峡西岸经济建设功莫大焉。

——沿着宁德高速公路"湾坞"出口,往南延伸 10 公里,大唐宁德火电厂拔地而起。这座现代化的大型火电厂,总投资达 270 亿元,拥有四台 60 万千瓦及两台 100 万千瓦火力发电机组。遵循"增容减排,科学发展"原则,倾力打造成了绿色环保工业。显然,大唐宁德火电厂依托深水良港汇聚的资源优势,崛起于一片滩涂地上,必将成为宁德发展港口及临港产业强有力的"动力机"。

——福安电机工业园区的破土动工,显然震动了海峡两岸的企业界。投资者台湾东元集团是声名显赫的台湾电机产业巨头,在全球电机制造领域享有盛誉,位居世界第三、亚洲第一。台湾东元集团慧眼独具,瞄准福安电机电器产业存在上下游产业空档多、配套能力弱,毅然投下巨资,以赢得未来巨大的发展空间。

——中海油投资开发建设 100 平方公里的"海西宁德工业区",先期投入 230 亿元,启动 LNG 接收站、油品储备及海上采油设备等项目建设;中国青山控股、中国德力西集团、上海鼎信集团联手投资 12 亿元,年产 30 万吨的镍合金项目已正式投产运营;霞浦京风电场工程正式开工;海上风力发电、福鼎潮汐电、周宁抽水蓄能发电等工程均在快速推进;多晶硅、锂离子电池、有色金属、大型造船、游艇生产、港口物流、新能源、新材料等一批批大型项目接踵前来宁德安家落户,以及宁德师范学院专升本大功告成……刹那间，宁德山欢水笑，遂成一片投资热土。

历史如此厚爱——宁德热，周边更热。

沈（阳）海（口）高速——贯通中国东南沿海地区的唯一一条高速公路已开通运营，由北至南长达 141 公里线路通过宁德全境。

温（州）福（州）高铁——海西第一段双轨高速铁路，则穿越宁德所有沿海县市：福鼎、霞浦、福安、蕉城。

沈海高速与温福高铁两条长龙呼啸奔驰交相辉映，组合成顺畅的国家沿海大通道。

毫无疑问，随之而来的福建与浙江两地产业相补对接，福建与浙江经济圈大融合，宁德将占尽先机！

更为令人欣喜的是，2009 年 5 月 14 日，国发〔2009〕24 号文，正式向国人发布《国务院关于支持福建省加快建设海峡西岸经济区的若干意见》。

国务院《意见》明确赋予海峡西岸经济区"两岸人民交流合作先行先试区域，服务周边地区发展新的对外开放综合通道"的战略定位。

显然，海西战略已从区域战略上升为国家战略，已从区域发展上升为祖国统一、中华振兴的高度。

宁德作为海西东北翼重要增长极，必将大展宏图。

台海互动，兄弟情谊，惠风和畅。

台湾民俗文化进香团首次从海上驶抵宁德，实现了宁（德）台（湾）人员直航的历史性突破。

全国首个台湾水产集散中心落户霞浦县。

成功举办第三届海峡两岸茶业博览会。

举办海峡两岸电机电器博览会。

台湾工业园、台湾商贸城、台湾农民创业园正在紧锣密鼓规划之中；与台湾钢铁、石化产业对接合作的前期工作也在全力推进……

中国人讲究：天时地利与人和。

所有的日来月往、时移世易，似乎都在企盼着、等待着、簇拥着《环三都澳区域发展战略》的盛装出台。

澳者，指海边弯曲可以停船的地方。

环三都澳区域面积约 4500 平方公里，地处太平洋西岸国际主航线中心区位，扼中国南北海岸线中心点，居上海港与深圳港两大开放港口之间，东与台湾隔海相望，距基隆港仅 126 海里。

三都澳的军事战略地位——曾有一位美国海军上将放言："谁控制了三都澳，谁就拥有了西太平洋。"继而称：如是，"太平洋就成了美国湖"。

三都澳的经济战略地位——1988 年，全国政协副主席钱伟长考察三都澳时欣然题词："群山抱三都，风兴六级浪不扬；荷叶守澳口，水深百米港尽良。"2004 年，全国人大常委会副委员长蒋正华面对三都澳发出由衷的赞叹："宁德港口甲天下"！

三都澳紧靠赤道环球航线（航程仅 30 海里），可直接通达中国及世界所有海上运输航线。

三都澳作为世界罕见的天然深水良港，具备诸多优于其他港口的自然特征。

宽——三都澳水域面积达 714 平方公里，其中 10 米以上等深水域 174 平方公里，相当于 26 个宁波北仑港、8 个荷兰鹿特丹港。

深——主航道水深 30～115 米，环澳深水岸线 88 公里，第五、六代国际集装箱轮船及 50 万吨级巨轮可全天候进出，深度水域面积与航道水深堪称世界之最。规划可建 3 万吨级以上泊位 150 多个，其中 20 万～50 万吨级泊位达 61 个。

避风——三都澳口小腹大，三面环山，澳口（东冲口）宽度仅 2.6 公里，风平浪静，水不扬波，为天然避风良港。

不冻不淤——极为典型的溺谷型深水港湾，退潮流速大于涨潮，不易造成淤积，不冻不淤，可常年全天候作业。

环三都澳区域的开发建设，使宁德实现了从"山"到"海"的跨越。"临海、跨海、环海"三步跃升，港口、城市、产业、生态四位一体，互动发展的态势，正如火如荼地推进之中，一批现代产业群拔地而起，被福建省委、省政府列为十大增长区域之首。

环三都澳发展战略，作为福建省第一个综合性区域发展规划，最终上升为海西战略的重要组成部分，实施四年来，在凝聚人心、聚集项目、提升人气商气、引领科学发展上产生了良好带动效应。仅 2008 年和 2009 年的宁德投资洽谈会，环三都澳区域签约项目投资达 570 亿元，占全市签约项目总投资额的 71.8%。

2010 年为"十一五规划"收官之年，宁德市交出的答卷，既充盈着诗情画意又令人引发无限遐思（字幕）。

显然，其恢宏气势，其壮阔前景，非同一般呵！

2010 年 9 月 5 日，"重返旧地"的中共中央政治局常委、书记处书记、国家副主席习近平，抚今追昔，感慨万千——20 年前，他曾在宁德任职地委书记，今日旧貌换新颜，令他倍感欣慰。

当年在宁德工作时，面对落后的发展水平和薄弱的经济基础，年轻的地委书记习近平，选择了"滴水穿石"的实干，为宁德干部留下了："沉下心来做事、正视现实谋局、抓住机遇求变"的良好政风。

毋庸置疑，"滴水穿石，人一我十，力求先行"的闽东精神——已升华为今日闽东科学发展、跨越发展的强大精神驱动力。

清晨，这座城市会在东湖第一抹晨曦中渐渐苏醒并敞亮起来，而湖面上自由飞翔的白鹭则是这座城市迎来的第一批客人。

在这里，古老与现代相互和谐，传统与创新相互和谐，发展与保护相互和谐。

我们欣喜地看到，一座国际化、市场化、人文化、生态化的美丽宁德，正从愿景向人间徐徐展开……

回望历史：始于上世纪下半叶，亚太地区开始腾飞，先是亚洲四小龙强劲起飞，随后中国快速崛起。

时序演进至 21 世纪，全球经济重心东移，太平洋经济日益为全世界所瞩目。

宁德，曾一度被称作"中国黄金海岸断裂带"。

显然，这是一次"由山到海的突围"。

一旦天风吹梦、漂亮转身，上演威武雄壮的山海交响，完全有理由预言：明天的三都澳，明天的宁德，将会是"洞天福地，欢乐海港"——何等的风华正茂、瑰丽多姿呵！

（2010 年 1 月 19～30 日一稿，2010 年 6 月 5～8 日二稿，2010 年 10 月 21～23 日三稿于宁德；海峡卫视播映）

大业千秋

——福建船舶风云录

20 世纪 80 年代，当中国撞响和平崛起的命运之钟，福建船舶工业就该注定要演绎新的历史传奇。

福建拥有海岸线（3324 公里）居全国第二位、深水港口岸线资源居全国首位的得天独厚优势。

1982 年，乘改革开放春风鼓荡，福建船舶工业公司挂牌成立。公司如插上腾飞双翼，造船吨位由 3000 吨级快速升至 5000 吨级，再跃升至 10000 吨级；技术发展则由建造沿海货船到近洋货船再到远洋货船。

1997 年 12 月，由厦门造船厂、马尾造船厂、东南造船厂三大骨干企业等 23 家相关企、事业单位，组建成立全国唯一一家地方省属国有船舶工业集团公司，拥有员工 2 万余人，形成造船、修船、海洋工程、重型钢结构制造互补格局，力图打造一批具有较强国际竞争力、高技术高附加值的主流船型品牌产品，高起点、多层次、宽领域地参与国际合作和竞争，走国际化经营发展道路。

由此，波翻浪涌的"海洋经济"大幕徐徐拉开……

（推出片名《大业千秋》）

闽地临海，自古闽人"以舟为车"。三国东吴政权即在建安郡闽县（今福州连江县一带）建温麻船屯，所造海船数量大、形制多，称为"福船"。左思《吴都赋》曰："弘舸连舳，巨舰接舻，飞云盖海，制非常模……篙工楫师，选自闽禺。"

福船为中国"四大古船"之一，宋人称"海舟以福建为上"，明代水师则以福船为主要战船。福船尖底龙骨的结构特别适合于外海与深海航行，堪称古代木质海船的领航者，代表了当时世界造船技术的最高工艺。

公元 1405 年 7 月，郑和率领 200 多只海船组成庞大的联合舰队，其中以福船为主体船型，配备罗盘、牵星板等当时最先进的航海定位系统，威风凛凛地驶向广阔无垠的大海。

探寻历史踪迹，我们还会惊讶地发现：福建船政几乎牵引着一部中国近代史。

19 世纪以降，外侮频仍，尤以中英鸦片战争为甚，西方工业文明的炮舰彻底击碎了大清帝国"天朝上国"的迷梦。李鸿章哀叹"三千年未有之大变局"，林则徐则发出"睁眼看世界"的呼号。西风东渐，求强图变，朝野开始认同"师夷之长技以制夷"。

同治五年（1866 年）六月初三日，清廷批准闽浙总督左宗棠兴办马尾船政奏议的诏书正式颁发："中国自强之道，全在振奋精神……现拟于闽省择地设厂，购买机器，募雇洋匠，试造火轮船只，实系当今应办之急务。"

左宗棠慧眼独具，选中一方风水宝地：闽江之畔，马限山旁，相传江中有礁形如马，尾部甩向千年古塔罗星塔江岸，故名"马尾"；此处适逢白龙江、乌龙江、桐江三江汇流，水清土实，长年不淤，四围群山拱绕，峰峦夹峙，乃天造地设之淡水良港也。

随后，沈葆桢接替左宗棠为钦差船政大臣，设"总理船政事务衙门"，即题楹联彰显其志：以一篑为始基，自古天下无难事；致九译之新法，于今中国有圣人。

马尾港犹如摇撼着一阵越来越猛烈的欢乐的风：从西方引进技术、设备和人才，建船坞、造兵舰、办学堂、筹建海军、派学童出洋留学……凡八年努力，马尾港迅速崛起为当时中国乃至远东地区规模最大的造船基地，造成船舰 20 艘，分布各海口——"造舰闯世界"，成为当年船政英豪们的宏图壮志。

"天行健，君子以自强不息"。

毋庸置疑，这是一场旷古未有的伟大变革：这里诞生了中国第一座大型机器造船厂，中国第一代工业技术人员，中国第一代电报通讯人才，中国第一代海军将领和航海专家，以及中国第一艘蒸汽船、第一艘铁木合构船、第一艘钢甲军舰……当之无愧地成为中国近代工业和洋务运动的发祥地，中国近代海军和航空的摇篮。

1912 年 4 月 20 日，"沿途炮声旗影达数里"，孙中山乘船抵闽江口，次日先生参访马尾船政，赞誉曰："船政……足为海军根基。"

彪炳于中国现代史册的林则徐、李鸿章、左宗棠、沈葆桢、日意格，以及船政学堂培养的一代英才严复、邓世昌、萨镇冰、詹天佑、陈季同、叶祖珪、魏瀚、陈兆锵、巴玉藻等，他们的名字如同雕像般永远镌刻在了这片闽山闽水……

古代"福船"远涉重洋闻名遐迩，近代"百年船政"开风气之先河举世瞩目——这样一份传奇、一份荣耀，世代沿袭，薪火相传，如灵魂般融入了当代福建船舶人的血脉，成为他们图强富国、扬帆破浪的巨大驱动力。

2006 年 1 月 15 日，胡锦涛总书记风尘仆仆亲临马尾造船厂

视察，发出"中国船舶工业，不仅要做大，而且要做强"的
号召。

2009年5月14日，《国务院关于支持福建省加快海峡西岸
经济区的若干意见》正式颁布，既是福建改革开放后30年的破
题之举，又是国家沿海经济战略的开篇之作，预示着海西经济
区继珠江三角洲、长江三角洲和环渤海经济圈之后，作为中国
又一新的经济板块将强劲崛起。

福建船舶工业集团公司牢记教诲，开拓进取，追求卓越，
以成为海西高端装备制造业领军企业为己任，力争在海西经济
发展战略中担当起排头兵角色。

谋篇布局全面铺开："三江（闽江、白马江、九龙江）、两
港（厦门港、福州港）"产业总体态势已然形成；马尾造船股份
有限公司、厦门船舶重工股份有限公司、福建东南造船厂，三
大总装造船基地成三足鼎立互为掎角之势，既独具特色又各显
神通，面对群雄环伺的全球船舶市场强势出击。

横跨厦门西海域的海沧大桥凌空飞架，似长虹卧波，桥下，
厦门船舶重工股份有限公司的船坞、巨轮漂浮于碧波之上，与
东渡港隔海相望，西接海沧保税港，扼厦门港主航道，气势恢
宏，蔚为壮观。厦船重工造船历史悠长，它的前身可追溯到
1858年英商投资创办的厦门船坞公司，英国作家马丁曾称誉这
座建于鹭江畔北侧的花岗岩船坞为"中国机器工业的第一枝幼
苗"。历经一个半世纪栉风沐雨，厦船重工因旧城改造异地搬
迁、获得兴建大规模现代化造船基地的良好机遇，实现了从传
统机制向现代机制的飞跃，发展成为目前国内中型船厂中最具
现代化设备、完全出口型的造船企业，规划建设"一坞、二台、
三码头"的蓝图，将展现更为美妙的前景：单船建造能力提升
至10万吨级以上，达到年产100万载重吨，年产值45亿~50
亿元。

东南造船厂坐拥于闻名遐迩的马尾天然深水良港，占地面积20余万平方米，而它的前身只是一家上世纪50年代创办的小型渔轮修造厂。伴随着改革开放大潮，企业勇于搏击市场风浪，生产规模迅速扩张，产品逐步走向多元化，尤其"调结构、转方式"抢先一步，逆势上扬，化金融危机为商机，将目光瞄准高科技含量、高附加值的船舶市场，确立了以海工辅助船为主导方向的市场定位，大量承接50M－80M系列海洋多用途工作船、70M－120M系列平台供应船等高科技船型；通过批量生产和自主创新，形成了具备强大市场优势的主打产品，特别是近两年承接批量的UT755及105M电力推进的、环保绿色船型海外订单高居不下，产品出口日本、法国、荷兰、希腊、韩国、新加坡、马来西亚等多个国家以及香港、台湾地区，迅速成长为在中国海工船制造领域崭露头角的领军企业之一。

始于上世纪90年代，马尾造船厂相继成批建造7300吨滚装船、7800吨集装箱能船、8200吨集装箱和17600吨多用途船等出口船舶，加入远洋国际运输船队，航行于世界各港口，成为集装箱远洋运输无可替代的重要力量。与此同时，结合船政文化建设、申报世界文化遗产及新址扩建项目，倾力将企业打造成绿色造船精品、精细造船精品、总装造船精品基地。

2011年12月23日，正值马尾船政创办145周年的重要历史时刻，马尾船政（连江）船舶与海洋工程装备园区正式动工兴建，这是福建船舶集团公司大策划、大投资、超常规，践行科学发展、跨越发展的一次大演练，预示着福建船舶工业将要上一个新台阶。

园区新址地处闽江入海口的粗芦岛——郑和七下西洋的驿站，如今又将成为福建船舶人打造海洋装备新兴产业、助力福建海洋经济发展的新高地。园区规划总面积约5000亩、占用岸线约 6000 米，高起点、高标准打造转方式、调结构的产业集群，建设成绿色环保的现代化船舶工业示范区。该园区囊括了钢构工程、特种船舶建造、大型造船、船舶舾装配套、游艇、船舶技师学院等众多项目。总投资约 80 亿元，建成达产后可形成年产特种船舶、海工产品和高技术、高附加值大型船舶 250 万吨生产能力，以及具有一定规模的船舶分段、舾装配套生产能力，可实现销售收入约 150 亿元、利润总额 12 亿元、税收 6 亿元。

（字幕："十一五"末的 2010 年，福船集团实现工业总产值近 70 亿元、销售收入 72 亿元、出口创汇近 10 亿美元、利润总额 4.54 亿元、纳税 2.48 亿元，分别是"十五"末的 3.5 倍、3.9 倍、4.3 倍、22.7 倍和 13.8 倍。）

2012 年 4 月 2 日，温家宝总理视察福建时明确提出："福建在经略海洋方面有悠久的历史和光荣的传统，面向未来，要在实施海洋发展战略上有所突破，有所建树。"

2012 年 6 月 27 日，全国政协主席贾庆林前来考察时，高度赞赏福建先民创造的造船技术、航海技术、船政文化等是对世界海洋文明的重要贡献，要求"把福建建设成为海洋经济强省"。

福建省委、省政府领导多次亲临福建船舶集团公司考察调研，现场办公，谋划发展大计。

福建船舶集团公司牢牢把握"海西建设"战略机遇期，实施"差异竞争、联强做大、项目带动、跨越发展"的战略方针，通过积极争取引入央企、民企、台企等战略合作伙伴，挟持船舶产业链和产业集群之优势，踏浪欢歌，盛装远航，其前景是如此的广阔又壮观迷人——

厦门船舶重工建造的 30000 吨集装箱船型，是囊括集装箱、散货、超长货物、纸制品和 1 – 8 类危险化学品货物综合装载能力的多用途船舶，该船型领先于国际先进水平，先后被评定为"中船总科技进步奖""世界十佳船型"。

而另一种具备划时代水平船型 4900 车位汽车运输船，为欧洲船东承造，船甲板 12 层，如一幢破浪航行于大海的摩天大楼，可以装载各类小汽车、卡车、翻斗车、高篷车、载重车、大型客车、拖车等各种车辆 4900 辆，因而在国际船舶市场大受青睐。

马尾造船与波兰 MMC 公司联合开发的 87 米电力推进平台供应船，采用全新电力推进系统，配备 DP – 2 动力定位装置，极大地增强了恶劣海况下船舶本体和钻井平台的安全性。

70 米平台供应船是马尾造船自主设计生产的品牌船型，自2008 年第一艘船交付使用以来，在国际市场上备受美国、英国、卡塔尔、新加坡等国船东的赞誉和追捧。世界著名海洋工程船服务商——美国潮水公司主动找上门来，批量订造该型船及后续升级船型，并与公司建立了良好的长期战略合作伙伴关系。

东南造船厂在与新加坡健全海事共同研发的基础上进行了多项技术创新，成功推出 59M 海洋多用途工作船。该船集高技术、高附加值、高自动化于一身，获得了全球众多船东的广泛好评和高度青睐，目前已接单 128 艘，交付使用 101 艘。

作为 59M 系列船的升级产品，75M 平台供应船以优良的操作性能、经济性能和建造品质又一次吸引了国际船舶市场的密切关注，目前已接单 22 艘，交付使用 6 艘，有望在强手如云的国际海工领域再创辉煌。

早在 2500 多年前，古希腊海洋学家狄末斯托克就有过精辟的预言："谁控制了海洋，谁就控制了一切。"

显然，海洋代表着人类的未来！

走向大海，搏击世界——福建船舶横渡太平洋、印度洋和大西洋，涉足欧洲、北美及东南亚大陆，产品远销英国、美国、法国、德国、荷兰、丹麦、挪威、秘鲁、希腊、韩国等 20 多个国家和地区，何其扬眉吐气呵！

（2012 年 6 月 27 日~7 月 20 日写于福州；原载《中国作家（影视版）》2013 年第 3 期）

力挽狂澜

——1991 年抗洪交响曲

上 篇

不必问是哪一位哲人说过这样的名言:"人类的生存发展史就是一部与自然灾害作斗争的历史。"

大自然既赠与人类阳光、空气、水,同时也赠与人类灾祸。

公元 1991 年,地球变得更加躁动不安——

日本、菲律宾火山喷吐的岩浆,顷刻间把村庄、绿树和花草化作史前的沉寂……

席卷孟加拉国的台风、暴雨和海啸,使之桥梁断裂,房屋坍塌,人们啼饥号寒……

西欧大雪飞飘,似乎人类一夜间已回归到了冰川世纪……

科威特熊熊燃烧的油井大火与伊朗汪洋漫溢的洪涝水患,带给大战甫定的中东世界满目疮痍……

于是,科学家指证一种"厄尔尼诺现象"——自 1982 年以来,东太平洋海表水温异常增暖——它会使地球上的一些地区久旱不雨,而另一些地区则暴雨成灾。

公元 1991 年，地球的东方——拥有五千年文明史的华夏民族，同样经受了一场严峻的大自然的挑战！

天摇着雨，雨摇着地……

豪雨如注，茫茫滔滔……

天穹突然变作了一只大漏斗，狂泻不止。自 5 月中旬至 7 月中旬，西起川黔以东，沿华中的河南、湖北、湖南，东至华东沿海地带，南中国的大部分地区被裹在一片雨幕之中。

年年入汛期，今岁来得早！

江苏常州市、无锡市 30 天降雨量接近百年一遇；

江苏兴化县、安徽金寨县 30 天降雨量超过百年一遇；

太湖流域 30 天降雨量相当于 80 年一遇。

6 月中旬，淮河和长江下游左岸支流滁河发生大洪水；

7 月，淮河和滁河再度发生大洪水；

7 月，太湖百流汇归，水位陡涨高达 4.79 米，高出历史最高水位（4.65 米）的时间持续达 14 天之久；

还是 7 月，长江上中游支流乌江、澧水，以及湖北省北部的举水、巴水、倒水和天门河相继发生大洪水；

7 月底至 8 月初，暴雨自南往北推移，东北边陲的嫩江、松花江洪水猛灌丰满水库，高出汛限水位 3.06 米……

洪暴叠加，暴雨追着洪水走！

江河湖库水位骤涨！

千里洪流涨破警戒线！

肆虐的洪峰，宛若一条放荡不羁的蛟龙，随时都将撕裂两岸堤防！

洪水加内涝，华东、华中多数省份一片汪洋——

江苏、上海等产业中心均受到洪水严重包围，沪宁线上的常州、苏州、无锡等工业重镇相继遭到洪水袭击；

百万人口的苏州成了名副其实的东方威尼斯"水城",三分之二的市区浸泡于水中;

苏南地区1.7万家工厂企业停工或半停工,10524座乡镇村庄被水淹;

南京城大水压境。因客水下泄和海潮顶托,至7月14日,长江南京江段水位已涨至9.68米,波翻浪涌,竟高出沿江地面一到两米,六朝古都随时可遭灭顶之灾;

淮河洪峰迫向蚌埠,素有"经济命脉"之称的淮北大堤,240公里长堤上险象环生;

南肥河水溢出河面,合肥市被困成一座孤岛,从高空俯瞰,安徽全省不少地县竟成泽国;

公路、铁路、桥梁等重要基础设施,相继遭到严重损毁……

田园被毁,房屋倒塌。

洪水无情地卷走了庄稼人的希望之梦。

安徽全省38个县(市)城区进水,43779个村庄被水围困,夏秋两季作物受灾面积达7536.77万亩,全年粮食减产约140亿公斤,仅农业直接经济损失达146亿元。

就在这座桥下,成捆成捆刚收获的麦子,整整漂流了七天七夜。

农民们心疼呀,他们说:"三年奔温饱,五年奔小康,一场大水全冲光……"

洪水肆虐,江苏省11个市、64个县全面受灾,3000多万亩农田汪洋一片,120多万户城乡居民住宅浸于水中,2万多家工厂企业的机器被迫停止运转,仅工业直接经济损失就高达200亿元。

灾情是罕见的。

全国 18 个省、自治区、直辖市相继发生水灾，农作物受灾面积 6 亿亩，绝产 8000 万亩，因灾减产粮食 400 亿～500 亿斤，倒塌房屋 324 万间，受灾人口 2.2 亿人，各项直接经济损失累计高达 800 亿元。

洪峰恶浪，猛烈摇撼着共和国的经济大厦！

灾场如战场。

安徽、江苏、河南、湖北、上海、浙江、贵州、湖南、黑龙江等省、市防汛指挥部，热线电话直通北京国家防汛总指挥部——电文传递，命令下达，形成密布全国江河湖海的防汛抗洪中枢神经网络。

汇总，商议，争论，筹谋……拟定一个又一个决策方案，最后呈报党中央、国务院最高领导层定夺。

一场波澜壮阔、气势恢宏、全民齐心协力共赴危难的抗洪抢险活剧拉开了大幕！

在中央军委和解放军三总部的紧急号令下，全军 70 多万名官兵火速奔赴抗洪抢险第一线——

空军航空兵出动 100 多架次飞机，侦察灾情，空投物资；

国防科工委某部奉命开赴江阴一线紧急布防；

海军东海舰队指战员疾驰巢湖严阵以待；南京军区 18 万名干部、战士在苏皖沪抗灾区奋力拼搏……

安徽省肥西县三河镇，这座浸泡在洪水中的古镇，因太平天国骁将陈玉成曾在此大败湘军而彪炳史册，史称"三河大捷"。它栉风沐雨数百年未遭水患。而今年，凶猛的洪水吞没它仅用了 23 分钟。

当地的老百姓都说，这座教堂盖得不吉利，因为它的大门正对着洪水的决口处——万能的上帝终于无力保护自己的殿堂。7 月 11 日 16 时 27 分，当 6 米多高的黄色浪头以排山倒海之势

扑向小镇时，100多位虔诚的基督徒正跪在教堂里向上帝祷告，是解放军官兵破门救出了他们，

在洪水即将破堤之际，合肥炮兵学院和合肥市军分区的近千名指战员协同地方政府，在短短三个半小时内，将镇上群众全部安全撤出，无一人死亡。

紧急转移中，一位妇女临产，五名解放军战士将她抬到未被水淹的楼顶，又用身体背向产妇排成一堵挡风墙。年轻的母亲难以表述感激之情，特意给新生儿取名"军生"。

三河镇被淹没了，但全镇1.4万多名群众却安然无恙。

其实，并没有上帝，人类只能自己拯救自己！

这是另一种战场的拼杀——军人的风采，军人的意志，军人的忧与乐，系于更为博大的社会使命感中。

这位营长的名字叫张怀玉。

7月上旬，妻子带着女儿从遭受水灾的家乡跋涉数百里来到他的身边。当天晚上，部队就接到了参加抗洪抢险的命令，张怀玉来不及安顿好妻女，便带着部队奔赴灾区。

战士们并不知道，他们营长的妻子已身患顽症，若不及时救治，便可能落下终身残疾。

在军人的信念的天平上，国家与小家哪头重——张营长以自己的行动作出了响亮的回答！

湖北籍的空军下士董海建，怀揣"母亲病重"的电报急如星火地往家赶。途中恰遇汛情，他悄然加入到抗洪行列中，整整三天三夜，有时十几个小时滴水未沾，一人帮助转移了数百名灾区群众——此刻，倘若病中的高堂老母看到这组镜头时，相信他老人家一定会为自己生养了这样的好儿子而感到欣慰的！

洪水上涨，晓桥大坝告急！

地方政府向南京海军电子工程学院紧急求援。一声令下，

毕业临考的 1000 多名学员放下手中的书本，停止论文答辩，20 分钟紧急集合完毕，在白发苍苍的老校长率领下，冲向了另一个特殊的考场。

整整七个日日夜夜，"保卫南京，保卫津浦线"的口号始终激荡在学员们的胸间。他们顽强坚守，寸步不退，用身体作屏障，顶住了洪峰一次又一次的猛烈冲击。

大坝在风浪中岿然不动——年轻的军人们向人民交出了一份最出色的答卷！

这三位老人几天几夜被洪水围困在一座孤岛上，水天茫茫，四顾无人，她们绝望了。这时，解放军迎风破浪驾驶来了救生艇……老人们伏在战士们的肩上，喃喃地说道："孩子，孩子，你们真是好孩子啊！"

汛情如军情。

总参谋部一道命令，用于指挥和抢险的 15 车皮通信器材和数十万件救生器材紧急调运灾区；

总后勤部一万余台艘车船奉命出动，2000 顶帐篷、20 万套被服被火速运往灾区；

160 个部队医疗卫生队，携带价值 1000 万元的药品和器材驰赴灾区防病治病。

当年参加唐山抗震救灾的英雄部队来了……

引滦河水入津的工程兵指战员们来了……

扑灭大兴安岭森林大火的勇士们来了……

"人民养育了军队，军队服膺于人民"——人民军队从炮火硝烟中锻造的这一神圣宗旨，将永远书写在高扬的战旗上！

救水如救火。

湖北省麻城市农民阮成建摇着一条借来的小船，在狂涛恶浪中一遍又一遍穿梭，一口气摇了 18 个小时，往返达 94 次，将全村 380 名乡亲安全转移出去。每一趟都须路过自己的家门，他眼睁睁地看着刚盖起来的 9 间新瓦房在洪水中慢慢倒塌了，连同两台电视机也砸在了里面——那是辛苦了一辈子才积攒下的血汗钱哪！他来不及叹息，只知道一个劲儿摇着他的小船——当记者闻讯赶来采访他时，他仍然摇着小船在洪水中穿梭。

在洪水威胁江苏宜兴地区的日子里，洋溪乡的每一座村庄都曾出现过一位残疾青年的身影。

他叫潘孟根，听说乡里拦洪筑坝材料告急，便安顿好家中年迈的母亲，带着修房借来的 1000 元钱，走村串户，四处募购编织袋。

他早出晚归，披星戴月，摇着轮椅车在泥泞的村路上足足奔波了十几天，先后把一万多只编织袋送到乡政府。乡里的干部感激地握住他的手说："你为咱洋溪乡立了大功啊！"

湖北省阳春县工人袁汉春是一名工人，也曾是一名解放军战士。洪水淹没了厂房，袁汉春拿着一串车间钥匙赶去转移工厂的机器，一个恶浪兜头扑来，他去了，再也没有回来……当人们找到他的尸体时，发现袁汉春烈士的手里还紧紧攥着那串钥匙，不禁潸然泪下。

我们目睹了这样一场特殊的葬礼，谁能不怦然心动呢！20 岁的共青团员熊聂林为救护两位在洪水中挣扎的中学生，自己却献出了年轻的生命。乡亲们送他去远行——他将随流水漂向遥远的大海，他的生命一定会绽出美丽的浪花！

工人张冬兴不顾妻子的阻拦，拖着疲惫的身躯冲上了抗洪抢险第一线……

现在，他再也不会离家而去了……

每天，这位年轻的妻子都领着儿子，在亡夫的灵堂前点燃两根红红的蜡烛。年幼的儿子尚不谙世事。妻子默默地做着这一切，脸上并无太多的悲戚。也许，她知道生命的价值在于闪耀——正如同这烛光一样！

扒了房子，卸下木板，甚至堵上被褥，没日没夜地干呀、堵呀，人们终于把堤坝垒高了，加固了。

突然，传来上级命令：为了保全大局，必须牺牲局部。立即破堤分洪！

然而，乡亲们黑压压一片挤在堤上就是不肯走。有的人还指天盟誓："人在堤在！"

是啊，堤内有没抢收完的小麦，堤内有祖祖辈辈们创下的家业，堤内有庄稼人赖以生存的一切啊！

离上级限定的破堤时间只剩下最后几分钟了。

分分秒秒急煞人！

猛然间，只见区委书记面朝人群，双膝跪地，一连作了十几个揖："乡亲们，为了不让更多的耕地、家园遭到水淹，撤吧，我给大伙儿跪下……"

大家都哭了，流着眼泪跟着区委书记默默地撤下了大堤……

"人民"——这有如大地一般厚实、大山一般沉重的字眼啊——当党的总书记前往安徽巡视灾区后，他深切由衷地说："灾比起我在北京听到的要严重得多，但我现在放心了。因为，我们的人民好啊！人民好啊！"

在抗洪抢险救灾第一线上，各级领导干部肩负千钧重任，率先垂范，备尝艰辛，堪称中流砥柱！

安徽省省委书记卢荣景乘坐小轿车，风风火火驰赴行蓄洪区金寨县，路遇水阻；换乘大卡车，再遇阻；最后，他干脆就站在这辆推土机上，顶风冒雨驶进了水最深处已达3米的金寨县城。来到县缫丝厂门口，卢荣景不顾工人们的再三劝阻，拉着县委书记的手，趟着齐腰深的水就进入了厂区，周围的群众感动地向他鼓掌致意……

"榜样的力量是无穷的"——这已是一句老话了。然而，它永远蕴含着人民群众多么殷切的期望啊！

安徽滁州地委书记陆子修，这位双眼熬得通红的地委书记，是刚刚被省委工作组强令从抗洪第一线撤回医院治疗的。一个多月来，他干脆把行装放在小车上，四处奔波，日夜操劳。眼下，人虽住进了医院，心却留在了大堤上。

的确，像这样抱病上火线的干部，又何止陆子修一个呢——有一位县长就曾用手托着输液瓶在大堤上坚持了整整六天六夜！

安徽凤阳县委书记王振泰，躺在病榻上指挥抗洪抢险斗争……

他们的心，始终系连着雨情，也始终系连着与千家万户平民百姓性命攸关的利益。

孔集镇党委书记叶照芳，说她性情暴烈，说她心热如火，都没有错。7月12日凌晨堤坝渗漏，危急万分哪——这位女党委书记竟然操起一根木棍，把劳累了一天正在吃饭的乡亲们手中的饭碗都打碎了，领着大伙儿呼啦冲上了河堤。

霍邱县高塘乡党委书记陈守贤，整整三天三夜没合眼，奔波在风里雨里，带领全乡八千多群众撤离城西湖蓄洪区。乡亲们安全了，他却累倒了，不慎坠水而去……消息传开，乡亲们一片哭泣声："陈书记呀，昨天您还抱着小的扶着老的，在泥里、水里救人哪……"

我们的干部，往往抢险冲在最前面，撤退走在最后面。几乎在记者所看到的每一个灾民村里，党员干部都始终同群众在一起——干部们本也可以去投亲靠友的，但干部不走，群众便有了主心骨，前面便没有闯不过去的难关！

从中央到地方，全国拧成一股劲。

7月5日，国家防汛总指挥部总指挥田纪云将太湖泄洪方案呈报总书记，江总书记当即明确表示：一切以大局为重，一省一市要服从国家大局。随后，总书记顶着炎炎烈日，踏泥泞，趟积水，或驱车，或乘船，一路奔波，不顾劳累，深入到安徽、浙江、上海、江苏、天津等抗洪一线、行蓄洪区及灾民家中，实时察看汛情、灾情，勉励军民齐心协力团结治水，行程不下万里。

7月16日，风尘仆仆出访中东六国的李鹏总理刚刚飞返北京，没来得及回家，便直奔国家防汛总指挥部听取汛情、灾情汇报。当晚，他又给安徽省省委书记卢荣景和江苏省省长陈焕友分别挂去长途电话，强调指出：救人第一，生命第一，不管在什么情况下，先要救人；各级政府要尽力安排好灾区群众的生活。

"人民公仆"——这并不是一句空泛的口号。

当它标志在行动的旗帜上时，显得何等亲切、何等宝贵啊！

1991年8月14日，国家防汛总指挥部。

副总指挥、水利部部长杨振怀制定了果敢而睿智的决策——

面对淮河两次特大洪峰：

6月15日8时，首次开启上游王家坝闸分洪，运用蒙洼蓄洪区滞洪；

7月7日8时，再次开启王家坝闸分洪，二度运用蒙洼蓄洪区滞洪；

7月11日16时，有限度地开启城西湖闸蓄洪，打出了"淮河干流防御特大洪水措施方案"的最后一张王牌。

三次开闸分洪，总共分、滞洪水约20亿立方米，从而确保了淮北大堤、洪泽湖大堤、里运河西堤安然无恙，致使淮北大平原、苏北地区、里下河区4000万亩农田、2600万人口，以及南方动力之乡的两淮煤矿、南北大动脉津浦铁路等免遭水祸。

为解救太湖之危：

6月26日12时，毅然开启太浦闸10孔闸门泄洪，以减低太湖高洪水位；

7月5日9时30分，炸开红旗塘横隔堵坝；

7月8日19时59分，炸开钱盛荡民圩8道堵坝，彻底打通太湖——太浦河——黄浦江一线泄洪通道；

7月11日9时45分，炸开望虞河入口沙墩港堵坝，分泄部分太湖水北上排入长江。

采取上述断然措施，共增加泄洪量10.5亿立方米，降低太湖最高洪水位28厘米，确保了上海、无锡、苏州、常州、嘉兴、湖州等大中城市，沪宁、沪杭铁路干线，以及大片农田免受洪水的侵袭。

两害相衡取其轻。局部利益服从于全局利益。安徽、上海、浙江、江苏等省、市均作出了必要的和可贵的牺牲。

在行洪、分洪中，精心组织了100多万灾民紧急大撤退、大转移，竟无一人死亡，这是了不起的奇迹呀——堪称20世纪90年代中国"运筹帷幄，决胜千里"之绝唱！

全国一盘棋，统一调度，协调指挥，牺牲局部，服从大局，保全了经济、交通等战略要地，维护了千百万人民的生命财产安全——所有这一切，不正充分显示了今日中国之伟力么！

洪水滔滔，水盈四野；上下齐心，民心归拢。

这是一次国力、政治、经济、社会道德风范的大阅兵。历史再一次证明了一个千古不变的真理：一个政党，一个政府，只要她为人民办实事、办好事，就一定能够获取人民的衷心拥戴！

青山遮不住，毕竟东流去。

我们的人民，我们的军队，我们的干部，共同筑起一道钢铁长城，挽狂澜于既倒。

中华民族在人类抗击自然灾害的史册上，毫无愧色地耸立起又一座巍峨丰碑！

下　篇

翻开历史大书，我们读到：水患给中华民族留下了太多的辛酸与苦难！

公元前 206 年至公元 1949 年长达 2155 年间，据史籍记载共有大水 1029 次。

1931 年，长江全流域大水，淹没农田 5000 万亩，受灾人口 2000 万人，死亡 7.5 万人；淮河堤坝决口 30 多处，里下河平原 10 多个县陆沉，尽成泽国……

1938 年，国民党政府最高当局下令扒开黄河花园口大堤，致使豫东、皖北、苏北 44 个县、市的 5.4 万平方公里土地成为黄泛区，受灾人口 1250 万人，死亡 89 万人……

1939 年，河北省发生大水灾，总降雨量 530 亿立方米，总流量 137 亿立方米，水漫天津，市区可行舟……

历史的画面何等触目惊心！

战国时代的哲学家荀况在《天论》中曾提出"人定胜天"的思想，其实那是我们的祖先寄予自然界的一种美好愿望。

思想巨人恩格斯则精辟地指出：人类只有一天天地学会认识和正确运用自然规律，才能逐步把握自身的命运。

人类与自然灾害的斗争永远不会完结！

大水无情——使人们想到饥荒，瘟疫，流离失所，赤地千里，饿殍遍野，甚而社会动荡。

历史——严酷地一次又一次书写下这些惊心动魄的字句。

公元 1991 年夏季。

在安徽，一位灾民紧紧拉住省长的手，颤声问道："省长，俺们会被饿死吗?"

当安徽省省长傅锡寿乘船来到阜阳县蒙洼蓄洪区，逐家逐户察看了灾民的衣食状况后，当即决定将舟桥部队刚刚抢运出来的 40 万公斤粮食分给灾民们。随行的一位省粮食厅干部急得连连摇头："省长，使不得呀，这可从无先例!"傅锡寿大手一劈，神情激动地说："人，一切从实际出发。这浑水煮小麦，老百姓吃了要生病的呀!"

无疑，灾情是严重的——

据初步核查，全国因洪涝灾害造成的死亡 3074 人，伤 6.1万多人;

被洪水围困的人口是近十年平均年份的 3~4 倍;

经济损失相当于近三年年平均损失的 2 倍;

在行蓄洪区、重灾区、基本绝收地区，饥饿、疾病、瘟疫随时将扇起黑色的翅膀，威胁劫后余生的人们……

严重的灾情牵动着中南海的每一根神经——

6 月 23 日，李鹏总理作出重要批示："立即组织救灾。在恢复家园方面，国家和省两级都要大力扶持!"

七天后，1000 万元救灾款、2500 万公斤粮食、100 万元防疫专款，以及 2000 吨柴油、2000 立方米木材、3000 卷油毡紧急调运安徽蒙洼蓄洪区，以缓解灾民生活困难。

随后，国务院第 152 次总理办公会议决定，成立全国救灾工作领导小组。田纪云副总理任组长，国家计委、教委、民政部、财政部、商业部、物资部、中国人民银行等 20 个部委以及解放军总参谋部负责人参加。

全国救灾领导小组迅即对灾区群众的生活作出统一部署：

（1）对基本绝收或完全绝收户，免征当年农业税，免购或减购当年粮食定购任务；

（2）从现在至明年 6 月新粮上市，对无粮户确保每人每天供应一斤贸易粮，各地必须按此标准落实到户，张榜公布；

（3）对灾民临时过冬和永久性住房作出切实安排，以确保绝大部分灾民入冬前能够搬入新居……

7 月 30 日，国家救灾防病领导小组组长李铁映在全国电话会议中明令指出：灾情较重的省、市，应将中央及地方政府安排的救灾经费划出 5%，国内、外捐赠资金也要拨出 5%～10%，专项用于防疫治病工作，保证人、财、物到位；灾区每个乡必须派出一个巡回医疗小组，随时为灾民看病治病，以坚决制止和控制灾后疾病的发生。

随即，卫生部向全国灾区派出上千个医疗队……

联合国救灾署高级官员阿布杜·埃沙德，从日内瓦两度飞往安徽、江苏和河南三省九个县市灾区实地考察后，由衷地赞赏中国各级政府领导的抗洪救灾卓有成效。他对记者说："令我吃惊的是，我在灾区没有看到营养不良和传染病流行的迹象，即使在偏僻的村庄也可以看到医疗队和药品供应。"

在中华民族的水患史上，出现了亘古未有的奇迹——

没有饿死人。

没有疫病流行。

没有成批人外流逃荒。

灾区社会秩序安定，民心安定！

"万世根本"四个大字，使人想到"民以食为天"。

似乎是历史的嘲讽，凤阳既出皇帝，也出乞丐——一曲凤阳花鼓伴随着凤阳辛酸的历史不知流传了多少年。

历史毕竟已翻过沉重的一页！

面对百年不遇的灾祸，今天的凤阳人没有重操花鼓外出逃荒要饭，而是齐心与洪水搏斗，携手共渡难关，在重建家园的史页上，抒写下一个又一个感人至深的故事……

凤阳县城关镇居民水居洋是一位盲人。他的眼睛看不见世界，却有一颗比金子还亮的心。街道捐款，他送去 1020 元，有人问他为什么带个零头，他说："20 元是妻子先捐的，1000 元是我补捐的。不是常说'祖国是我们的母亲'吗？眼下母亲有了难，我们怎么能不管呢？"

接着，他又从 7 月份起戒了烟，每月拿出 400 元捐给灾区，一直延至翌年 5 月。这位本来更需要社会照顾的残疾人，尽其所能地为社会作出了奉献。

凤阳县殷涧乡农民陆永和，这位 83 岁的老农，从电视上看到不少地方遭了灾，便带着仅有的 10 元钱和十几斤大米，用车拉着一箩筐稻秧送到县里。秧是插不下去了，但这位老人的真诚却深深地铭记在人们心中。

城南乡农民王传敏的住宅因建在高坡而未遭水淹。他把 40 多位无家可归的乡亲接到家中，待若亲人。吃饭，一顿得做三大锅，还要帮助灾民喂猪、照看孩子，一切都做得无悔无怨。

悠悠五千年，灿烂文明孕育了中华民族万难共赴、坚不可摧的向心力和凝聚力。

这是一个民族生生不息、兴旺发达的支柱。

面对洪水的巨大威胁，全国各地军民胼手胝足，互相支援，其情可感，其意亦切——

河南兰考县是著名的老灾区，日子并不宽裕；听说驻马店地区遭受水灾，立即运去 10 万公斤精小麦。

湖北省正遭受内涝之苦，却紧急调运 30 万条草袋支援江苏省抗洪。

在上海抗洪救灾的危急时刻，革命老区江西送来了第一批救援物资——20 万只草袋被迅即运往青浦、松江、金山等抗洪前线。

中国改革开放的试验区深圳，赈灾捐款多达 4000 多万元，居全国各省、市捐款之冠——特区人民向灾区人民奉献上了一片爱心。

7 月 16 日，北京武警总部支援安徽灾区的 300 顶帐篷 24 小时内运抵蚌埠。几天之后，又一支满载救灾物资的车队，把宁夏石嘴山市 60 万回民兄弟的深情厚谊送到了蚌埠人民手中……

1991 年夏季的中国，你目睹了水漫江河的凶险，同时也感受到了爱心不泯的温馨。

人人伸出援助之手，人人奉献一份挚爱。在这场百年罕见的特大洪涝灾害面前，灾区人民充分感受到了祖国之爱和手足之亲。

在南京市这座不起眼的小院里，一位 95 岁的孤身老人把 5000 元人民币捐给了灾区人民。老人名叫朱子爽，生活清贫，这些钱是海外的亲戚寄来给他补养身体的。（朱老同期声："5000 元太少了，但很需要。"）

朱子爽老人说，他曾在国民党文史馆任职，亲眼看见过 1931 年大水时老百姓背井离乡、卖儿卖女、尸横遍野的惨景。亲身经历了两种社会的巨大反差——此刻，也许他心中正充溢着一种悟彻人生的欣慰！

在江苏省溧阳县，有一位叫马清祥的新四军老战士，听说记者前来采访，老人执意让妻子把他从病榻上扶起来，对着镜头庄严地行了最后一个军礼。

马清祥老人曾在战争中负伤致残，后来不幸又患了癌症，在床上已经躺了整整17年。他知道自己将不久于人世，得知国家遭了水灾，掏出多年积蓄的120元钱，交给了妻子。马妻说："……那天早上，他对我说：我们穷，他们比我们更穷，我们不是救他们穷，而是救他们的急啊！"

当天，马清祥的妻子就把120元钱和价值800多元的衣物送到了县里。

这位老战士已不能发出声音。他在说什么，人们听不清；而他心里想说的话，相信电视机前的每一位观众都会知道。

洪水，也牵动着犯人们复苏的心。

在江苏省大连山劳教所，这位犯人听说家乡闹了水灾，而家人已被政府安全转移出来，感动得泪流不止。

一位犯人说："这些钱都是干净的，是我们劳动得来的。"

没有人动员他们，仅仅三天时间，这些劳改犯人便和劳教干部一起，把6155.7元钱捐给了灾区人民。

一位九岁的小姑娘王妍，出生后不久便因病而全身瘫痪。

她不能坐着，不能站立，也不能行走，却有一颗纯真而善良的心。王妍的爸爸妈妈要捐钱支援灾区，问她是不是也要把"聚宝盆"里的钱捐给灾区的小朋友，小王妍连连点头说："我也去，我也去！"

小妹妹，谢谢你了——灾区人民永远不会忘记你的这份爱心！

水也滔滔，情也滔滔。

"滔滔里，假如一个是我，问我怎么过？"

"滔滔里，假如一个是你，问你怎么过？"

洪水牵动着全国人民的心，也牵动着海外炎黄子孙爱国家、爱同胞的殷殷亲情。

一时间，关心大陆灾胞境况成了香港市民生活的一部分。

7月27日下午3时至晚上10时半，集合数百名大陆、香港和台湾演艺界大明星、观众达10万之众的"忘我大汇演"，在香港快活谷赛马场拉开帷幕：一次筹得1.0072亿元巨款，成为港岛开埠以来创筹款最高纪录之盛事。

商店义卖，车站义载，画院义展，球场义赛，街头筹款……全民赈灾募捐活动一波接一波，高潮迭起；港岛、九龙、新界，每一个社团，每一个机构，每一个学校，每一个人，都自动加入了这一行列，慷慨解囊，集腋成裘；善款和救灾物资有如百川汇海源源通过多种渠道送往大陆内地。

澳门募捐别具特色，五支"醒狮队"穿街走巷，冒雨狂舞，捐款则如同雪片飞来；只有50万人口的澳门小岛，一周内即筹得款项3000万元。

隔海相望的台湾同胞在为大陆捐款赈灾时，自身正遭受着台风与暴雨的无情袭击，为了祖国之爱和手足之亲。

亚洲地区华侨的踊跃捐款与全美华裔、侨胞、学子所组织的声势浩大的赈灾活动，使大陆人民深切体验到了"魂系中华"这句名言的真谛。

虽然远隔千山万水，毕竟是血浓于水，根叶相连；毕竟是同一个中华，同一个祖先！

近年来，中国政府曾多次向世界上不幸发生自然灾害的国家伸出援助之手。今日，中国暂时有难，同样获得了联合国有关机构、各国政府、民间团体等国际社会人道主义的同情和支援。对此，中国政府和中国人民深表谢忱！

截至 1991 年 8 月 13 日，国内外已经和确认捐款 13.08 亿元人民币：其中境内 6.25 亿元人民币；港澳地区 7.2 亿港元，折合人民币 4.9 亿元；台湾 4.24 亿新台币，折合人民币 0.83 亿元；国外 2000 多万美元，折合人民币 1.1 亿元。

另收到救灾物资折合人民币约 1.68 亿元。

渠道是畅通的——中国国际十年减灾委员会简便程序，对境外运达的救灾物资，海关实行优先验放、优先装卸、随收随拨；铁道部、交通部、邮电部、民航局等中央各部委全天候运转，以最迅捷的速度将国内外大批赈灾款项和捐赠物资，直接分送到广大灾民手中——不啻为新中国成立以来一次规模最为宏大的陆海空立体交叉大运输！

9 月 20 日清晨 5 时许，在庄严的军乐声中，一辆辆满载衣被的大卡车驶出北京左安门，千里送寒衣，驰赴安徽省重灾区。中央国家机关、驻京部队、首都居民继踊跃捐款赈灾之后，又掀起向灾区人民送温暖的新高潮，短短几天，就募集衣被几百万件。

毋庸置疑，中国在这场洪灾中蒙受的损失是巨大的。

中国人民需要帮助，需要外援，更立足于自救，决心以同舟共济、患难与共的大无畏气概，战胜洪涝灾害。

生产自救，重建家园，是一项浩大的社会综合系统工程。

党中央、国务院精心部署，省、地、县各级政府闻风而动，雷厉风行，从灾民衣、食、住、行统筹安排，到发放银行贷款、调拨生产资料、修复水毁工程、重建基础设施等，项项落到实处，力争将洪涝灾害造成的损失降至最低限度。

到目前为止，中央政府已安排粮食 75 亿公斤，拨出生活救济用款 30 多亿元、水利工赈款 20 亿元、各类低息贷款 126 亿元，以及平价救灾化肥 30 万吨、柴油 30 万吨、汽油 7 万吨等大量各种配套物资，用以启动灾区生产。

在广大乡村，水退到哪里，农民们就把庄稼补种到哪里，万顷田畴，又见稻禾青青……

在工业重镇，工人们不顾炎炎酷夏，清除污垢，抢修设备，家家工厂，闻听马达轰鸣……

灾区大、中、小学如期开学上课，师生携手协力，座座教室，传出琅琅书声……

具有中国特色的社会主义实践，创造了举世瞩目的勋业。十年改革开放所建立的雄厚经济基础，大大增强了中国抵御自然灾害的能力。

无锡市近两万家居民进水，近百家工厂半停产，数十家工厂全停产。市政府集中了 2000 多台大口径水泵排水，轰轰隆隆，气势壮观。工人们或游泳或租船去上班，坚守生产岗位，并从家中拿来吸尘器、吹风机烘干被水浸湿的电线。短短几天，全市许多工厂相继恢复了生产。

在郊区，领改革开放风气之先的乡镇企业，在与洪水的顽强较量中也充分显示了自己的实力。

玉祁镇黄泥坝村。河水漫堤，河床渗漏，村委会当机立断，就地买下两艘 60 吨的水泥船沉下去堵漏，为加固河堤，光钢管就打下去 120 多吨，价值 100 多万元哪！

历史不堪回首——无锡县明朝嘉靖年间大水，水漫村毁，这条河中每天就有三四百具尸体漂过，县太爷被迫悬梁自缢。——今天，黄泥坝人用智慧和力量抒写了气壮山河的新篇章！

无锡人不无自豪地说："在抗洪救灾中，乡镇企业支撑起了半壁江山！"

百年罕见的特大洪灾，没有动摇中国的经济基础，更没有动摇中国人的信念。

无锡社会福利院的这些老人们，是政府在大水中安全转移的第一批群众。

他们是历史的见证人——历经了几十年风霜雨雪，感受过数十载人世沧桑，几时体尝过这般炽热的厚爱，何曾领略如此诚挚的真情！

北京大学教授金开诚说，他在列车上的所见所闻，不啻一次社会民意测验——

"平时只有一个焦裕禄，现在大家都说有许多焦裕禄……"

"解放军还是不简单，一有事真玩命儿上；救火救水救地震，没有解放军还真不行……"

"听说苏、锡、常地区恢复很快，经济力量强，毕竟后劲大，看来改革开放发展经济是最根本的……"

国家副主席王震看到金开诚教授的这份"情况反映"时，颇为感奋，欣然命笔写下批语……

中国有一整部关于水的历史——爱民乎？害民乎？治水与否成为一杆检验的标尺！

人民共和国创建40年，我国几代领导人一直把治水放在了发展国民经济的重要战略位置上。

人民期望丰衣足食，国家期望长治久安——领袖们的谋略，领袖们的思想，领袖们的寄托，如滔滔江流书写在中华大地上！

治水是百年大计，千秋功业。

都江堰、葛洲坝、三门峡、引滦入津、南水北调等大型水利枢纽工程先后竣工；大规模治理大江大河，整修新建了20多万公里长的江河堤防；修筑了8.3万座大中小型水库。——新中国成立40年来，国家水利建设总投资高达1100多亿元。

在今年我国抗击世纪性特大洪灾中，大江大河干流无一处堤防决口；洞庭湖、鄱阳湖、太湖、洪泽湖四大湖泊无一处溃堤；全国大中型水库无一处垮坝；淮河流域、太湖流域、滁河流域各类水利设施总共拦蓄、调蓄和分泄洪水量多达700多亿立方米——我们完全有资格自豪地宣告：40年兴建的水利设施工程发挥了不可低估的作用！

洪水既检阅了我们治水的成就，同时也给予我们深刻的启迪。

由于国家资金不足，许多大江大河尚未根本治理，防洪标准偏低，河床清淤不够，大量泥沙淤积，河道过洪和湖泊蓄洪能力普遍下降；尤其是人与水争地，河道人为设障，盲目过量围垦等等——所有这些痛定思痛的反思，无疑是十分必要和弥足珍贵的啊！

"高峡出平湖，当惊世界殊"——已故历史伟人的诗句犹在耳！

7月22日，李鹏总理主持召开皖、浙、苏、沪华东三省一市抗洪救灾会议时，明智地提出加快治理淮河、太湖的战略决策！

7月28日，江泽民总书记在视察海河防汛工程时，谆谆告诫全党："要把水利建设作为百年大计抓紧抓好！"

新的宏伟蓝图，已明晰地展示在全国人民面前——

实施太湖流域综合治理总体规划，"八五"期间解决好太湖洪水的出路问题；

淮河流域继续贯彻"以泄为主，蓄泄兼筹"的方针，用五年或更长一点的时间完成淮河进一步治理任务；

根治长江、黄河洪水祸害的三峡工程和小浪底水库工程已基本完成论证工作，即将被提上议事日程；

淮河、松花江和辽河等其他江河的治理，亦将按规划分期分批加快进行……

水利——确立为全社会国民经济的一个基础产业——是我们的新收获。

全民防汛意识正在大大增强！

挥汗如雨的人民共和国，已顺利迈上发展国民经济总体战略目标的第一道台阶，正为实现第二步战略目标励精图治，奋勇前行。

中华民族历经百年离乱，崛起于贫瘠的大地，既敢于直面战祸天灾，又勇于撞响命运之晨钟，必将以自己健康的身姿，步入 21 世纪那朝霞澎湃的黎明……

（原载《光明日报》1991 年 10 月 14 日；中央电视台播映；获 1991 年全国抗洪救灾作品征文特等奖）

附　录

为中华民族伟大复兴鼓与呼

陈建功

今年（2009 年）是中华人民共和国 60 华诞，也是我国改革开放 30 周年。张胜友同志在这期间，以奇迹般的速度，推出一系列激情洋溢、思考深刻、极具冲击力的电视政论作品，这些作品拍摄播出后，社会反响热烈，被认为是献给新中国 60 华诞和改革开放 30 周年的厚礼。作为中国作协的重点扶持项目，使从事重点扶持工作的我们也倍感荣耀。这些折射着新中国改革开放 30 年风雨历程的优秀作品被结集出版，分别题为《珠江，东方的觉醒》《行走的中国》。首先，我代表中国作家协会，向张胜友同志创作的新收获表示热烈的祝贺！

张胜友是当代文坛有着突出成就和广泛影响的报告文学作家。他自上世纪 70 年代初开始文学创作，至今已逾 30 年。新时期以来，胜友的创作如异军突起，以宏阔的视野、激越的情怀、独特的角度，展示了他对历史的反思和对现实生活的关注。他和胡平合作的报告文学作品如《世界大串联》《历史沉思录》《命运狂想曲》《东方大爆炸》等等，都是名重一时的篇章。自上个世纪 90 年代初期，胜友的创作更多移向影视政论作品。这次收入《行走的中国》一书的作品如《十年潮》《历史的抉择》

《人口纵横》《商魂》《石狮之谜》等等，就是这些力作的集萃。我特别要指出的是，张胜友出任中国作家协会党组成员、书记处书记和作家出版集团管委会主任以后，仍然保持着充沛的创作热情和敏锐的艺术感受力，他最新推出的力作《珠江，东方的觉醒》一如他以往的著作，气势如虹、激情如潮，充满了时代的豪迈与雄辩的力量。《珠江，东方的觉醒》以广东的改革开放历程为切入点，全景式地追溯了中华民族对强国梦想的艰难曲折的寻觅历程。作品具有深厚的历史积淀、丰饶的现实内容和鲜明的时代特征，为我们展示了一幅壮丽的社会历史画卷，形象地回答了中国为什么要选择改革开放、改革开放给中国带来了什么等重大课题，具有波澜壮阔的史诗性。

张胜友的创作表明，他是一位有着强烈的社会责任感和历史使命感的作家，他永远关注着事关民族命运、祖国发展的核心问题。他的创作，永远以中华民族的发展与复兴为主旋律，为改革开放鼓与呼，这种精神状态和创作动力，是我深为钦佩的。

张胜友的创作表明，他是一位有着充分的理论准备和深刻的思考成果的作家。他的作品，纵横捭阖、一泻千里，却隐藏着坚定的理想信念和深邃的历史思考，正是因为这高度与深度的自信，才使他的作品充满了思辨的色彩和不容置疑的力量。

张胜友的创作表明，他是一位激情饱满、气势雄浑却又笔墨含蓄、风格简约的作家，他的作品具有俯瞰全局的高度和排山倒海的气势。同时，他又善于把浅露直白的说理，变成深刻隽永的意向，把繁冗的议论，变成明快形象的警句。他以独特的艺术表现，在政论影视的美学领域，开辟了新的境界。

张胜友同志的创作为我国当代文学特别是报告文学所提供的启示和经验是多方面的。我相信，今后评论界会加以更加科学、全面的总结，当然，也将对其创作的缺憾加以讨论。我相信，这对于胜友同志的创作，对于推动我国文学事业的发展，将具有重要的意义！

（在张胜友《行走的中国》《珠江·东方的觉醒》政论作品研讨会上的发言）

理性冲击力与艺术感染力
——读张胜友影视政论作品

张　炯

　　勤奋好学和长期的记者生涯，赋予张胜友广阔的社会知识和全球性视野，也使他对时代前进脚步高度敏感，加上他熟悉历史，勤于采访收集相关的资料，以至他的影视政论作品议论风生，旁征博引，资料丰富，雄辩滔滔，具有极大的说服力。而他的文学笔法，将诗情画意与议论结合，将自己的议论变成影视图像的画外音，这就使他的全副笔墨不但具有理性的冲击力，还具有艺术的感染力。

　　张胜友的影视政论作品可以说在我国文学史上创造了一种新的文体。它不是诗歌，不是小说，不是散文，不是报告文学，不是影视，也不是历史著作或哲学著作，却兼有诗歌的抒情、小说的叙事、散文的自如不羁，还兼有报告文学的新闻性、历史著作的知识性和哲学著作的思想性。它不是传统意义的纯文学，而是介乎文学与新闻、说理和多种知识传播之间的亚文学、新文学或大文学。读他的这些作品，我们不仅获得审美的感受，还获得涉及面极广的知识，包括社会、政治、历史、经济、文化等方方面面的知识。

　　1978 年以来，我国的改革开放成为世界性的历史事件。它使百年来的中国历史和社会主义发展史都产生了意义深远的巨

变。这种巨变的宏大规模、艰难历程、辉煌成绩和深远影响，
如今已为全世界所公认。但其中的许多细节和历史的必然性，
却不是人人都能领会和知晓的。张胜友的《行走的中国》和
《珠江，东方的觉醒》正是通过自己的笔墨，帮助读者也激励读
者更好更深刻地去了解这一伟大的历史进程。作家自己对改革
开放充满激情，对改革开放的总设计师邓小平充满热爱，对中
国共产党和中国各族人民为社会主义现代化建设所付出的心血
和辛劳，充满了崇敬。他正是用蘸满这种情感的笔墨，为我们
书写了产生于中国大地的巨变，书写了改革开放的浪潮，书写
了深圳、厦门、海南、上海浦东、福建泉州和石狮、广东东莞
乃至珠江三角洲等改革开放前沿地带的翻天覆地的新变，从而
使他的系列政论影视作品，成为我国改革开放的真实历史图卷。
《行走的中国》中还收有另一类作品，如《世纪风》《人口纵
横》《中国公务员》《基石——依法治国纵横谈》《女人，生命
的长河》等，则非报道具体地域或城市的改革开放，而是从国
家的全局着眼，抓住必须改革的重大课题展开论述，以雄视古
今的视阈和翔实的史料数字、鞭辟入里的分析，向人们申明改
革的必要性和迫切性。这一类作品可称为激励改革开放的战鼓
与号角。而上述两类作品，主旨都在讴歌改革开放，称之为改
革开放的激情洋溢的战歌和颂歌，完全当之无愧。

张胜友的上述作品之所以吸引读者，激起他们强烈的喜爱
和共鸣，与这些作品的丰实的内涵和新颖的形式，以及它的雄
浑、磅礴的气势与风格分不开。而这又根源于作家紧贴时代的
脚步，深入改革开放的前沿，重视对人民群众关心的现实问题
的思考、探索、研究；根源于作家高度的时代使命感和历史责
任感。所以，张胜友的努力，应当得到人们的充分肯定和敬佩！

（在张胜友《行走的中国》《珠江·东方的觉醒》政论
作品研讨会上的发言）

勃发的文学生命力
——读张胜友影视报告文学

田珍颖

    《行走的中国》是张胜友影视报告文学的合集，同时推出的《珠江，中国的觉醒》，亦以单行本形式出版。

    对于尚在成长的报告文学来说，张胜友的影视报告文学，无疑是一种拓展。在这个拓展的创作中，我们看到文学生命力的勃发。

    认识影视报告文学，要溯源于它产生的社会文化环境。

    当电子媒介以无可阻挡之势风靡而来时，它的空间传播的特性，它的聚焦功能、放大功能，以及迅疾的覆盖功能，都是传统的纸质出版物无法抵挡的；它们的顺畅蔓延，告诉我们：人类已经进入了由"数字"控制的新时代，认识这一点，对我们文学人十分重要。

    但数字时代的到来，并不是传统文学的绝境。相反，那些被新技术武装到牙齿的电子媒介，它们也要寻求自身的发展。仅为信息的载体，是电子媒介不甘止步的，它们的潜力，足以使它们渗透到文化、政治、经济与全社会的各个领域。寻求各个领域联手的伙伴，是新媒体的必然之路。文学在它们寻求的名单上，赫然在目。

此时的文学正受到消费主义乃至"娱乐至死"主义的挑战。有良知的作家们，拿起笔作刀枪，捍卫自己的精神家园。令人欣慰的是，我们不会把宣扬高尚和理想，误以为是"左"的思潮的返回。相反，从传统文化的精华中，我们寻找到更高的精神滋养，来激活我们心中的当代意识。

这时，智慧的作家们，会看到影视乃至其他新技术形式的作用，于是，迎上去，与它们结合的尝试，使我们为之一振。影视与文学的结合，不是文学于绝境中挣扎，而是人类进入新科技时，各个领域的自身调整。这种结合是一种强强联手，它的双赢结局，使影视提升，又使文学多了一个支撑。

报告文学是离政治最近的文学门类；报告文学的社会担当，与其他文学形式比，又是首当其冲的。因此，当张胜友及其他报告文学作家的创作，与影视相联合时，我们相信这种"互相依傍、又自成一体"的创作，会有它独特的生命力。

当然，影视报告文学的生命力，更重要的是由它自身的品格所决定的。

张胜友的作品，显示着如下两个特点。

第一，文学的引领作用。

面对影视的大众化特质，张胜友的创作，始终坚守了文学的本质。

其一，立意高远，这是张氏影视报告文学标立的高度。

翻开《行走的中国》，其中直接写改革的篇目，占据多数。《历史的抉择》直面改革的现实；《十年潮》则在历史的一个阶段，观照着民族的走向；写海南，写浦东，写石狮，写泉州，写的都是改革风云的奔涌；尤其是献给改革30周年的《珠海，中国的觉醒》，更是大笔如椽地在历史现实间游走，重笔勾勒出中华民族艰难而辉煌的改革之路。

总之，以历史的趋势为运笔的走向，写其必然性；以大众关心的社会大事为铺展的核心，写其潜于内的实质，这就是张氏影视报告文学选择和达到的高度。

其二，论理透彻。这是张胜友作品的深度与广度的表现。

由史论今的说理；由远及近的说理；层层剖析的说理；旁征博引的说理——这些论理的方式，使说理的内容，得到尽致的传递。在张氏作品中，史实常常是招之即来的论据。世界史、中国古代史、近代史、地方志乃至其他国家的历史，都是作品中趋向性结论的依据。尤其对中国近百年的现代史，于其巨细之间，张胜友常有激情充溢的排列，直到笔触拨到当代改革的巨浪。

在这种纵向说理的方式中，张胜友的博学，使他能以旁征博引而拓宽说理的平面，无论是事件、人物、名言、俚语，皆在他的引用之中。

于是，纵横交错，远近自如，理说得透彻，论点也就立住了。

其三，论断明朗。这是张氏作品的力度所在。明朗的观点，毫无暧昧之态，这是一个作家看取社会的态度。

张文之中，论及农村改革，即说"农村改革的飓风，越来越猛烈地撼动着共和国大厦的窗棂"，于文学手法之中，传递作者对时局的敏锐判断。论及经济形势严峻时，则顿笔指出："全部症结都是与国营大中企业的活力不强、效益不高直接关联。"为商品正名时，明白地说："商业与文化联手，是关系国家的兴盛。"论述"时髦"这个敏感话题时，他断定"时髦是对社会文化的折射。"

张文中的论断，在文章各段中，是文之亮点；在论述的终点，则是坚固不移的结论。

第二，信息的大众化。

大众化不是平庸化，更不是庸俗化。但电视的受众是层面极广的大众，忽视这一点，任何文艺形式将无在电视上的立足之地；电视的声画切换之快，又使与之相配的文字，决无奢侈之可能。因此，张氏的电视政论之作，首先要选择优质信息，并使它跳出文人的象牙塔，而面向广大民众。

张胜友对信息的大众化实验，首先定位于典型性。典型的要义为：人物、事件必在历史潮流之中，又必须有震撼力。在此标尺下，邓小平对改革的"杀出一条血路"；陶铸的引进港资及六下宝安；广州市委书记吴有恒的商品经济的呐喊及其后被贬到工厂车间的遭遇；魏源的《海国图志》的被当朝轻视，却指导了日本的明治维新，等等。如此的人、事充满了张氏各篇政论文，令人读后激情满怀。

除了典型性的信息外，张胜友集文学与电视之共有的特点，将信息的具象化作为写作的准则之一。在他笔下，大逃港叙写中，三床棉被铺向铁丝网的形象，极具力度地剖析出百姓求变的不可遏止的心态；在叙写近代史的进程中，意大利人利玛窦的世界地图，鲜活地标识了西风吹进的历史形态；中国百年屈辱中，志士仁人的泣血呼号，在张氏文论中，选择《海国图志》《盛世危言》这些当年惊动朝野的书籍，画面感极强地传递了文化思想与革命的关系。还有发生于当时的故事，甚至一些极具生活画面的条规章程，也会瞬间一现地成为张氏文论的鲜活道具。

篇幅所限，不容赘述。张氏创作的电视报告文学，留给我们的议题，绝不仅在他的作品的自身，它引导我们关注的，还有文学的坚守与发展等各项战略性的议题，研讨的前景是极为广阔的。

（在张胜友《行走的中国》《珠江·东方的觉醒》政论作品研讨会上的发言；2009 年立冬于紫芳园）

政论体报告文学的魅力

——读张胜友的《行走的中国》等 报告文学新作

贺绍俊

20 世纪 80 年代是报告文学兴盛的年代，张胜友是新时期报告文学众多骁将之一，他与胡平合作的《历史沉思录》《世界大串连》等曾引起强烈的社会反响，至今仍具有思想的感染力。从上世纪 90 年代起，张胜友对电视这一新媒体发生了极大的兴趣，从此致力于电视专题片的写作。从 90 年代初的记录中国改革开放十年辉煌历程的《十年潮》，以及生动展示邓小平南行的《历史的抉择》，到不久前在中央电视台播放的《风帆起珠江》，张胜友先后撰写了 30 多部电影、电视专题片。我们曾经在电视上领略了这些电视专题片的风采。最近，人民文学出版社又将他的电视专题片结集为《行走的中国》和《珠江，东方的觉醒》出版了，阅读这两本书会获得不同于观看电视专题片的审美感受和思想启迪。我以为，这两本书的出版彰显了张胜友在报告文学文体建设上所做的开创性工作，这些作品虽然是为电视撰写的文字，但它们不失报告文学的特质，具备报告文学的基本要素，是一种新颖的报告文学文体。在这些作品中，张胜友延续了80年代以来报告文学在文体上的探索，有效地将电视媒体与报告文学结合起来，使得报告文学的思想功能和政治功能得到充分的释放。

我愿意将他的这些文本称之为政论体报告文学。报告文学之所以能从新闻体裁中脱颖而出，不仅在于其文学性，而且在于其思想性，缺乏思想性的报告文学不过是文学化的新闻特写而已。报告文学又是直击社会现实的文体，具有强烈的政治意识，有赖于作家犀利准确的政治识见。因此，对于优秀的报告文学作品来说，思想性和政治性缺一不可，作家不是简单地"报告"社会现实，而是通过"报告"，向读者传递一种洞穿社会现实本质的思想力量。在资讯特别发达的今天，读者也许更看重的不是报告文学所"报告"的内容而是所传达的思想。张胜友是一位充满政治激情的报告文学作家，他正是抓住了资讯时代的特点，利用报告文学来"指点江山""激扬文字"。综观他所写的30多部政论体报告文学，基本上都是紧扣中国改革开放历史做文章，既有宏观鸟瞰如《十年潮》《历史的抉择》《让浦东告诉世界》《风帆起珠江》等，也有从个案入手、以小见大，如《东莞：城市传奇》《邯钢风流》《石狮之谜》等，这些作品的主题都离不开对时代精神和现实本质的揭示。可以说，张胜友持续不断的政论体报告文学写作，其实是在从不同角度、不同方面完成一项关于中国改革开放史论的宏大命题。《珠江，东方的觉醒》这篇作品典型地体现了这一特点。这篇作品也是张胜友关于中国改革开放史论的总结篇，作者以广东这一改革开放前沿阵地为中心，全面记录了中国改革开放30年的辉煌历程。作品贯穿着一条清晰明了的线索：党中央关于改革开放的伟大决策，"历史在珠江拐了个弯，当邓小平毅然选择了珠江，同时也在珠江两岸拉开了改写当代中国命运的序幕"，从而论证了改革开放的历史必然性和世界性的意义："一条适合中国国情的科学发展、和谐发展、和平发展之路——中国之路"。

张胜友的政论体报告文学的最大特点就是将抽象的思想转换成直观的形象。而他正是通过借鉴电视表现方式来达到这一目标的。首先，他将思想的理论思维转换成电视的视觉思维，视觉思维是直观的，跳跃性的。他在论述中大量采用画面感极强的叙述，形成一种直观的形象，每一组形象跳跃性地衔接在一起，产生了一种思想的蒙太奇效果，而理论的逻辑性则贯穿在蒙太奇的背后。其次，他赋予思想以激情，以抒情性的叙述将枯燥的思想变得神采飞扬。另外，他在叙述上特别注重朗诵性，他尽量使用精致化的口语和简洁明朗的表述。他还像是一位智慧的影视剪辑师，善于选取那些既具典型性又富有形象感的事件和细节，能够在第一时间给读者或观众留下鲜明的印象。因此，尽管他的作品中信息非常密集，但叙述又是疏朗流畅的。

可以说这是一种立体化的报告文学。而从文学欣赏的角度看，这个广阔空间也是为阅读提供的，读者可以在这个广阔空间里更好地发挥自己的想象力。这种想象的空间越大，越发能够强化作品蕴含的恢宏气势。张胜友的政论体报告文学正是在这种趋势下应运而生的，他抒人民之情，发时代之论，也走出了一条将文学与电视完美结合的报告文学写作之路。中国改革开放 30 年几乎走过了西方百余年的道路，每一个中国人都在思考中国的道路和中国的前景，这是一个世纪性的思考。报告文学作为一种最具时代性和政治性的文学样式，更应该积极参与到这一世纪性的思考之中，张胜友是一位具有政治激情和社会责任感的报告文学作家，他还看到了电视新媒体的巨大作用，他的政论体报告文学有力地回应了世纪性的思考。

（原载《人民日报》2009 年 11 月 10 日）

影视政论片的时代性与艺术性

张胜友

上世纪 80 年代，我国的电视荧屏上突然出现两部叙事方式新颖、语言风格独特、颇具哲理意味及思想冲击力的纪录片《新闻启示录》和《河殇》，令广大电视观众眼前为之一亮。其中的六集电视片《河殇》曾引发很大的争议，并随之遭受到严厉的批评。我认为，这应是新时期以来最早出现的一批影视政论作品。

一　政论片是变革大时代的产物

我们经常说，我们正处于一个变革的大时代。

如何认知我们所处的大时代呢？我个人认为起码包含了三个阶段的骤变：上溯 60 年，中华人民共和国宣告成立，中国选择了社会主义政治制度，这是社会制度的转型；上溯 30 年，中国正式启动经济体制改革，改革的价值取向由计划经济转轨为市场经济，这是经济体制的转轨；当下，中国的改革进入了"深水区"，中央适时提出了"科学发展观"和"构建和谐社会"等一系列治国理念，这是发展模式的转变。

概而言之，自近代鸦片战争以降，古老的中华民族就这样充满艰辛又满怀豪情地一步一步迈上了伟大的复兴之路。

作家们身处风云激荡的变革大时代，社会变迁的步伐日新月异，社会矛盾错综复杂，每天面对的新鲜信息如潮水般涌来，作家笔下的人物（即社会关系的总和）从来没有像今天这样多姿多彩……从理论层面上说，大时代呼唤宏大叙事与鸿篇构架，影视政论片这一新文体因之应运而生。

二 政论片具有鲜明的时代特征

俗称报告文学是时代的轻骑兵，即表明报告文学这一文学体裁比之小说、散文、诗歌，能够更直接更快捷更近距离地真实地报告当下的社会生活。那么，影视政论片可以视作报告文学的衍生物（有称之为电视报告文学），或报告文学功能的放大与文体的延伸。

随着信息时代、高科技时代的到来，电视、互联网迅速蹿红，上升为强势新媒体而进入千家万户，且越来越发挥着席卷天下的巨大的传播作用。影视政论片正是传统的报告文学与新兴的电视的一次有意义的联姻，组合的结果把报告文学的功能成几何级数地放大。首先，政论片由文学元素与电视元素相组合，即文学解说词与电视画面、音乐的自由切换又互为补充的组合形式，能够包容巨大的时空跨越，包容丰富而多层次的思想情感，包容从宏观到微观的叙述，时而大江东去，时而涓涓细流，作家借助于电影蒙太奇手法，驰骋的自由度可以天马行空、上天入地、古往今来，创作不经意间进入到一个自由王国。其次，政论片一经电视台播放，其直接受众面不分男女老少、文化层次而往往以千万或上亿计，绝非纸介媒体可比拟。作家介入电视，既提升了电视产品的艺术品质及感染力；电视传播文学，同时又扩大了文学的影响力。显然，这是一种双赢局面，何乐而不为呢?!

三 政论片具有独特的艺术风格

实话实说,在影视政论片的艺术表现方法上,我曾受到《河殇》很有益的启发。我至今还清晰地记得《河殇》开篇的一组镜头:第一个镜头长江虎跳峡漂流死了人,人们质疑条件不具备为什么硬要去漂?第二个镜头运动员回答我们不漂美国人就会来漂;第三个镜头马上摇到太平洋彼岸的美国,美国运动员感到很惊讶,说如果你们中国运动员要来漂密西西比河,我们会很欢迎的……就是这样简单的三组镜头,把一个饱受百年屈辱与抗争的民族心态与民族承受力揭示得惟妙惟肖:中国人急于要展示自己的力量,中国人急于要表现自身的强大。

显然,影视政论片是长于思考的文本。我在创作《北京奥运:光荣与梦想》时,开篇的镜头:一是漂亮的藏族少女在唐古拉山口优雅地点燃圣火;二是巴塞罗那奥运会开幕式,西班牙斗牛士一支飞箭穿越夜空点燃圣火;三是远古人类钻木取火,迎来新文明时代;四是现代火箭点火升空,昭告高科技社会的到来。这四组镜头乍看之下毫无关联,时空距离遥远,但它们内在的思想和逻辑是层层递进的,表现出中华民族对文明的理解,对和平以及世界大同的理解,对奥林匹克精神的理解,由此引出"中国要申办奥运会"的主旨。我认为,上乘的影视政论作品要表达一种思想、一种意境、一种内在的逻辑力量,这也正是这种作品的魅力所在。这种力量是靠文学、靠音画、靠电视艺术手段来共同实现的,不是靠喊口号喊出来的。所以创作影视政论作品对作家的综合素质和政治、经济、哲学、历史、外交、文化等多种知识储备的要求都很高。

由于政论片时空跨越的自由度,给予我创作改革开放30周年献礼片《风帆起珠江》极大的施展空间。无疑,改革开放,是中华民族复兴史乃至人类发展史上，最为重大的社会事件之一。如何把电视片写得厚重，写得有历史感，写得有说服力和震撼人心，这确实需要动一番脑筋。《风帆起珠江》分三条线交错递进：第一条线是中华民族的复兴史，第二条线是 20 世纪至21 世纪的全球经济浪潮，第三条线就是中国 30 年的改革开放实践。这三条线交织在一起，形成"万古江河""开启国门""深圳破冰""潮涌珠江""继往开来""中国之路"六个篇章。这样就营造了一种多声部大合唱般的气势。之所以要选择珠江，就是因为珠江流域涵盖了虎门销烟、戊戌变法、辛亥革命、北伐战争等一系列重大历史事件，这些事件的目的都是强国富民，但先哲们的努力却全部归于失败，可以说这些事件构成了中国近代史悲壮的缩影。而 20 世纪 70 年代末，党中央和邓小平又重新选择了珠江，从而推进了整个国家的经济改革，最后取得了巨大成功。香港、澳门相继回归以及北京奥运会成功举办……这些都标志着中华民族的快速崛起。《风帆起珠江》这部政论片，就是在向人们阐释"为什么中国要选择改革开放""改革开放给中国带来了什么"这种深刻的社会主题。

影视政论片对语言运用也有其特殊要求，既是纪实的、叙事的、新闻事件报告式的，又是文学的、哲理的、诗化的，以造成强大艺术感染力的；还须给予画面和音乐节奏留足空间，给予观众留足思索与回味的余地。

如果我们上网搜索"央视纪录片库"，就会蓦然发现另一片风光无限的天地：中国乃至世界，近代乃至当代，重要人物或重大事件，几乎都有政论片或文献片记录在案。显然它是有别于今日相对孤独的文学界的另一个热闹的世界，一些作家、记者或电视人在此流连忘返，一次又一次的冲浪，激起一波波风生水起的浪花，且有愈演愈烈之势。

一位哲人说过：历史不是发动的，而是到来的。

　　作为作家，我们有幸身处变革大时代，有义务有责任用文学去记录她表现她揭示她。另外，我们不讳言当下的市场经济已演绎为市场社会，文学受到了强力的挤压和冲击，文学体裁也在寻求自身的突破与创新。前前后后，我已创作了 40 余部电影、电视政论片。今后，我将一如既往地探索下去，力求将笔触伸入到历史的纵深处与文化思想的内核。

话语的聚变：张胜友报告文学创作的文体史意义

刘　浏　丁晓原

　　张胜友集记者、出版家、文学家、政论作家身份于一身，可谓是奇人。张胜友的"奇"有目共睹。"20 年前，张胜友以饱含忧患意识、富有批判锋芒的报告文学作品在中国文坛崭露头角；20 年前，他又以极具思辨性和前瞻性的影视政论作品，再度饮誉文坛"①；又有人言，张胜友是"一位以报告文学和影视政论片创作独树一帜的作家，一位在文化体制改革领域闯出新路的践行者，一位享有'改革作家'美誉的时代弄潮儿"②，在新时期 30 多年的中国文坛，张胜友是一个绕不开的名字。无论是像《擎起达摩克利斯剑》《力挽狂澜》《穿越历史隧道的中国》《命运狂想曲》《让汶川告诉世界》《天网恢恢》《珠江，东方的觉醒》《东莞：城市传奇》等一篇篇反映社会变革的报告文学作品，还是诸如《十年潮》《历史的抉择——邓小平南巡》

---

① 苏浩峰：《行走的中国（代序）》，人民文学出版社，2009，第 1 页。
② 简彪：《风帆起珠江（序）》，作家出版社，2013，第 1 页。

《风帆起珠江》《闽西：山魂海恋》《闽商》《让浦东告诉世界》等观照时代发展的电视政论片，都显示了张胜友的报告文学创作题材之宏阔、立意之精深、形式之开拓和表达之壮美，每一部作品都镌刻着现实的年轮，吞吐出主体生命的气象。张胜友耕耘于非虚构文体 40 多载，创作了 16 部报告文学作品和 36 部电影、电视政论片。研读他的作品，观览其人其作存在的背景，你会发现这些作品不仅记录了中国改革的发展历程，也是中国非虚构文体发展史的缩影。

一 报告文学三十年：非虚构符码的认识、选择和转型

研究一位作家的成就，可以综合他的人生经历和创作历程一并考察。张胜友从事文学创作数十年，经过时间的磨砺，其自身的个性和作品的风格俨然已相互交融、不可分割。张胜友与其作品之间的互动关系，可以用演绎和归纳两种逻辑方式来阐释。梳理张胜友的创作历程，有几个时间节点是值得关注的。首先是 1977 年《闽西石榴红》在《人民日报》副刊的发表。说这是张胜友文学创作征途中第一座里程碑，是因为这篇散文激发了张胜友有为于文学的热情和潜能，为他未来敲开中国当代报告文学创作最高级梯队的大门，使许多专业与非专业的人认识这位在中国作家之中擅长高格调、大气派创作的能人，构筑了一个高的起点。在此之前，张胜友的创作实践也涉及过其他领域，比如小说、诗歌。但直到散文家张惟慧眼识英雄，并且有了"纪念红四军入闽五十周年和古田会议五十周年"写作契机，张胜友才在书写革命历史题材中创作才华初露端倪。这个机会来得偶然，却也是必然。因为关于革命与历史，张胜友有太多的感触。从出生、成长到求学、再到工作，他经历了中国几次重要的社会变革，这些变革几经改变了他的人生轨迹。他

的童年经历过"三年困难时期"的窘困，青年时期因"文化大革命"被迫中止了高中学习，并开始了长达十年艰辛的农耕生涯，直到 1977 年参加了那场恢复高考后的第一次大竞争才重新回到学堂，在入学后又受到"真理标准大讨论"的洗礼。可以说张胜友的成长是踩踏着时代变革的脚印一步步向前进。正因为经历过这些变革，所以造就了张胜友"身为下贱、心比天高"的个性；这种性格使得日后他在身处困境时都能始终保持自信和勇敢；也正是因为他个人成长经历与社会变革联系紧密，所以也使得张胜友在书写此类题材的文章时格外倾情，特别给力。对于张胜友个人而言，《闽西石榴红》的成功更重要的是有了两方面无形的收获：一是作为一名作家，他对自己的创作特长有了清楚的体认与把握，知道了扬长避短；二是长期以来默默无闻地创作，终得专家和读者的首肯，对今后长期从事文学创作增强了信心。之后，张胜友还创作了诸如《武夷山水情》《记忆》等作品，反响也十分热烈。

虽然张胜友的创作涉及过多种体裁，但是他最倾心于非虚构这类文体。他在非虚构文学创作领域不仅兴趣浓厚，更展示了非凡的创作才华，尤其是在报告文学方面。报告文学是一种以社会关怀为主旨的文体，和散文一样它有着丰富的文学表情，但它更着眼于现实生活本身，兼具新闻性和学理色彩。研究报告文学的学者王晖用从"附庸而独立，一体到多元"[①] 来概括自 19 世纪末以来这百年来中国报告文学文体流变态势。其中发生质变的时间点——20 世纪 70 年代末至 80 年代，恰好是张胜友开始投入报告文学创作的时候，他亲身参与并见证了报告文学的历史转折。之所以说 30~70 年代报告文学发展都是量变的积累，是因为此间尽管社会变迁巨大，但政治与文学异构同质的基本关系未曾发生根本的变化。因此，作为文化形态之一

① 王晖：《百年中国报告文学文体流变论》，苏州大学博士学位论文，2002。

的文学内部结构也不会有颠覆性的重整。报告文学是典型的非虚构文体，它不像小说那样可以虚构生活，也不像诗歌那样可以纯粹书写个人内心情感。报告文学无法拒绝现实、夸大现实，从某种意义上来说报告文学就是现实，因为"一定时代的现实存在不仅直接成为报告文学反映的具体对象，而且由这种现实存在及其关系所形成的文化生态，直接影响着报告文学作家对于现实的选择和评说"①。20 世纪 70 年代之前，中国经历过漫长的阶级斗争，报告文学也被当作文化利器战斗在无形的战场上。在相当长的时期内，报告文学又被主流意识形态化。70 年代末是当代中国社会发展的分水岭，同时也是报告文学发生质变的转折点。1978 年开始施行的改革开放不仅放大了民众生存空间的宽度，也拓展了精神生活空间的深度。对于读者大众而言，大量东渐的西方文化为他们打开了一扇通往世界的门，使他们内心的新奇和快感爆炸式的进涌。对于文学创作者而言，随着知识分子的身份得以正名，他们的文学主体意识得以自觉，可以饱含热情地以个人的方式追寻文学作品的审美意义。张胜友 1982 年完成的报告文学作品《飞到联合国总部的神奇石块》，就充分体现了这一点。与过往报告文学作品"写中心""写政策"不同，《飞到联合国总部的神奇石块》以一块方石的由来为引线，倒叙了中国残疾青年蔡天石的人生故事。蔡天石的命运其实象征了祖国母亲的命运，"从严冬里走来，披一身风雪，踏一路荆棘，终于迎来阳光明媚的春天"，感人肺腑、意味深长。报告文学与新闻报道的最大不同就体现在这里，它不仅向读者提供有用的信息，更应该以非虚构的文学叙事启发他们对社会进行思考——这是报告文学审美的关键。除了回归本体的文学性之外，20 世纪 80 年代的报告文学逐步开始强化其作为文学艺

---

① 丁晓原：《文化生态视境中的中国报告文学》，复旦大学出版社，2008，第 6 页。

术的启蒙精神和批判功能。《命运狂想曲》这篇关于"汽车狂潮"的报告文学，就是最典型的写在当下、批评现实、启蒙时代的作品。《命运狂想曲》记述了雷宇在海南岛大搞进口汽车的始末，张胜友客观地书写着这段故事，并用辩证的态度理解这场改革风波中的奇观——"雷宇，人们心目中久久不会忘怀的这个名字——一个失败了而没有倒下的改革者，是不是也可以冠上这样一个称呼：无罪的罪人呢？"这种对历史的总结方式在之前的报告文学里是不常有的，它抛弃了完全赞颂式或是纯粹批判式的表达方式，而是对历史人物给了一个更加公正、客观地对待。其实，雷宇的戏剧人生何尝不是中国改革阵痛期的缩影？对于在特殊时代里走些弯路的现象，张胜友以一名社会观察者的身份给予了充分的理解和包容。同时，作为一位对社会改革实践进行理论探寻的研究者，张胜友不断地研究报告对象，并从一个个看似偶然的单独事件中分析出了普遍存在的必然矛盾——"是改革，把雷宇推到海南岛这块荒蛮僻远的土地上。时代，为海南岛选择了这样一个有胆有识的传奇式人物；与此同时，又正是极端贫困又渴望起飞的海南岛（从全国来说，又何尝不是这种状况呢），由于急功近利的渴求和难以驾驭的形势，使雷宇犯下了大错。他在海南岛所走过的每一条路，都深深地烙下了我们时代的印记"。在和胡平合作的《历史沉思录》中，作者同样秉持以历史启蒙现实的态度进行报告文学的创作。这部作品由两条线索串联，一条是现实线索——作为追忆者作者重走了当年红卫兵踏行过的道路，实地参观了井冈山革命斗争博物馆。一件件历史证物把我们带回到了那个激情动荡的年代，于是，关于那个年代的故事则顺理成章以另一条线索铺展开来。张胜友正是凭借敏锐的观察力和高超的艺术手段，在历史与现实之间游刃有余地行走，抒写着过去与当下、中国与世界交织的时代画卷。这些"过去的现实"不仅是对过去的回望，更深深触及了人们内心的最深处——"当下现实"里的剧烈变动让人们无暇应付，或许反思历史是解决眼下矛盾的一剂良方。李炳银对以史言今类的报告文学给了充分的肯定："它（史传报告文学）打破了传统报告文学理论对报告文学题材的约束……在一种看似游离现实生活的状态下对现实社会进行着一种交叉分析和认识。"①

新时期以来，中国报告文学在体裁、观念、形式和性质等方面发生了许多新的变化，有学者称其为重建报告文学"新五性"，即报告文学树立"主体创作的庄严性""题材选择的开拓性""文体本质的非虚构性""文体内涵的学理性""文史兼容的复合性"② 等标准。在创作类型方面，除了"主旋律"报告文学、史传报告文学以外，就以问题报告文学的发展影响最为深远。问题报告文学作品与之前相比，无论是在内容选取还是在主题取向方面都更富于批判性。作品意义的深刻源于作家对社会、历史体悟的深刻，问题报告文学深入人心就是因为它代表中国知识分子借由文学来表达对社会的关切、对现实的介入和对良知的守望。以张胜友的报告文学作品《擎起达摩克利斯剑》为例，它记述的改革开放初期以南中国及中原地区为主的走私进口汽车事件。全文采用全景式的展现，以一人一事的连续推进把改革过程中出现的消极现象写清、写透。张胜友问题报告文学作品的另一个特点就是叙述者出镜干预叙事，即以评论的方式对问题事件进行反思。关于《擎起达摩斯利斯剑》里的问题事件，作家对其产生的原因和消极后果作了深刻评说："笔者写到此，却不免有些悲凉有些遗憾"……"人民共和国的改革列车，在整个社会准备不足的原野上奔驰，既有突破坚冰的壮阔，又有关山阻隔的艰难，以至于新

---

① 李炳银：《当代报告文学流变论·一九九五年报告文学的收获与态势》，人民文学出版社，1997，第280~281页。
② 章罗生：《中国报告文学新论——从新时期到新世纪》，湖南大学出版社，2012，第137页。

旧体制转轨的非常时期，在这片浸染了权力欲的黄土地上不可避免地滋生出官民勾结、官商勾结、内外勾结的毒菌，严重腐蚀着国家机器的清廉"……"倘若人民手中永远高擎着一柄法律的达摩克利斯剑，那时，我们将收获一个国家的法治秩序的胜利！"

张胜友代表着新时期以来中国报告文学创作的主流，从他的创作中可以寻迹中国报告文学流变史。自上世纪80年代，黄济人等"以长篇重武器向报告文学'轻骑兵'的传统观念提出挑战"，"'苏晓康模式'对'新闻性'、'文学性'的挑战"；以钱刚、叶永烈为代表的史传报告文学家将"报告文学题材从'现实'全面扩展到了'历史'"；伴随着报告文学向"人学"的回归，在世纪末涌现出的一大批报告文学作品上，已明显表现出文学性与理性之间的矛盾被化解的迹象，这时期的报告文学在文学的感性与启蒙反思的理性中间找到了一个平衡点，更加开放题材的选择和文史哲的高度融合，使报告文学呈现出新的景象。例如《马家军调查》不仅具有一般文学作品的生动形象，也因为富含深刻的问题意识而使作品具有很强的"文化启蒙和理性批判精神"。经过十多年的探索和积累，新世纪以来的中国报告文学已更加丰富和多元，一方面体现在新作品数量之庞大并保持增加之势，另一方面也源于创作者不断挖掘写作对象和积极地尝试各种表达技巧。如果将新世纪后的中国报告文学比作一座园林，虽然还达不到雄伟气派或是百鸟争鸣，却总能算得上郁郁葱葱、丰富多彩。此间的张胜友创作了《让汶川告诉世界》《北川重生》《天网恢恢》等作品，这些作品在审美嬗变和风格创新方面都有新的建树。譬如《让汶川告诉世界》这样引出这场浩劫："丁亥岁末，54岁的刘奇葆走马上任四川省委书记、省人大常委会主任。他记得成都武侯祠有副名联：能攻心则反侧自消，从古知兵非好戏；不审势即宽严皆误，后来治蜀要深思。好一句'后来治蜀要深思'！刘奇葆自忖：变革狂潮席卷神州大地，今之蜀道通衢，政兴人和，身为封疆大吏，守土有责，自己瘦削得肩膀上正扛着千钧重担呵！何曾想，刘奇葆履新不足半年，一场突如其来、山崩地陷的里氏8.0级汶川大地震，俨然威赫赫一个下马威，命运之神将他摔入深渊又抛向浪尖……"在这篇作品里，张胜友采用了小说式的开场，引人入胜。通过对与报告对象相关的人物视角切入叙事本体，并融入了戏剧独白式的表达，这种强化了的文学性表达使得他作品的审美境界又上一个台阶。

张胜友经历过中国当代报告文学文体最辉煌的时代，也承受过盘整时期界内界外对于这一文体存在的质疑。当时过境迁后我们再来审视张胜友在报告文学领域的贡献，仍觉得他的付出远远大过回报。在这种文体流行之时，张胜友不随波逐流，而是扎扎实实地写作，以深沉的民族忧患意识反思历史、针砭时弊、探讨未来。他创新报告文学表达方式，将报告文学的宏观表现推向高峰。当这种文体受到质疑之时，张胜友审时度势、辩证分析。他观察时代的深刻转变，挖掘非虚构文体新的发展机遇，以自己的创作，倡导融合理性批判与审美文化表达，以及借取其他文化介质的非虚构文体创新写作。

二 影视报告文学：非虚构符码的意义延伸和艺术审美

中国百年文学史"重虚构、轻纪实"的倾向是对以报告文学为代表的非虚构文体的不公。但张胜友等报告文学作家始终坚持守住这一块创作阵地，数十年默默耕耘，劳而有为，以不俗的创作实绩提升了报告文学文体的影响力。与同时代的报告文学作家不同，张胜友于报告文学，坚守而不固守，守本能开新，作为"改革作家"他勇于改革报告文学传统的表达方式，于传统纸媒介质报告文学之外，卓有成效地开创了影视报告文学，成为这一新类型创作的最重要的代表性作家。他先后创作了《十年潮》《历史的抉择——邓小平南巡》《让浦东告诉你世界》《闽商》《风从大海来》等多部电影、电视政论片，获得了艺术成就最高肯定。其中《十年潮》和《历史的抉择》均被邓小平亲自调看并受到赞许，后者更成为党的"十四大"献礼片；《风帆起珠江》成为中国改革开放 30 周年献礼片，并荣获政府最高奖——第 21 届电视"星光奖"。张胜友的作品不仅受到专业的高度肯定，更赢得了很好的受众口碑。"迄今为止，在中国网络电视台纪实台海量纪录片'评分最高'栏目中，长时期雄踞排名前三的是：《闽商》、《风帆起珠江》、《古田会议》——它们的撰稿人，都是张胜友"①；又如，《光明日报》《文艺报》《新华文摘》等重要报刊甚至按照电视播出节奏，全文刊载张胜友作品的解说词。张胜友的影视报告文学作品之所以受到学界和社会的广泛关注，有两个重要原因——一是他所有的作品都把握着时代脉搏，题材上关注社会变革的方方面面，创作技巧上也与时俱进，将非虚构符码的意义触动多观感；二是张胜友的影视报告文学着眼于叙事现实，更追求高度的艺术审美，充满了浓烈的个人情怀。

影视报告文学，过往通常称为影视政论片，政论是指说这类作品的内容和表达方式，影视是指它的载体。从存在的实际看，政论之外还有其他的非政论的品类，因此，用影视报告文学称名更为周延。这是非虚构文体新的存在方式。随着新媒体的广泛使用，基于新媒体的非虚构写作也自有其独特的体性。传统的文学作品承载于纸上，文字是沟通作者与读者的唯一桥梁。读者关于文学作品的接受完全凭借自身对语言符号的组合和联想能力。这就是索绪尔在《普通语言学教程》中所说的

---

① 简彪：《风帆起珠江（序）》，作家出版社，2013，第 2～3 页。

"组合系列"与"聚合系列"两种语言结构，他认为语言的基本单元都是受这套关系制约的。"组合关系的主要部分是句法关系……聚合关系是潜在的，它依赖心理活动而存在"①，而心理状况因人而异，这就使得即使是确定的文字语言都能带给人无限的想象。但影视报告文学是文字语言与图像语言的合体，它有更加丰富的组聚合关系，能呈现出更生动多样的语言效果。首先，影视报告文学的语言结构关系更复杂。影视报告文学文本以文字语言的形式存在，有自身的组合系列和聚合系列，而影视报告文学的另一个并列元素是图像语言，它也有一套组合系列和聚合系列。对于影视报告文学来说它的内部有四套语言系列，每两套系列之间的互相组合都能生成一种意义，这使得影视报告文学的意义有以下可能，组合系列的多样化使得影视报告文学指说内容更加立体、鲜活和透明。

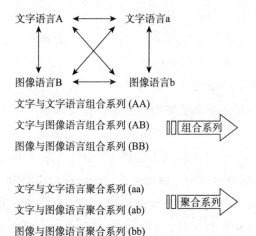

不论任何符号类型，都包含着能指②和所指③构成的二重成

---

① 李幼蒸：《理论符号学导论》，中国人民大学出版社，2007，第 144 页。
② 能指，即所有那些不借助于语言之外的前提就不能被描述层面。
③ 所指，即在情感上、心理上、意识上或仅仅概念上的形态，它与客观事物的实体虽然没有直接的关联，但是是客观事物的抽象和概括。

分，即语言的两个功能指称对象和表达意义。一方面，两种语言交织作用使得影视报告文学在叙述对象时可提供的元素更多，有文字语言的描绘，也有图像语言的模拟。另一方面，因为影视的图像语言不仅有画面，而且还有声音，哪怕仅仅是图像语言，所传达出的内容就非常丰富。影视图像由每一个单位时间的画面串联起来，文字与画面依靠声音融合。画面时而波澜壮阔、时而幽静婉约，声音时而激情澎湃、时而清新甜美，根据表现需求的不同，影视报告文学将画面和声音进行重组和搭配，有时画面定格配合缓缓的人声讲述，有时画面不停切换而音乐声戛然而止，从而营造出一番更高境界的和谐。这种和谐就是通常所说的意指，即"传播符号的能指和所指分别指向形式和内容，两者的结合构成意指，从而与现实事象发生联结"①。以《风帆起珠江——献给中国改革开放 30 周年》的声画语言为例，伴随着一阵浑厚悠扬的序曲音乐，镜头从模拟的历史旧画面切换到了如今真实的珠江全景，穿越了象征改革开放的邓小平巡视形象，一片繁荣现代化的珠江三角洲商贸区展现在观众眼前，短短一分钟的序篇声画，虽然没有一句人声解说，但是珠江 30 年的历史与现实全都被浓缩在里面。第一篇章"万古江河"开篇，也是一个很巧妙的意旨形成范例。"这是美国人从太空拍摄的珠江三角洲的照片。一张拍摄于今天，另一张则拍摄于三十年前"，伴随着解说词，画面上出现了两张对应的照片——一张呈现的图景标志着这片土地过去的荒凉，而另一张照片里出现了各式密密麻麻的建筑，展现了如今这块土地的繁荣昌盛。试想，如果没有声音语言，整个关于历史与现在的对比都不能让人理解；如果没有图像的配合展示，这个对比又只能是观念上的想象，无法达到具象的落实。只有当所有符号发挥最大效用时，意指意义才能最优达成。如上述所言，张胜友的影视报告

---

① 余志鸿：《传播符号学》，上海交通大学出版社，2007，第 92 页。

文学作品体现出能指和所指的高度融合，为意指的表现提供了有利"环境"，这就是为什么他的作品内容特别饱满和精彩的原因。

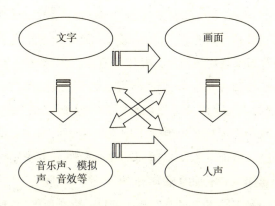

通常，影视报告文学叙事结构宏大、审美格调高远。这与张胜友的才情恰好相适配，他在这一新的时空中精骛八极，心游万仞，尽显报告文学采用影视介质的表达之便和表达之美。例如，《风帆起珠江》将中国改革开放的实践置于中华民族近代复兴和现代经济全球化浪潮的背景中，分为序篇和"万古江河""开启国门""深圳破冰""潮涌珠江""继往开来""中国之路"等六个章节，将中国改革开放的过去、现在和未来串联成一体。在语言表现方面，用了生动的排比、形象的比喻、名言警句，听起来铿锵有力、气势如虹；也有许多接地气儿的民间话语，新兴词汇，十分贴近群众，令人印象深刻。开篇就言"珠江——历史注定她将演绎和见证中华民族之大变局"与结尾"中华民族从苦难深重中觉醒，中国人民在改革开放中奋进，一面旗帜，一条道路，一个理论体系……终于走出了一条适合于中国国情的科学发展、和谐发展、和平发展之路——中国之路"遥相呼应，中间各部分脉络分明、环环相扣，层层递进，架构出《风帆起珠江》的宏大叙事与审美境界。张胜友影视报告文学作品的审美意义可以从读、听、看三方面进行解构。首先，张胜友擅长用短语句式，用词简洁有力，极富激情。例如与苏文菁合作的第三届世界闽商大会献礼片《闽商》，全文共五个篇章，即用"闽在海中""闽商无疆""闽商有道""商道泱泱""融通天下"等五个篇章将闽商的历史和精神书写完全；《闽商》的每一篇章主旨鲜明、内容翔实，然而组合出每篇章的众多文字小节却都是简短精练，最长的自然段不超过一百多个字，最短的就一句话，每一段语言都力求最凝练、最精辟。开篇，"这是一部闽人与海的传奇"虽然只有一行文字，却将整篇文章的基调和内容奠定；篇中叙述了闽人的祖先、闽文化的发源和发展、福船与闽商的由来、闽商的经营故事和商业道德、闽商对中国乃至世界发展的推动作用等等，并最后用四句话提炼——"闽商书写了中国人民源远流长的商业历史""闽商实现了人类发展史上了不起的跨文化对话和融合""闽商展现了人类创造财富的可能与使用财富的典范""闽商的历史与现在，昭告了中国海洋文明在未来的发展方向"。其次，张胜友的影视报告文学既能带来听觉上的震撼，又能产生强烈的视觉冲击。几乎他所有的作品都采用"序 + 若干篇章 + 结束语"结构，声音和画面的交响（相）呼应，为作品营造出音乐史诗剧的感觉。以《风从大海来——献给厦门特区建设 30 年》为例，开篇的序曲就像教堂唱诗班的悠长和声，伴随着平静的旋律，"厦门，一个充满魅力的名字，祖国东南沿海璀璨的明珠"豁然于眼前。第一个篇章诉说了厦门 30 年来的风云激荡和生生不息。声音表现也是丰富多样，低沉的管乐配合了这座城市过去屈辱的历史；高音调的弦乐则鼓舞着厦门不屈不挠、坚持发展的决心。第二个篇章就是浪漫温馨的回旋曲部分。因为这里面讲述了老百姓住房保障的实施情况、农村孩子享受到了教育公平以及厦门旅游的可持续发展，还有海洋岛屿生态治理等，这些是最切近普通老百姓生活的问题，处理过程肯定会遇到各种困难，但是最终"联合国人居奖、全国文明城市、国家园林城市、国家卫生城市、国家环保模范城市、中国优秀旅游城市、国际花园城市"
等称号是对这个城市最好的回馈。第三个篇章则是全曲高潮部
分，正如"两岸融合"的主题一致，画面也是两岸贸易、文化
交流的生机勃勃、生机益然的景象。这一部分的曲调旋律总体
呈上扬趋势，直至终曲是激扬澎湃的赞歌。

张胜友的影视报告文学就其内容和表达功能而言，许多可
归为影视政论片一类。政论片无疑需要着眼于"论"。无论是画
面还是音响，归根到底都要为政论服务。张胜友的影视政论片
之所以每一部都能引起社会广泛关注，关键在于其"论"的精
深到位、高超绝伦。在《石狮之谜》中，张胜友一针见血，将
石狮改革的特点论为"财富"。不但论点把握精准，在论述方面
更展现出了绝妙之处——

　　大海问："推动人类社会进步的车轮是什么？"
　　一个遥远的声音："财富。"
　　大海问："人的最大价值是什么？"
　　一个浑厚的声音："创造财富。"
　　大海问："石狮人的品格是什么？"
　　海浪声、惊涛拍岸声伴随着一个坚毅的声音："敢于创
　造财富……"

张胜友将大海这个石狮人最熟悉的景物拟人，进行了三次
追问。大海的问，其实是作者的明知故问；声音的回答，其实
是作者的自问自答。通过明知故问和自问自答，张胜友却自然
地完成了论点的提出。紧接着，论述得以展开并随着声音的由
远而近、由弱到强而娓娓道来。张胜友带领我们从历史的长河
寻根探源——公元 10 世纪石狮就成为"海上丝绸之路"的通商
要道，到迷乱年代里石狮人通过仿制纪念章发了一笔大财，再
到改革开放石狮的"地摊经济"……"创造财富"始终是石狮

文化的主旋律，这也为张胜友的论点提供了有力的历史证据。张胜友在下篇"醒狮雄风"里，通过对改革开放后石狮"竞选市长"、经济转型、通电通水通讯通路系列工程、提倡"民办特区"等事实成了论点的现实论据。由此，张胜友在"论"上的高超技艺可以概括为三个"精"：论点取精用宏，论述精彩绝伦，论据准确精到。在《东莞：城市传奇》中，三"精"的论证特点也充分展现。在题目与序曲中，东莞就被明确论定为"传奇"——"东莞，以其传奇身姿走入中国乃至世界的眼睛里"。全片分为上篇和下篇——"城市之门"和"城市之光"来论述作为城市传奇的东莞。说东莞是"城市之门"，那是由于其自古而然"地处广州至深圳经济走廊的中西地段，毗邻香港、澳门，扼东江和广州水道出海之咽喉"的地理优势，"三来一补"与"两头在外"开创中国特色乡村工业化道路的"东莞模式"的成功，借势在港乡亲发力振兴珠三角经济，"海纳百川，厚德务实"的"东莞精神"彰显，"想致富，先修路"在东莞最先叫响而远播全国，以及各项基础设施在东莞的最先试点，其中，张胜友选取"中国工商总局颁发的第一个牌照"，香港人张子弥在东莞开设"中国第一厂"，全国第一批上市乡镇企业的广东宏远集团，成功人士黄剑中热心慈善，东莞火车站，"世界第一跨"的虎门大型悬索桥，大陆首家台商子弟学校等论据充分论证。从论点的提出，到论述的开展，再到论据的支撑，张胜友都做得扎实、合理。虽然最终呈现的是虚拟的新媒介，但是张胜友的影视政论片却是完全建立在真实的基础上，且论证严密，是非虚构书写的典范。

影视报告文学为传统纸媒报告文学创造了意蕴延伸的新空间，是非虚构文体在新技术时代的一种富有意义的新的书写形式。与时俱进、应时而为的张胜友，及时调整自己的写作心理和写作习惯，以适应报告文学媒体转换后的写作需要。他以为，"影视政论片创作，需要将艺术的鲜活性和思想的深刻性糅合起来，这就需要知识的积累、思想的积累和政治辨别力的积累"①，张胜友选择影视报告文学写作源于他的底气和自信。这种底气和自信来自他相关的种种积累。张胜友的积累一方面来自日常生活经验——他有着超越一般写作者的多重身份。年轻时的张胜友算是个文艺青年，写小说也作过歌词，大学毕业后从事《光明日报》记者工作，之后任光明日报出版社总编辑、作家出版社社长兼总编辑，最后擢升为中国作家协会党组成员、书记处书记。张胜友从每一份工作的体验中汲取养分，这些养料都是他创作的资源。另一方面，张胜友影视政论片更重要的积累来源于之前纸媒报告文学的创作经验。报告文学与影视政论片都是非虚构的呈现，作者两种介质的写作在许多地方都有许多相似之处，比如都是大题材、大架构，又都是宏大叙事模式。但比较起来两者的差异还是很明显的，"比起其报告文学的慷慨陈词，其政论作品更为深刻老辣；比起报告文学的信息密集轰炸，其政论作品更加注重于材料的精选和结构的和谐统一；比起报告文学的高蹈宏略，其政论作品更为入情入理；比起其报告文学着重于历史意蕴的发掘，其政论作品更是在揭示哲理内涵和探究生命意识上表现出极大的自觉性和趋赴性"②。为何会造成这种差异性呢？以下分别选取张胜友最具代表性的纸媒报告文学和影视报告文学作品各八篇，通过叙事学解构试图寻找原因。

		纸媒报告文学	影视报告文学
叙事视角	全知视角	《擎起达摩克利斯剑》	《十年潮》
		《命运狂想曲》	《历史的抉择》
		《沙漠风暴》	《海南，中国大特区》
		《北川重生》	《让浦东告诉世界》

① 转引自简彪《风帆起珠江（序）》，作家出版社，2013，第5页。
② 苏浩峰：《行走的中国（代序）》，人民文学出版社，2009，第7页。

		纸媒报告文学	影视报告文学
叙事视角	全知视角		《石狮之谜》
			《风帆起珠江》
			《东莞：城市传奇》
			《风从大海来》
	限知视角		
	全知与限知视角转换	《飞到联合国总部的神奇石块》	
		《历史沉思录》	
		《让汶川告诉世界》	
		《天网恢恢》	
叙事时间	历时顺序	《擎起达摩克利斯剑》	《海南，中国大特区》
		《让汶川告诉世界》	《让浦东告诉世界》
		《北川重生》	《东莞：城市传奇》
	时间交错	《命运狂想曲》	
		《沙漠风暴》	
		《历史沉思录》	
		《天网恢恢》	
	倒装	《飞到联合国总部的神奇石块》	
	非时序		《十年潮》
			《历史的抉择》
			《石狮之谜》
			《风帆起珠江》
			《风从大海来》
叙事结构	线型结构	《飞到联合国总部的神奇石块》	《海南，中国大特区》
		《擎起达摩克利斯剑》	
		《命运狂想曲》	
		《沙漠风暴》	

		纸媒报告文学	影视报告文学
非线型结构		《历史沉思录》	《十年潮》
		《让汶川告诉世界》	《历史的抉择》
		《北川重生》	《让浦东告诉世界》
		《天网恢恢》	《石狮之谜》
			《风帆起珠江》
			《东莞：城市传奇》
			《风从大海来》
叙事者	干预	《历史沉思录》	《十年潮》
		《北川重生》	《历史的抉择》
			《海南，中国大特区》
			《让浦东告诉世界》
			《石狮之谜》
			《风帆起珠江》
			《东莞：城市传奇》
			《风从大海来》
	不干预	《飞到联合国总部的神奇石块》	
		《擎起达摩克利斯剑》	
		《命运狂想曲》	
		《沙漠风暴》	
		《让汶川告诉世界》	
		《天网恢恢》	

　　叙事理论分为"故事"和"话语"两个层面，英国学者安德鲁·本尼特等人对此作了进一步解释："'故事'指的是叙述者意欲使我们相信发生了的事件或行为，事件（明确或含蓄地）得到了呈现……'话语'指这些事件被叙述的方式，它们如何被告知的方式，即讲述的组织形态。"① 从广义上来说，张胜友

───────────

① 〔英〕安德鲁·本尼特、尼古拉·罗伊尔：《文学、批评与理论导论》，汪正龙、李永新译，广西师范大学出版社，2007，第54页。

的纸媒报告文学作品与影视报告文学作品在"故事"方面有一致性，尽管涉及的具体事情不尽相同，总的来说它们的题材还都是关于中国改革进程出现的各类事件和场景。但是在"话语"方面，纸媒和影视的作品体现出了截然的不同。张胜友的影视政论片通常采用的是全知视角①的非时序叙事模式。此种模式决定了作家观察视野无比旷阔，并且并非仅限于用"眼睛"，而是动用了所有的感官。例如在《让浦东告诉你》中对开放浦东这一世纪抉择的全面叙述：从"一则爆炸性新闻"引发上海人的万千思绪，写到150年前上海自开埠以来的发展历程，再到以邓小平为代表的国家领导人对浦东开放的深切关注，其中不仅有历史的宏大叙述，又有"恰似一支射向太平洋滚滚风涛的离弦的'箭'"的比喻等修辞，不仅有《关于上海浦东开发几个问题的汇报提纲》的文件说明，又有冒着蒙蒙细雨老人与女儿的温情对话"这不是诗，这是出自我内心的话……"这种叙事模式既保证了作品内容的丰富翔实，又感人肺腑寓情于理，使读者回味无穷。张胜友影视政论作品的另一个叙事特点是叙事者干预的非线性叙事。叙事者干预叙事在这里指的是作家作为第一叙事人积极地参与叙事过程，具体表现为影视政论片中作者或直接或隐性地发表评论和主观判断。例如在《十年潮》中，每一部分的展开与结尾都是作者情感的释放与思想的表达："这是一个久远而深邃的梦——人类自从文明时代的第一天起，世界各民族就共同执着地追求昌盛、繁荣、民主、自由、发达、富强……""关山万重——人民共和国的改革列车，在心理、思想与理论日臻成熟的轨道上奔驰。中国人的目光越过历史的峰

---

① 全知视角指的是作为观察者的全知叙述者处于故事之外，因此可视为一种外视角。该视角模式的特点是全知叙述者既说又看，可以从任何角度来观察事件，可以透视任何人物的内心活动，也可以偶尔借用人物的内视角或佯装旁观者。参见申丹、王丽亚《西方叙事学：经典与后经典》，北京大学出版社，2010，第95页。

恋，正苦苦探寻他们脚下的路……""毫无疑问，农村改革的飓风，已越来越猛烈地摇撼共和国大厦的窗棂，必将大气磅礴地推动中华民族迈向现代化的征程……"作家用这样的话语为每一篇影视政论作品烙上了"张胜友式"的印记，充分做到了叙事与政论完美结合。

除了上述两点以外，造成影视报告文学与纸媒报告文学风格不同的另一个原因是叙事速度的差异。法国学者热拉尔·热奈特在《叙事话语，新叙事话语》中说，"速度是指一个时间度量与一个空间度量的关系（每秒多少米，每米多少秒）；叙事文的速度，则根据故事的时长（以秒、分、时、日、月、年来测定）与文本长度（以行、页来测量）之间的关系来确定"①。无论是何种文学作品，从叙事的角度看都是运用时间和空间的组合来建构事件。举两个具体例子来说明纸媒报告文学与影视政论片在叙事速度上的区别。张胜友发表在《人民日报》的《让汶川告诉世界》，在一页左右的篇幅（不到 750 个字符）里这样叙述地震发生的过程，"公元 2008 年 5 月 12 日 14 时 28 分 04 秒，突然，千万声怒吼一齐喷射，飞沙走石，天地混沌，死亡气息煽动起巨大的翅膀""震后 1 小时 27 分钟，胡锦涛总书记即作出重要指示：'灾情就是命令，时间就是生命！'""震后 2 小时 12 分，国务院总理温家宝乘坐的专机飞赴四川灾区"。对于政论片《让浦东告诉世界》的叙事时间速度："1997 年金秋时节，一则爆炸性新闻——'世纪壁画之谜揭秘'，令上海人的思绪又一次穿越幽长的历史隧道""150 多年前上海开埠""勃兴于 80 年代的中国改革开放运动，得风气之先的南中国沿海经济带异军突起，又令上海作为全国经济中心城市的地位呈下滑趋势""1984 年，上海政府拟定《上海经济发展战略汇报提

---

① 〔法〕热拉尔·热奈特：《叙事话语，新叙事话语》，王文融译，中国社会科学出版社，1990，第 54 页。

纲》，第一次明确提出要创造条件开发浦东这一重大战略构想"
"1986 年，国务院在批复上海市政府呈报的《上海城市总体规划方案》时，明确表示：当前，特别要注意有计划地建设和改造浦东地区"，同样长的篇幅，一页跨越了百年。叙事速度的差异折射出话语内涵的不同。报告文学是典型的知识分子写作方式，它所倡导的是现代性启蒙与对时代精神的反思。《让汶川告诉世界》用了较慢的叙事速度将地震发生的情况交代清楚，国家领导人第一时间的关切也充分表达地震的严重性，为下文中华民族的大爱无疆埋下伏笔。而对于影视政论片而言，除了说理以外，审美意识的表现也是其最重要的追求。就像上述《让浦东告诉世界》的例子中，"令上海人的思绪又一次穿越幽长的历史隧道""日夜奔流的黄浦江可以作证""隔江相望的浦东，则空怀先哲孙中山拟于此地创建'东方大港'的一厢美梦，依然沉湎于农耕文明时代田园牧歌式的荒凉与宁静之中"等语言都是极优美又壮阔的，作家在传达信息的同时又营造了一个激情豪迈的氛围，再加上图像的配合，简直使受众像回到了历史的那一刻，见证了伟大巨变的发生。所以说，影视政论片更具有戏剧色彩和艺术感染力。著名文学理论家韦勒克这样阐述过文学的作用："整个美学史几乎可以概括为一个辩证法，其中正题和反题就是贺拉斯所说的'甜美'和'有用'……也许根据文学的作用，比起文学根据文学的性质，更容易将'甜美'和'有用'联系起来。"① 从散文到报告文学，再到影视政论片，张胜友在"甜美"与"有用"的博弈中取长补短。张胜友的转型其实是继承和发扬，在"变"与"不变"之间寻求"甜美"和"有用"的最佳调适。

---

① 〔美〕勒内·韦勒克、奥斯汀·沃伦：《文学理论》，刘象愚、邢培明、陈圣生、李哲明译，文化艺术出版社，2010，第 20 页。

三　跨维度的新写作方式：非虚构文学与大众文化、后现代性的聚变效应

从小说、诗歌到散文的小试牛刀；从散文到报告文学的大显身手；再从报告文学到影视政论片的独树一帜，张胜友确立了在当代 30 多年报告文学发展史上的重要地位。三次文本转型的成功，见证了张胜友从知识少年到文坛大家的成长历程。张胜友是幸运的，时势造英雄可遇而不可求，但最主要的还是他的勤奋和坚持。文章合为时而作，如果没有对时代大势的正确把握，三次转型也无从谈起。文本转型其实也是作家与自己与文体的对话，如果没有对自己的创作兴趣、创作能力和创作目标有清醒认识，转型不可能成功。所以对于张胜友而言，虽然每一次在创作类型方面都是新的尝试和改变，但是通过转型他反而对于自己、对于文学都有更深一步的认识，可以说这三次文本转型非但没有改变其对文学的最初信仰，反而造就了他对文学创新的执着，使其更加坚定了以自己的创造肩负对文学、对社会的责任。

之于文学，张胜友在其所致力的非虚构领域实现了三次转型，为文体的发展与创新提供了参考样本。这三次转型不是平行的关系，而是互相作用，以致产生了"话语聚变"的效果。聚变原是指物理学的指称是由质量小的原子，比方说氘和氚，在一定条件下（如超高温和高压），发生原子核互相聚合作用，生成中子和氦 - 4，并伴随着巨大的能量释放的一种核反应形式。在这里，我借用这个词汇来比喻由各种文本的元素相互作用后，产生出一种集原初文本特长为一身并更优于原初文本的新的文本类型。即张胜友把散文的"甜美"和报告文学的"有用"聚合为兼具文学表现和思想论述的影视政论作品。所以说，张胜友关于非虚构文学的创造并不只限于文学内部，已经

跨越了传统文学的文字语言界面进入图像和文字的"双语"时代。在此之前,电视与非虚构文学是被许多人不看好的。尼尔·波兹曼在其著名作品《娱乐之死》中谈到"娱乐是电视上所有话语的超意识形态。不管是什么内容,也不管采取什么视角,电视上的一切都是为了给我们提供娱乐"①,文学评论家李敬泽甚至断言非虚构的灭亡,"我们不大可能创造出一个奇观般的精神废墟:在全世界消灭小说、消灭诗。然而,有一种文体确实正在衰亡,那就是报告文学或纪实文学,真正的衰亡是寂静的,在遗忘中,它老去、枯竭"②。这个被"诟病"的体类现在重新焕发了生机。影视政论片可以看成是报告文学与大众媒介的聚变产物,它非但不是"提供娱乐"或走进坟墓,反而兼具理性精神、审美追求,因而深受意见领袖和大众的欢迎。

之于社会,张胜友的作品不但可以感化心智、启迪思想,也为现代文化的发展提供了正能量。自 20 世纪 90 年代初期开始,经济与物质成为社会发展的旗帜,过去一度被精英知识分子奉若神明的高雅文化已被渐渐放逐至普通人生活的边缘,大众文化越来越深入地渗透到日常生活之中,它不仅影响着人们的知识生活和娱乐生活,而且也影响了人们的文艺审美趣味。作为社会现实的反映——报告文学作品普遍存在一种"精英疏离于世俗亲近"的趋势。在有些人看来大众文化与消费使得非虚构的发展出现危机,但在张胜友眼里这正是转机的到来。大众文化和消费文化从根本上改变了人们固有的精英文化观,但为大多数人得以欣赏和"消费"高雅文化产品提供了可能性。随着大众参与文化的程度越来越高,大众认知能力和自主性与

---

① 〔美〕尼尔·波兹曼:《娱乐之死:童年的消逝》,广西师范大学出版社,2009,第 77 页。
② 李敬泽:《报告文学的枯竭和文坛的"青春崇拜"》,《南方周末》2003 年10 月 30 日。

过去相比有了明显提升，这使得大众更容易接触到文艺作品，也更容易理解作品的深刻内涵。如果说过去普通大众之于报告文学作品的关系是"接受式"的，那么随着大众文化的发展深入，受众对作品的审美需求与作家创作初衷就变成了"互动式"的关系。大众媒介是互动最方便、最有效的工具，它与文学的结合顺理成章。美国学者米歇尔用"图像转向"来概括公共文化领域中发生的转型，"文化脱离了以语言为中心的理性主义形态，日益转向以形象为中心，特别是以影像为中心的感性主义形态。视觉文化，不但标志着一种文化形态的转变和形成，而且意味着人类思维范式的一次转换"①。

通过大众媒介渠道把文学艺术传递出去的新写作方式被称为"语像写作"②，影视政论片是文字深入和图像浅出的融合，它预示着未来文学写作的重要趋势。美国著名文化学者约翰·菲斯克在谈到当今大众使用电视的目的时说："人们还为了获得快乐而看电视新闻，也是为了获得自上而下的信息；人们还因为其与日常生活的相关而看它，观众并不是简单地接受其所给予的信息，他们是生产性的，他们确实对其对世界的表述作出了自己的理解。围绕着意义的争夺，自上而下的同质化力量与自下而上的多样化力量之间的竞争依然会出现……"③ 图像转向并不会造成大众意识的堕落或丧失，它只是将文字借助新的传播技术呈现给大众。新的传播技术不仅给予我们新的考虑内容，而且给予我们新的思维定式。以影视政论片为代表的新媒体写作带给我们新的文化价值观。芒福德在其影响世界的新技术论中这样解释："在人类历史的大部分时间当中，人所使用的工具和器皿总体来说都是他自身机能的延伸。这些工具和器皿没有，

① 〔美〕米歇尔：《文化研究》，天津社会科学院出版社，2002，第14页。
② 王宁：《文学形式的转向：语像批评的来临》，《山花》2004年第4期。
③ 〔美〕约翰·菲斯克：《解读大众文化》，杨全强译，南京大学出版社，2006，第149页。

或者更重要地（的）是看起来没有独立存在价值。尽管这些工具都是工匠的亲密伙伴，也能反过来促进人的能力，使他的目光更加锐利。"① 大众媒介作为当代最重要的工具，它影响世界的能力不亚于历史上出现过的任何一样。善于掌握和利用它，使它成为文学作品意义延伸的新载体，不仅受益无穷，更是大势必行。张胜友在传统媒体写作之外，开启声像介质的报告文学创作，其意义正在于此。

（作者简介：刘浏，苏州大学文学院博士研究生；丁晓原博士研究生导师；原载《当代作家评论》2014 年第 3 期和《中国作家》2014 年第 6 期）

---

① 〔美〕刘易斯·芒福德：《技术与文明》，陈允明、王克仁、李华山译，中国建筑工业出版社，2012，第321页。

图书在版编目（CIP）数据

世纪风/张胜友著. 一北京：社会科学文献出版社,2016.1
（张胜友影像作品文存）
ISBN 978 - 7 - 5097 - 7742 - 8

Ⅰ.①世…　Ⅱ.①张…　Ⅲ.①沿海经济 - 经济发展 -
中国 - 文集　Ⅳ.①F127 - 53

中国版本图书馆 CIP 数据核字（2015）第 167192 号

·张胜友影像作品文存（卷二）·
世纪风

著　　者／张胜友

出 版 人／谢寿光
项目统筹／吴　超
责任编辑／周志宽

出　　版／社会科学文献出版社·人文分社（010）59367215
　　　　　　地址：北京市北三环中路甲 29 号院华龙大厦　邮编：100029
　　　　　　网址：www. ssap. com. cn
发　　行／市场营销中心（010）59367081　59367090
　　　　　　读者服务中心（010）59367028
印　　装／三河市尚艺印装有限公司

规　　格／开 本：787mm × 1092mm　1/16
　　　　　　印 张：20　字 数：255 千字
版　　次／2016 年 1 月第 1 版　2016 年 1 月第 1 次印刷
书　　号／ISBN 978 - 7 - 5097 - 7742 - 8
定　　价／69.00 元